Elisabeth Dreisbach · Was dir vor die Hände kommt

Alles, was dir vor die Hände kommt, es zu tun mit deiner Kraft, das tu!

Prediger 9,10

ELISABETH DREISBACH

Was dir vor die Hände kommt

CHRISTLICHES VERLAGSHAUS GMBH
STUTTGART

ABCteam

Bücher, die dieses Zeichen tragen, wollen die Botschaft von Jesus Christus in unserer Zeit glaubhaft bezeugen.

Das ABCteam-Programm umfaßt:

ABCteam-Taschenbücher
ABCteam-Paperbacks mit den Sonderreihen:
Glauben und Denken (G+D) und Werkbücher (W)
ABCteam-Jugendbücher (J)
ABCteam-Geschenkbände

ABCteam-Bücher erscheinen in folgenden Verlagen:

Aussaat Verlag Wuppertal / R. Brockhaus Verlag Wuppertal / Brunnen Verlag Gießen / Bundes Verlag Witten / Christliches Verlagshaus Stuttgart / Oncken Verlag Wuppertal / Schriftenmissions-Verlag Gladbeck

ABCteam-Bücher kann jede Buchhandlung besorgen.

1977
Umschlaggestaltung: Gotthold Ripp, Stuttgart
Gesamtherstellung: Druckhaus West GmbH, Stuttgart
ISBN 3-7675-2611-5

Mißmutig stand Thomas am Fenster und starrte hinaus.

Dichter Nebel umgab das Landhaus. Die Sicht betrug kaum drei Meter. Der alte Kastanienbaum mit seinen weitausholenden Ästen schien sich aufgelöst zu haben. Von der Pappelallee war nicht mehr die geringste Spur zu sehen. Schon den ganzen Tag fiel ein leichter Regen und ließ den grauen Novembertag noch unfreundlicher erscheinen. Bereits am frühen Nachmittag hatte man das Licht einschalten müssen.

Behagliche Wärme füllte das Zimmer, in dem sich Frau Kranzbinder mit ihren Kindern befand. Sie hielt eine Näharbeit in den Händen. Die beiden Mädchen saßen über ihren Schulaufgaben, während William, der Jüngste, auf dem Stubenboden hockte und dabei war, seine Arche aufzubauen. Seit dem Frühjahr besuchte auch er die Schule — aber noch immer war er sehr verspielt und hatte die Notwendigkeit des Lernens noch nicht begriffen.

Thomas wandte sich resigniert vom Fenster ab. „So ein Mist!" stellte er unwillig fest, ging ein paar Schritte ins Zimmer und versetzte dem Elefantenpaar, das soeben vor der Arche Aufstellung genommen hatte, einen wütenden Stoß mit dem Fuß — als seien die Tiere schuld an diesem freudlosen Novembertag.

„Thomas, du bist gemein!“ schrie der kleine Bruder empört und warf sich mit dem Oberkörper schützend über seine Tiere. „Mutti, er zerstört mir alles, was ich aufgebaut habe!“

„Warum tust du das?“ fragte Frau Kranzbinder und blickte von ihrer Arbeit hoch in das mürrische Gesicht ihres Ältesten. „Du siehst doch, wie William sich Mühe gegeben hat, seine Tiere zu ordnen.“

Thomas hielt es nicht für nötig, die Frage seiner Mutter zu beantworten. Irgendwie mußte er aber seinem Ärger Luft machen. Unwillig ließ er sich auf die Eckbank fallen. „So ein fades Leben, das wir hier führen!“ grollte er. „Mir stinkt langsam alles.“

Anita, die Vierzehnjährige, warf dem Bruder einen vielsagenden Blick zu. Altklug sagte sie: „Thomas, willst du mal ein Wort hören, das wir heute in der Schule besprochen haben? Es stammt von Friedrich Bodenstedt: In jedes Menschen Gesichte steht seine Geschichte, sein Hassen und sein Lieben deutlich geschrieben.“

„Halt du doch deine Klappe! Dauernd willst du mich bevormunden. Übrigens ist mir deine Meinung über mein Gesicht — darauf wolltest du doch anspielen — völlig gleichgültig. Wenn du nämlich in den Spiegel schaust, siehst du auch nicht gerade etwas Erfreuliches.“

„Natürlich, so hübsch wie deine Freundin Micky bin ich längst nicht“, gab die Schwester anzüglich zurück.

„Es fragt sich nur, was man unter hübsch versteht. Wenn du bloß unansehnlich wärst — aber blöd dazu, das ist schon ein wenig viel auf einmal!“

„Nun hört aber auf der Stelle auf“, sagte die Mutter in bestimmtem Ton. „Du bist wirklich nicht liebenswürdig zu deiner Schwester, Thomas; und du, Anita, hast dir in letzter Zeit angewöhnt, deinen Bruder dauernd zurechtzuweisen. Im übrigen stimmt die Anwendung deines Zitates nicht ganz. In Thomas' Gesicht ist im Augenblick weder etwas von Hassen noch von Lieben zu lesen — das kommt vielleicht später —, höchstens schlechte Laune und Unzufriedenheit. Warum eigentlich, Thomas?"

Anita hatte sich wieder über ihr Heft gebeugt.

Der Junge aber öffnete das Ventil seines Unmuts, wie er das seit einiger Zeit öfter tat. „Da hockt man nun hier in einer Weltabgeschiedenheit ohnegleichen — keine Nachbarschaft, keine Aussicht, nichts!"

„Das ist doch nur heute so, weil es neblig ist. Sonst können wir fast die ganze Pappelallee überblicken", schaltete sich jetzt Berthild, die Elfjährige ein. „Der Nebel geht doch wieder vorbei! Außerdem ist es hier im warmen Zimmer recht gemütlich. Du bist mit nichts zufrieden."

„Ich habe dich nicht um deine Meinung gefragt", antwortete Thomas bissig. Zu seiner Mutter gewandt, fuhr er fort: „Da war es in der Wohnung von Frau Purzel viel schöner."

„Und wie hast du damals über sie geschimpft!" Anita ärgerte sich maßlos über ihren Bruder, der bereits vergessen zu haben schien, wie sehr er die vorherige Wohnung verwünscht und an der Hausbesitzerin keinen guten Faden gelassen hatte. Sie war auch wirklich unausstehlich gewesen.

„Du hast doch immer von der Giftnudel gesprochen, als wir noch in der Stadt wohnten, oder von der blöden Purzel." Selbst William erinnerte sich daran und warf es dem Bruder vor.

„Paß du lieber auf deine Wildschweine und Affen auf", erwiderte Thomas halb im Ernst, halb im Spaß.

„Du scheinst zu vergessen", wandte sich jetzt Frau Kranzbinder wieder an ihren Ältesten, „wie sehr wir uns über das großzügige Angebot von Herrn Schulendorf gefreut haben, als er uns zu Weihnachten vor zwei Jahren sein Haus zu einem lächerlichen Preis anbot, so daß Vater ohne weiteres imstande war, es bar zu bezahlen. Wir waren alle sehr glücklich, hierher ziehen zu können."

„Wir sind noch heute gerne hier", bestätigten die beiden Mädchen, die es nicht lassen konnten, sich immer wieder in das Gespräch einzuschalten.

„Ich gehe lieber hinüber in Opas Zimmer", entschloß sich William und warf seinem Bruder einen empörten Blick zu. Thomas' Äußerung schien ihm eine Beleidigung seines alten Freundes zu sein. Nirgends, so fand er, war es schöner als hier in dem alten Landhaus mit dem dahinter liegenden Garten und der Spielwiese. Er bettete seine Tiere sorgsam in die umgestülpte große Arche und verstaute diese im Spielschrank.

„Sage Opa aber nichts von Thomas' Äußerungen über unser Hiersein", ermahnte Frau Kranzbinder ihren Kleinen. Sie wußte, daß er oft frei herausplauderte, was er dachte. „Herr Schulenburg würde darüber traurig sein, wenn er den Eindruck gewänne, irgend jemand von uns würde sich hier nicht mehr wohlfühlen." Dann wandte sie sich an die beiden Mädchen, die gerade dabei waren, ihre Hefte und Bücher in ihren Schulmappen zu verstauen. „Und ihr geht jetzt in die Küche und helft Doris bei der Vorbereitung des Abendessens, ja?"

„Darf ich noch mit Hanny ein Stück hinausfahren?"

„Nein, Berthild, bei diesem Nebel auf keinen Fall. Aber du kannst in der Küche mit der Kleinen spielen, bis Doris sie zu Bett bringt."

Die beiden Mädchen verließen das Zimmer. Anita warf ihrem Bruder noch einen vorwurfsvollen Blick zu. Sie wußte, warum Mutti sie in die Küche schickte. Bestimmt wollte sie mit Thomas allein sein, um mit ihm zu reden. Sie hatte damit recht.

„Warum bist du eigentlich so unzufrieden?" fragte Frau Kranzbinder ihren Ältesten.

„Ich hab' doch schon gesagt, daß mir alles stinkt!"

„Du drückst dich nicht gerade gut aus."

„Aber dieser Ausdruck besagt am besten, was ich empfinde. Mutter, wirklich, wir führen ein fades Leben. Nichts — aber auch gar nichts ist bei uns los! Ein Tag geht genauso eintönig vorbei wie der andere. Manches Mal halte ich es fast nicht mehr aus und möchte am liebsten davongehen."

„Aber Thomas, geht es uns nicht gut? Haben wir nicht alles, was wir brauchen? Können wir euch Kindern nicht anschaffen, was ihr nötig habt, ja, noch mehr als das?"

Mit einer Handbewegung schob Thomas die Argumente der Mutter beiseite. „Davon ist doch nicht die Rede."

„Du hast außerdem deine Freunde, die du besuchen und auch mit nach Hause bringen darfst. — Als wir gerade erst den Schrebergarten gepachtet hatten, kaufte Vater das Auto, damit William, der damals noch nicht wieder laufen konnte, täglich ins Grüne und an die frische Luft gebracht werden konnte."

„Mußt du mich eigentlich immer wieder an diese alte Geschichte erinnern?"

„Es war nicht meine Absicht, dir Vorhaltungen zu machen. Vergiß nicht, wie glücklich du über die Anschaffung des Wagens gewesen bist. Es schien, daß damit alle deine damaligen Wünsche erfüllt waren. Dann hast du keine Ruhe gegeben, bis Vater auch noch einen Fernsehapparat kaufte, einen Farbfernseher sogar."

„Das hat er nur getan, weil er in der Schule überhaupt nicht mehr mitreden konnte, wenn seine Kollegen und Schüler über eine Sendung sprachen — nicht aber, weil ich es wünschte."

„Doch, auch um deinet- und um unsertwillen."

„Was nützt mir ein Fernsehapparat, wenn ich ihn nicht einmal einschalten darf, wann ich will? Ich bin sechzehn Jahre alt und soll immer noch wie ein kleines Kind fragen, ob es gnädigst erlaubt ist, diese oder jene Sendung anzusehen, die mich interessiert. Auch das stinkt mir!"

„Du übertreibst, Thomas. Natürlich darfst du den Apparat einschalten, aber Vater wünscht, daß ihr nicht alles wahllos seht. Sei doch nicht so ungerecht und respektiere Vaters Grundsätze. Er kennt genügend Familien, in denen wegen des Fernsehens das Gespräch verstummt ist und wo die Leistungen der Kinder in der Schule erschreckend nachgelassen haben, weil diese bis in die Nacht hinein vor dem Fernsehapparat sitzen. Schon die kleinen Kinder sind übernervös, weil sich die Eltern nicht durchzusetzen vermögen und den Apparat ausschalten, wenn Sendungen kommen, die für Kinder oder Heranwachsende nicht geeignet sind."

„Ach, Vater ist einfach kleinlich und im höchsten Grade rückständig. Du solltest mal meine Schulkameraden hören. Ich wage nicht, ihnen zu sagen, wie kleinkariert wir leben. Sie würden mich auslachen."

„Thomas, ich finde es nicht recht, wenn du immer nur hervorhebst, was dein Vater nicht erlaubt und dir nicht zugesteht. Siehst du gar nicht mehr, wie er bemüht ist, euch Kindern Freude zu bereiten? Komm mir nicht immer mit dem, was deine Schulkameraden mehr oder besser haben. Erinnere dich mal daran, was du mir von einigen Familien erzählt hast, und was die Jungen entbehren müssen. Arno kennt überhaupt kein Familienleben — trotz des Reichtums, in dem er aufwächst. Bei Jörg scheint es zu Hause zu stimmen. Aber von Gustav hast du mir gesagt, daß sein Vater sehr oft betrunken nach Hause kommt und daß seine Schwester in einer Entziehungskur ist, weil sie Drogen zu sich genommen hat. Auch hast du mir von einem Klassenkameraden erzählt, dessen Vater Unterschlagungen beging und nach Amerika geflüchtet ist."

„Ach, das sind doch Ausnahmen. Es gibt eine Menge anständiger Familien, deren Söhne mit mir in einer Klasse sind."

„Denkst du nicht an den Selbstmord, den einer deiner Klassenkameraden verübte, weil sein Vater ihm gesagt hatte, er brauche nicht mehr nach Hause zu kommen, wenn er die Prüfung für die Mittlere Reife nicht bestehe? O Thomas, ist dir nicht bewußt, in welcher heilen Welt du lebst? Mich schmerzt es, daß du das nicht erkennst."

Der Junge war von seinem Platz aufgesprungen und ging erregt im Zimmer auf und ab. „Begreifst du es denn nicht, Mutter, daß ich mich in dieser heilen Welt beengt und nicht verstanden fühle? Alles ist so alltäglich, so bedeutungslos. Es geschieht absolut nichts Aufregendes."

„Aber desto mehr Anregendes", erwiderte die Mutter.

„Wenn ich mir vorstelle", fuhr Thomas fort, „daß das so weitergeht, bis ich das Elternhaus verlasse, dann frage ich, ob ich mich nicht unabhängig von euch machen und mir irgendeine Stelle suchen soll."

„Thomas, ich glaube, du weißt nicht, was du sagst. Dir geht es wie vielen anderen jungen Menschen in unserer Zeit zu gut. Ihr wißt nicht, daß das Leben letztlich ein Kampf ist. Ihr leidet keinen Mangel und geht an eurem Sattsein zugrunde. Aber ich denke, wir brechen jetzt das Gespräch ab. Vater wird gleich von der Schule kommen, und dann wird gegessen. Er hat übrigens davon gesprochen, daß heute abend im Fernsehen ein guter Film gezeigt wird. Den wollen wir uns gemeinsam ansehen".

„Ich verzichte darauf, wenn ich mir nicht selbst auswählen kann, was ich sehen will."

„Denke über unser Gespräch nach, Thomas. Du hast schon manchmal heftig und übereilt reagiert und bist nachher doch wieder zur Vernunft gekommen. Ich hoffe, daß es auch diesmal so sein wird."

Längst waren Kranzbinders in dem Landhaus heimisch geworden, das ihnen der alte Herr Schulendorf angeboten und verkauft hatte. Das Heimweh nach dem kleinen Albdorf, in dem Friedemann Lehrer gewesen war — damals, als es noch Dorfschulen gab, in denen vier Klassen in einem Raum, unterrichtet und auch bei diesem System wirklich gute Lehrerfolge erzielt wurden — war geschwunden. Wohl fuhr man dann und wann noch einmal hinauf in den idyllisch gelegenen Ort, in dem die vier Kinder geboren worden waren, oder man machte eine Wanderung auf den Berg, um alte Freunde zu besuchen. Der Besitz des Autos hatte die Freude am Wandern nicht gemindert, wenngleich die Kinder öfter auch lieber gefahren als gelaufen wären. Aber hier vertrat Friedemann Kranzbinder ebenso wie auf anderen Gebieten seine Grundsätze.

„Solange wir können, wollen wir die Gegend erwandern. Vieles geht einem beim Autofahren verloren, weil die kleinen Freuden und Schönheiten am Wege gar nicht wahrgenommen werden."

Die alltäglichen Ärgernisse mit ihrer ehemaligen Hausbesitzerin, der launenhaften, um nicht zu sagen, boshaften Frau Purzel, verblaßten ebenfalls mehr und mehr. Frau Kranzbinder hatte sie schon ein paarmal in der Stadt getroffen und sie freundlich gegrüßt. Sie vermochte — vielleicht ist es besser, zu sagen: sie übte sich darin — das ihnen angetane Böse zu vergessen, jedenfalls es nicht nachzutragen. Unversöhnlichkeit, so sagte ihr Mann immer wieder, richtet nicht nur eine Mauer auf zwischen Menschen, sondern auch zwischen Gott und uns. Die Kinder, die sich noch sehr genau an die Schikanen dieser Frau erinnerten, waren anderer Meinung. „Wenn wir sie schon grüßen sollen, gut, dann so kurz wie möglich", meinte Anita. „Aber daß du bei ihr stehen bleibst und mit ihr ein Gespräch beginnst — nein, Mutti, das würde ich nicht tun. Sie hat dich ja auch ziemlich ablehnend behandelt und ist gleich wieder hochmütig davongerauscht."

„Und doch war sie ein klein wenig zugänglicher als sonst, wo sie meinen Gruß überhaupt nicht erwiderte und so tat, als sähe sie mich nicht. Das letztemal ist sie wenigstens stehengeblieben und hat mich angehört. Ich fand, sie sah schlecht aus."

Thomas war ebenfalls Zeuge dieses Gesprächs zwischen Anita und der Mutter gewesen. Natürlich hatte auch er seine Meinung geäußert.

„Es ist kein Wunder, wenn diese alte Giftnudel—"

„Thomas!" hatte die Mutter ihn mahnend unterbrochen.

„Ich weiß, ich soll sie nicht so nennen, aber dieses Weib ist doch angefüllt mit Gift und Galle. Die kann ja gar nicht anders als schlecht aussehen. Und das darfst du mir glauben, Mutter — ich grüße sie nicht, wenn ich an ihr vorbeikomme. Irgendwie muß sie ja schließlich merken, was sie uns angetan hat. Von mir aus könnte sie verre —"

„Thomas, ich wünsche nicht, daß du weitersprichst! Du weißt, Vater dürfte deine Äußerungen nicht hören. Im übrigen möchte ich dich auf ein Bibelwort hinweisen, obgleich ich weiß, daß du es nicht magst. ‚Denen, die Gott lieben, müssen alle Dinge zum Besten dienen.' Ohne die schwere

Zeit im Hause von Frau Purzel wären wir nicht zu unserem Landhaus gekommen."

„Wieso? Was hat das mit der Alten zu tun?"

„Du erinnerst dich daran, daß wir die Eigentumswohnung kaufen wollten. Weil wir dafür aber unser ganzes erspartes Geld benötigten, mußten wir die geplante Ferienreise in die Schweiz zurückstellen. Vater traf dann — andere würden sagen — rein zufällig Herrn Schulendorf in dessen Schrebergarten und kam mit ihm ins Gespräch. Ihr werdet noch wissen, wie enttäuscht ihr ward, als dann aus der Eigentumswohnung doch nichts wurde."

„Ja, eine Stinkwut habe ich damals gehabt", bestätigte Thomas.

„Und der Schrebergarten", fuhr die Mutter fort, „wurde dann gewissermaßen das Bindeglied zu unserem jetzigen Heim, das nicht nur eine Eigentumswohnung ist, sondern ein stattliches Haus mit genügend Raum für uns alle und einem großen Grundstück. Beiden war geholfen — Großvater Schulendorf mußte nicht mehr allein sein, und wir hatten nun doch eine eigene Wohnung und brauchten nicht länger bei Frau Purzel zu bleiben. Alles diente zu unserem Besten."

„Ach Mutter, man kann, wenn man will, jedes Erlebnis mit einem frommen Mäntelchen umkleiden", meinte Thomas.

„Das ist kein frommes Mäntelchen, sondern unsere Überzeugung. Die Unstimmigkeiten mit unserer Hauswirtin haben uns damals große Sorgen bereitet. Ich weiß noch gut, Thomas, wie du daran gezweifelt hast, daß es Gott möglich sei, uns zu einer neuen Wohnung zu verhelfen. Und als wir in unseren Andachten dafür beteten, meintest du, wenn wir nicht selber eine Wohnung suchen würden, Gott täte es bestimmt nicht."

„Ja", mischte sich jetzt Anita wieder ein, „ich erinnere mich noch, wie du voller Wut sagtest, als die Sache mit unserer Eigentumswohnung ins Wasser fiel: Da seht ihr, daß euer Beten keinen Sinn gehabt hat."

„Dabei war der Plan Gottes in dieser Sache bestimmt schon fertig", fuhr Frau Kranzbinder fort. „Es mußte nur erst seine Zeit kommen. So wie Gott unsere Angelegenheit kannte, wußte er auch um die Kümmernisse des alten Mannes, der ganz allein in seinem Haus lebte. Vater mußte Herrn Schulendorf in seinem Schrebergarten begegnen, und eins ergab sich aus dem anderen."

„So seht ihr es, du und Vater, aber ich kann mich eurer Meinung nicht anschließen."

„Das können wir auch nicht erwarten, Thomas. Du mußt deine Lebenserfahrungen erst selber machen."

Obgleich Frau Kranzbinder freundlich geantwortet hatte und ohne Erregung auf die fast herausfordernden Antworten ihres Sohnes einging, überkam sie doch eine gewisse Traurigkeit. Grundsätzlich widersprach Thomas ihr und dem Vater. Gewiß war das auch eine Erscheinung der Pubertätszeit. Andere Eltern erlebten es ebenso. Was sie jedoch immer wieder belastete, war dieses, daß Thomas auf religiösem Gebiet kaum ansprechbar schien und je länger desto deutlicher Widerspruch zeigte. Er war mit allem unzufrieden und schien immer unzugänglicher zu werden. Schon vor der Konfirmation hatte er erklärt, daß er danach nicht mehr zur Kirche gehen wolle. Bis dahin gehörte es zur Hausordnung, daß am Sonntag die ganze Familie den Gottesdienst besuchte.

„Üben Sie da nicht einen Zwang auf Ihre Kinder aus?" hatte einmal eine Frau aus ihrem Bekanntenkreis gefragt. „Muß man nicht Rücksicht nehmen auf den freien Willen der Kinder, die ja auch Persönlichkeiten werden sollen?"

„Diese angehenden Persönlichkeiten", so hatte Herr Kranzbinder damals geantwortet, „besuchen ja auch gewissermaßen gezwungen die Schule. Wir als Eltern können darauf keine Rücksicht nehmen, daß sie dazu nicht immer Lust haben. Wir wissen, sie brauchen die Schulkenntnisse, und dementsprechend sind sie verpflichtet, regelmäßig zur Schule zu gehen. Wir als Eltern würden uns vor Gott schuldig machen, wenn wir mit unseren Kindern nicht unter das Wort Gottes gehen würden. Ich meine, solange wir noch erziehungsverpflichtet sind und damit auch die Verantwortung für die innere Entwicklung unserer Kinder tragen, haben wir sie zum Besuch des Gottesdienstes anzuleiten."

„Ist Ihre Ansicht noch zeitgemäß?" hatte jene Frau damals gemeint.

„Danach fragen wir nicht", war die Antwort Friedemanns gewesen. „Uns kommt es darauf an, das zu tun, was vor Gott recht ist."

In der ersten Zeit nach der Konfirmation war Thomas doch noch mit den Eltern und Geschwistern zum sonntäglichen Gottesdienst gegangen. Nun aber kam es immer häufiger vor, daß er sich davor drückte und eine Menge Ausreden hatte, bis er offen zugab, keine Lust mehr zu haben. Die Eltern sagten sich, daß es keinen Sinn habe, ihn zu zwingen. Die unguten Auseinandersetzungen hätten nur dazu gedient, den Frieden des Hauses zu stören. Sie selbst gingen aber regelmäßig mit den übrigen Kindern zur Kirche. Nur noch selten begleitete Thomas sie.

Wenn Friedemann Kranzbinder es verhindern konnte, mit seinem ältesten Sohn zusammenzustoßen, dann tat er es — nicht, um einen faulen Frieden zu wahren oder aus innerer Bequemlichkeit oder weil er Auseinandersetzungen befürchtet hätte. Vielmehr war es ihm wichtig — und das auch als

Lehrer, der an den oberen Klassen der Hauptschule zu unterrichten hatte — immer wieder nach gangbaren Wegen zu suchen, auf denen er mit den Jugendlichen ins Gespräch kommen konnte. Das praktizierte er bewußt — nicht stets mit Erfolg, aber er erkannte, daß es gewiß die bessere Art sei als sich gewaltsam durchzusetzen. Vielmehr wollte er die jungen Menschen überzeugen, auch Thomas.

Längst wurde Friedemann Kranzbinder auch von seinen Kollegen in der Stadt anerkannt. Sie wußten inzwischen alle, daß er Christ war und danach lebte.

„Sagen Sie mal, Frau Kranzbinder", hatte bei einer festlichen Zusammenkunft der Lehrer, an der auch deren Frauen teilnehmen durften, eine Kollegenfrau Rosmarie ein wenig zweifelnd gefragt: „Entschuldigen Sie bitte die offene Frage: Ist Ihre Ehe auch im Alltagsleben so harmonisch, wie es den Anschein hat, wenn man Sie aus der Ferne beobachtet?"

„Unsere Ehe ist immer glücklich gewesen", hatte Frau Kranzbinder geantwortet und der Fragenden offen in die Augen geblickt.

„Wollen Sie damit sagen, daß Sie nie Meinungsverschiedenheiten haben?"

„Nein, das will ich damit nicht sagen."

„Ach, dann unterstellen Sie sich wohl immer widerspruchslos Ihrem Mann?" Nicht ohne Ironie sagte es die Frau.

„Das sehen Sie falsch. Ich liebe meinen Mann, und deshalb fällt es mir nicht schwer, mich seinen Wünschen anzupassen. Mein Mann aber, der mich ebenso liebt, stellt mir gar keine unmöglichen Forderungen oder Wünsche."

„Wie Sie das sagen!" wunderte sich die Frau des Kollegen.

„Und wenn wirklich einer von uns nicht der Meinung des anderen ist, dann spricht man darüber, hört sich die Argumente des anderen an, versucht sie zu verstehen und kommt so sicher irgendwie zu einer Einigung. Zu Streitigkeiten lassen wir es bewußt nicht kommen, schon um unserer Kinder willen. Wie sollten diese in einer friedlosen Atmosphäre froh sein können und selbst zu friedliebenden Menschen heranwachsen?"

„Dann haben Sie nie erzieherische Schwierigkeiten mit Ihren Kindern?"

„O doch, die sind uns nicht unbekannt. Aber wir versuchen, sie zu bewältigen, indem wir uns innerlich leiten lassen."

Einen Augenblick lang sah die Frau Rosmarie nachdenklich an.

„Sie sind wohl sehr fromm?" fragte sie dann.

„Was verstehen Sie unter sehr fromm?"

„Na ja — ich weiß nicht, wie ich mich ausdrücken soll. Aber Sie kommen mir beinahe unheimlich fehlerlos vor."

„Es wäre schrecklich, wenn Sie sich von uns eine solche falsche Vorstellung machen würden! Auch wir begehen Fehler, aber — ich möchte es ganz behutsam aussprechen — wir bemühen uns, den Willen Gottes zu erkennen und danach zu handeln. Das gelingt uns keinesfalls immer, aber wir streben danach."

Die andere Lehrersfrau beendete das Gespräch, indem sie feststellte: „Merkwürdig, wie selbstverständlich Sie das aussprechen, wo doch heute immer weniger Menschen an Gott glauben."

„Mein Mann und ich können diese Menschen nur bedauern, denn sie gehen am Wesentlichsten vorbei."

Damals war es auch gewesen, daß der Dekan des Kirchenbezirkes an Friedemann herantrat und ihn fragte, ob er bereit sei, als Lektor dann und wann den Predigtgottesdienst in einer der dazugehörenden Kirchen zu übernehmen, wenn in der betreffenden Gemeinde der Pfarrer durch Krankheit oder aus anderen Gründen ausfiel. Friedemann erbat sich Bedenkzeit. Er war arbeitsmäßig voll ausgelastet und hätte ohnehin gern mehr Zeit für die Familie, sein Orgelspiel und den Garten gehabt. Andererseits wußte er das Vertrauen zu würdigen und sah in dem Angebot eine neue Gelegenheit, anderen Menschen Jesus Christus als den Herrn zu bezeugen. Nachdem er darüber mit seiner Frau gesprochen hatte, gab er dem Dekan eine Zusage.

Einige Tage später kam es wieder zu einem Gespräch zwischen Mutter und Sohn.

Frau Kranzbinder war redlich bemüht, den oft so heftigen Reaktionen ihres ältesten Sohnes ruhig zu begegnen. Noch jedesmal, wenn ihr dies nicht gelang, war es zu unliebsamen Auftritten gekommen, die selbst Friedemann nicht immer verhüten konnte. Allerdings war er nach seiner Heimkehr aus der Schule am Spätnachmittag nervlich oft so stark verausgabt, daß Auseinandersetzungen mit seinem Sohn seine Kraft fast überstiegen.

Frau Kranzbinder war deshalb auch bemüht, möglichst alleine mit dem Aufbegehren des Jungen fertigzuwerden und belastete damit, soweit es zu umgehen war, ihren Mann nicht. Natürlich gab es Probleme mit den Kindern, besonders mit Thomas, die sie unter allen Umständen mit Friedemann besprechen mußte. Durch die oft unbeherrschte Art ihres Ältesten kam es auch wiederholt zu heftigem Streit zwischen den Geschwistern. Erst gestern hatte Anita, die Vierzehnjährige, zu ihm gesagt: „Wenn wir auch bei jeder Kleinigkeit wie eine Rakete hochgehen würden, was wäre dann? Beherrsch' dich doch einmal ein bißchen!" Darauf hatte Thomas ihr geantwortet, und schon war wieder eine der Streitigkeiten im Gange, die Frau Kranzbinder so schwer ertrug. Meistens sprach sie darüber nicht zu ihrem Mann, der sie immer wieder bat, nicht alles so schwer zu nehmen. Da es ihr aber manchmal nicht gelang zu verbergen, was sie bedrückte, dauerte es gewöhnlich nur kurze Zeit, bis Friedemann sie fragte: „Rosmarie, was bekümmert dich? Komm, sprich es aus, dann ist es gleich leichter!"

Heute ging es allerdings weder um eine der heftigen Reaktionen, mit denen man bei Thomas rechnen mußte, wenn ihm etwas nicht paßte, noch um eine ungute Auseinandersetzung, sondern einfach um eine Meinungsäußerung. Thomas war mit seinem Schulfreund nach Hause gekommen. Sie wollten gemeinsam für die Mathematikstunde am nächsten Tag arbeiten.

„Kannst du uns nachher das Abendbrot in mein Zimmer bringen?" hatte er die Mutter gefragt.

„Wieso das?" war ihre Antwort gewesen. „Selbstverständlich kann dein Freund hier essen, aber wie üblich in der Eßdiele gemeinsam mit uns allen. Du weißt, Vater wünscht, daß wir bei Tisch alle beieinander sind."

„Aber man kann doch einmal eine Ausnahme machen — oder nicht?"

„Ihr könnt euch, sobald ihr satt seid, zurückziehen, um weiter zu arbeiten."

„Liebe Zeit, Mutti, sei doch nicht so stur! Ich möchte nun einmal mit Jörg in meinem Zimmer essen. Kannst du das nicht verstehen?"

„Sag mal, Thomas, was ist eigentlich der wahre Grund dafür? Ich hörte euch vorhin so lebhaft sprechen und lachen. So wichtig schien mir eure Arbeit nicht zu sein."

Auf der Stirn des Jungen zeigte sich bereits wieder die bekannte Unmutsfalte. Dann antwortete er trotzig: „Nun, wenn du es unbedingt wissen willst — es ist wegen des Tischgebets."

„Wegen des Tischgebets? Ich verstehe dich nicht."

„Es ist mir einfach peinlich. Ich hätte schon öfter gerne einen meiner Freunde mitgebracht und zum Essen eingeladen. Arno, der ja schon mehrfach bei uns war, hat sich daran gewöhnt, der findet ohnehin alles, was bei uns geschieht, Klasse und ist vom Schrebergarten ebenso begeistert wie von unseren Hausandachten. Aber das kommt sicher nur daher, weil er nie ein richtiges Familienleben kennengelernt hat. Der Vater lebt von seiner Mutter getrennt und hat eine Geliebte bei sich in der Wohnung. Arno kann sie nicht ausstehen. Obgleich sein Vater eine Fabrik besitzt, ist er im Grunde ein armer Kerl. Aber schon damals — es sind zwei Jahre her, daß ich ihn zum erstenmal mit ins Haus brachte — war mir in seiner Gegenwart das Beten zu Tisch und die Hausandacht peinlich. Inzwischen habe ich mehrere andere Freunde, einige von ihnen sind schon siebzehn und achtzehn Jahre alt, die ich gerne mit nach Hause bringen würde — aber wie gesagt, ich schäme mich!"

Frau Kranzbinder sah ihren Sohn stumm an. Einesteils tat es ihr geradezu weh, ihn so reden zu hören, andererseits mußte sie um der Gerechtigkeit willen zugeben, daß sie selbst in ihrer Jugendzeit ähnliches erlebt hatte — nur daß sie damals nicht gewagt hätte, dies so unverblümt auszusprechen.

Unsere Zeit ist einfach anders, dachte sie. Frau Kranzbinder wußte von ihrem Mann, daß seine Schüler sich nicht scheuten, ihre Meinung offen auszusprechen, und dies oft in einer Art, die man geradezu herausfordernd nennen konnte. War die heutige Jugend ehrlicher, weil sie sagte, was sie dachte, oder war sie nur unverschämter?

„Du antwortest nicht, Mutter?" unterbrach Thomas ihre Gedankengänge. „Jetzt bist du natürlich beleidigt."

„Aber nein, ganz gewiß nicht. Ich habe mir nur überlegt, was ich dir sagen soll. Da du mir aber klarzumachen versuchtest, daß ihr noch eine Menge zu arbeiten habt, meine ich, es sei besser, wenn wir das Gespräch über unsere christlichen Grundsätze, Gepflogenheiten und Überzeugungen ein andermal fortsetzen, vielleicht am besten, wenn Vater auch dabei ist."

„Liebe Zeit, Mutti, mach daraus doch keinen Staatsakt! Aber du brauchst wahrscheinlich Verstärkung und Rückendeckung."

Frau Kranzbinder ging mit keinem Wort auf die ungezogene Bemerkung des Jungen ein. Längst hatte sie gelernt, manches bewußt zu überhören. Sie wandte sich wieder ihrer Arbeit zu. „Also um sechs Uhr, Thomas, wie üblich in der Diele. Sage deinem Freund, daß er zum Abendbrot eingeladen ist. Übrigens gibt es Kartoffelpuffer mit Kompott. Das magst du doch besonders gern."

Verärgert überlegte Thomas einen Augenblick, ob er nicht aus Protest auf das ganze Abendessen verzichten sollte. Schließlich konnte er sich nachher noch etwas aus dem Kühlschrank holen. Aber auf die Kartoffelpuffer wollte er unter keinen Umständen verzichten, und schließlich gehörte es sich, daß er Jörg auch etwas anbot.

Irgendwie meinte er später, seinen Klassenkameraden auf das Gebet vorbereiten zu müssen. „Meine Mutter lädt dich zum Abendessen ein. Es gibt Kartoffelpuffer und Kompott."

„Prima, hab' ich schon lange nicht mehr gegessen."

„Ja — und — noch eins —"

„Du hast auch schon besser gestottert. So quetsch dich doch aus!"

„Ach, ich wollte nur sagen, daß — damit du nachher nicht erstaunt bist. Meine Eltern haben noch — so altmodische Gewohnheiten. Sie beten vor dem Essen."

„Na und?"

„Ich dachte, es könnte dir peinlich sein. Mir jedenfalls ist das höchst unangenehm."

Jörg sah Thomas erstaunt an. „Verstehe ich nicht! Wenn das deinen alten Herrschaften ein Bedürfnis ist — mich stört es in keiner Weise. Deswegen lasse ich mir die Kartoffelpuffer deiner Mutter doch schmecken."

Die anderen Geschwister hatten sich bereits zurückgezogen. Auch der Großvater war schon zu Bett gegangen. Thomas saß über ein Buch gebeugt mit den Eltern noch im Wohnzimmer.

„Dieser Jörg gefällt mir nicht schlecht", begann Herr Kranzbinder das Gespräch. „Er scheint aus gutem Hause zu kommen. Seine Manieren sind einwandfrei. Das ist direkt eine Wohltat, wenn man so etwas auch mal wieder erlebt!"

„Sein Vater ist Bankdirektor."

„Ich hatte nicht den Eindruck, daß er von unserem Tischgebet unangenehm berührt war", schaltete sich jetzt Frau Kranzbinder ein.

„Wieso?" fragte der Vater und blickte von seiner Frau zu Thomas.

Jetzt kommt's, dachte dieser und wappnete sich. „Ich hatte ihn ja auch wohlweislich darauf vorbereitet", sagte er.

„Wieso? Ich verstehe nicht." Herr Kranzbinder sah seinen Sohn fragend an.

„Na ja, weil Mutti uns das Essen nicht auf mein Zimmer bringen wollte, ich ihm aber etwas anbieten mußte, blieb mir nichts anderes übrig, als ihn vorbeugend darauf hinzuweisen, daß bei uns noch solche längst überholten Sitten wie das Tischgebet herrschen."

„Ich erinnerte Thomas daran, daß es dein Wunsch ist, daß wir alle wenigstens bei den Hauptmahlzeiten beisammen sind", sagte Frau Kranzbinder zu ihrem Mann. „Als ich den wahren Grund dafür erfuhr, warum Thomas mit seinem Freund nicht zu uns an den Tisch kommen wollte, sah ich erst recht keine Ursache, den beiden Jungen die Kartoffelpuffer extra zu servieren."

Nun war Herr Kranzbinder im Bilde. Obgleich er ein kleines, fast mitleidiges Lächeln unterdrücken mußte, sagte er zu seinem Sohn, ohne jedoch zynisch oder ironisch zu sein: „Thomas, seit wann bist du ein Herdenmensch? Ich bin eigentlich erstaunt, daß du nicht den Mut hast, vor deinen Freunden offen zu bekennen, daß du aus einem christlichen Haus kommst."

„Das hat doch nichts mit Mut zu tun", begehrte der Junge trotzig auf. „Ich habe euch schon öfter gesagt, daß ich gerade auf religiösem Gebiet in manchem anderer Meinung bin als ihr. Es ist mir einfach unangenehm, wenn jeder unserer Gäste gewissermaßen gezwungen wird, vor der Mahlzeit die Hände zusammenzulegen und den Kopf zum Gebet zu senken. Ich weiß doch, daß sich ein Teil meiner Klassenkameraden darüber lustig macht. Meint ihr, es ist mir gleichgültig, was sie über meine Eltern denken? Wenn ihr es aus Überzeugung tut — und daran zweifle ich nicht —, dann könnt ihr doch im stillen für euch beten. Aber nein — ihr drängt eure Meinung den anderen geradezu auf."

Herr Kranzbinder hatte Thomas zugehört, ohne ihn zu unterbrechen.

Jetzt antwortete er ihm: „Es ist gut, daß ich heute abend keine Vorbereitungen mehr zu treffen habe für die morgigen

Schulstunden. Deshalb kann ich in Ruhe auf deine Argumente eingehen."

„So wichtig ist das nun auch wieder nicht", erwiderte Thomas und blickte auf die Uhr. „Ich möchte noch den Krimi sehen."

„Ich habe dich angehört. Nun wirst du dir auch die Zeit nehmen, meine Ansicht zu hören. Was das Tischgebet betrifft, Thomas, so war es schon in meinem Elternhaus Sitte, daß man zu den Mahlzeiten nicht wie das liebe Vieh an den Trog kam. Man fühlte sich verpflichtet, Gott für das tägliche Brot zu danken. Da fällt mir eine nette Geschichte ein: In ein frommes fürstliches Haus, so heißt es, sei einmal ein vornehmer Herr gekommen. Der habe, nachdem dort zu Tisch gebetet worden war, den Hausherrn ironisch gefragt: Betet hier bei Ihnen noch jeder vor dem Essen? Darauf soll der Fürst in aller Seelenruhe geantwortet haben: Nein, unsere Ochsen, Kühe und Schweine beten nicht!"

„Das ist gut!" stimmte Frau Kranzbinder ihrem Mann zu. Thomas aber verzog keine Miene.

Sein Vater fuhr fort: „Als meine Mutter mit uns Kindern von Kolberg an der Ostsee fliehen mußte — du weißt ja, unser Vater war bereits im Krieg umgekommen —, da hatten wir auf der Flucht oft kaum das Nötigste zu essen. Aber auch dann, als es nur eine dünne Wassersuppe gab, in der höchstens ein paar Brocken Brot und einige Kartoffelscheiben schwammen — Fleisch kannten wir damals nicht —, hat meine Mutter nie versäumt, Gott dafür zu danken. Ihr Jungen von heute habt keine Ahnung, wie es in jener Zeit war."

„Ja, ja, ich weiß — jetzt kommt wieder der alte Salm, den auch mein Klassenlehrer so oft zitiert: ‚Ihr Jungen seid so anspruchsvoll, weil ihr noch nie erlebt habt, was es heißt,

Hunger zu leiden.' Es hängt einem schon zum Hals heraus, das immer wieder zu hören."

„Thomas, bitte nicht in dieser Weise", ermahnte Frau Kranzbinder ihren Sohn. „Du hast Vater unterbrochen."

Ruhig und beherrscht fuhr ihr Mann fort: „Ja, wir wollen nicht vom Thema abkommen. Nachdem unsere Mutter im Flüchtlingslager gestorben war und ich meine kleinen Geschwister allein versorgen mußte, war es mir einfach selbstverständlich, die guten Sitten des Elternhauses beizubehalten. Wir hatten ja sonst nichts mitnehmen können. Das wenige an Kleidern und Wäsche und die paar Wolldecken, die wir von zu Hause bei uns gehabt hatten, waren auf der Flucht längst verloren gegangen. Aber die Morgen- und Abendgebete, das Tischgebet und eine Anzahl schöner christlicher Lieder, die wir mit unseren Eltern gesungen hatten — das konnte uns nicht verloren gehen, Thomas, das war ein Vermächtnis von Vater und Mutter, das wir festhalten wollten. Als wir dann in das Kinderheim kamen, war ich froh, daß dort auch gebetet wurde. Es kam mir vor wie ein Stückchen Heimat. Und ich könnte mir denken, daß es dir nicht viel anders gehen würde, wenn du einmal nicht mehr bei uns, sondern in der Fremde bist."

Thomas zuckte mit den Schultern. Er war nicht überzeugt davon, daß der Vater recht behalten würde.

Dieser aber fuhr fort: „Als ich eure Mutter kennenlernte, kam ich in ein Haus, in dem ebenfalls gebetet wurde. Du magst es heute noch nicht verstehen, aber auch dort war mir bei meinem ersten Besuch das Tischgebet wie ein Gruß aus der Heimat."

Thomas hielt es nicht mehr auf seinem Stuhl. Er sprang auf und ging im Zimmer auf und ab.

„Vater, das alles ist mir zu sentimental. Begreift ihr denn

nicht, daß wir in einer anderen Zeit leben! Wir Jungen haben andere Bedürfnisse und Vorstellungen als ihr."

Herr Kranzbinder ging auf den erregten Vorwurf seines Sohnes nicht ein, sondern sagte: „Im Laufe der Jahre wurde mir das Gebet mehr als eine gute Gewohnheit, die ich aus meinem Elternhaus übernommen hatte; es ist mir zum Lebensbedürfnis geworden. Viele schwierige Situationen wurden dadurch erträglich, weil wir, deine Mutter und ich, darüber gemeinsam beteten. Natürlich fehlen dir, Thomas, noch die Erfahrungen auf diesem Gebiet. Du hast ja auch noch keine wirkliche Not erlebt. Aber wir Eltern wünschen so sehr, daß euch, unseren Kindern, das ebenso wichtig wird, was uns bei allem Wechsel, den Freuden und Lasten des Lebens soviel bedeutet hat: die Zwiesprache mit Gott."

Thomas hatte sich wieder auf den Stuhl gesetzt. Es konnte ihm nicht entgangen sein, daß der Vater in tiefer Bewegung und aus Überzeugung gesprochen hatte. Doch wenn er diese Überzeugung nicht teilte?

„Ich will euch ja auch gar nicht absprechen, daß eure christliche Einstellung für euer Leben bedeutsam ist", erwiderte er, „aber laßt mich doch erst einmal meine eigenen Erfahrungen machen und tragt eure Frömmigkeit nicht so unangenehm vor euch her, daß jeder, der in unser Haus kommt, gleich nach wenigen Minuten merken muß, was bei uns los ist."

Nun zog über das Gesicht der Mutter ein kleines Lächeln. „Thomas", erwiderte sie, „auch wenn wir darüber kein Wort sprechen, so bleibt es eben doch nicht verborgen, was unser Leben bestimmt und ausfüllt. Und weil uns das so wichtig ist, wünschen wir es in irgendeiner Form auch zu bekennen. Doch wirst du bestimmt nicht sagen können, daß wir unsere Meinung anderen aufdrängen."

„Aber ich habe immer Angst, wenn einer meiner Freunde bei uns ist, daß ihr in eure frommen Redensarten fallt. Ich erinnere mich, wie du, Vater, einmal zu Mutti sagtest, als sie einen Besuch zu machen hatte, der ihr nicht leicht fiel: ‚Gehe nur unbesorgt, Jesus wird mit dir gehen!' Also — ich würde in den Boden sinken, wenn du so etwas vor meinem Freund sagen würdest. Ich finde es geradezu abgeschmackt."

Der Vater besann sich einen Augenblick, ehe er antwortete: „Ich kann mich nicht erinnern, wann und bei welcher Gelegenheit das war — aber sicher wird es stimmen, wenn du es so genau weißt. Bestimmt war damals kein Fremder bei uns. Aber Mutti versteht, was ich damit gemeint habe."

„Wenn du dann wenigstens von Gott und nicht von Jesus reden würdest."

„Ich verstehe, Thomas, daß dich das stört. Gott — das ist für viele ein Allgemeinbegriff. Gott — irgendein höheres Wesen über den Wolken oder sonstwo, zu dem man kein persönliches Verhältnis hat. Aber Jesus, das ist der Stein des Anstoßes. Dieser Name fordert heraus, drängt zur Entscheidung, denn Jesus ist der Mittler zwischen Gott und uns. — Aber ich glaube, darüber sprechen wir ein anderes Mal miteinander. Es ist schon spät."

Unwillig blickte Thomas auf seine Uhr. „Allerdings, der Krimi wird gleich zu Ende sein."

Auch die Eltern hatten sich erhoben. Herr Kranzbinder legte beide Hände auf die Schultern seines Sohnes und sagte: „Thomas, innere Auseinandersetzungen bleiben keinem erspart, auch dir nicht. Aber du sollst es noch einmal hören, was wir euch Kindern schon oft gesagt haben: Von dem Augenblick an, als wir wußten, daß Gott uns mit einem Kind beschenken würde, haben wir täglich für jeden von euch gebetet — vor eurer Geburt und bis zum heutigen

Tag –, daß Gott euch zu Menschen nach seinem Herzen machen möge. Bringe ruhig deine Freunde ins Haus, sie sind uns willkommen! Aber unser Tischgebet werden wir deswegen nicht streichen und unserer Überzeugung nicht untreu werden."

Es war an einem milden Sommerabend, als eine ältere gehbehinderte Frau im Zeichen großer Aufregung über die Pappelallee hastete und sich dem Landhaus näherte, in dem Kranzbinders und der alte Mann wohnten. Die Erwachsenen saßen auf der Bank vor dem Kastanienbaum. Thomas war soeben von einer Radtour mit seinen Freunden zurückgekehrt und wollte gerade von seinen Erlebnissen berichten. Die übrigen Geschwister spielten hinter dem Haus Federball. So genoß jeder auf seine Art den Ausklang des Tages.

Von der Bank aus konnte man die ganze Allee überblikken. Da sie vor dem Landhaus endete, gab es hier kaum Verkehr. Deshalb fiel die Frau von weitem auf, die sich dem Haus näherte.

„Wer kommt denn dort so eilig?" fragte Frau Kranzbinder.

„Das ist doch –", ihr Mann stand auf, um sich zu vergewissern. „Nein, ich täusche mich nicht, das ist Frau Burgenwald. Was mag sie wollen? Es wird doch nichts passiert sein? Etwa mit ihren beiden Männern!"

„Wieso?"

„Habe ich dir von der geplanten Bergbesteigung nichts erzählt?"

„Nein, davon höre ich jetzt zum erstenmal."

Inzwischen war die Frau bei ihnen angelangt. Schweiß lief ihr über das Gesicht, ihr Atem ging schwer. Sie ließ sich auf den freien Platz der Bank fallen und konnte einige Augenblicke kein Wort reden, so erschöpft, aber auch sichtlich erregt war sie.

„Frau Burgenwald", fragte besorgt Frau Kranzbinder, „Sie haben sich ja völlig abgehetzt. Ist etwas passiert? Soll ich Ihnen erst einmal ein Glas Saft oder Wasser holen?"

Noch immer vermochte die Frau nicht zu sprechen. Sie preßte beide Hände auf die Brust. „Mein Herz — mein Herz!" Mehr brachte sie nicht hervor.

Rosmarie legte fürsorglich den Arm um ihre Schultern und gab Thomas den Auftrag, ins Haus zu gehen und ein kühles Getränk zu holen.

„Beruhigen Sie sich erst einmal", sagte Herr Kranzbinder. „So — langsam und ruhig atmen. Und dann erzählen Sie uns, was passiert ist."

„Abgestürzt sind sie — alle drei — abgestürzt!" Die Frau rang in Verzweiflung die Hände. Erst nach einer Weile war sie imstande, zu berichten, daß sie einen Telefonanruf von ihrem Schweizer Verwandten bekommen habe, daß alle drei, die die Bergbesteigung unternommen hatten, von einem Gletscher im Gebirge abgerutscht und nur wie durch ein Wunder am Leben geblieben seien. Der Verwandte sei nur mit Schürfungen und einem Schock davon gekommen. Ihr Mann und ihr Sohn lägen schwer verletzt in zwei verschiedenen Krankenhäusern, nachdem sie mit einem Hubschrauber aus den Bergen geborgen worden seien.

Die Frau war fassungslos und in ihrer Aufregung unfähig, einen klaren Gedanken oder gar einen Entschluß zu fassen. „Was soll ich nur tun?" jammerte sie. „Ohne meinen Mann bin ich hilflos. Immer hat er alles für mich erledigt. Ich muß hin zu ihm. Aber wie finde ich mich allein in der Schweiz zurecht? Und nach wem soll ich jetzt zuerst sehen — nach meinem Mann oder nach unserem Sohn? Wer weiß, ob sie nicht schon beide tot sind!" Sie brach in verzweifeltes Weinen aus.

Durch ihr erregtes Sprechen waren nun auch die Kinder auf den Besuch aufmerksam geworden. Sie kamen neugierig herbei und umstanden sie.

„Was soll ich tun? Was soll ich tun?" Immerzu wiederholte Frau Burgenwald diese Worte und blickte dabei von einem zum anderen.

Herr Kranzbinder schickte die Kinder wieder hinters Haus zurück und bat die am ganzen Körper zitternde Frau, ihm noch einmal genau zu erzählen, was sie von dem Unfall wußte. Die Schreckensnachricht hatte sie ganz kopflos gemacht, so daß sie nicht einmal danach gefragt hatte, in welchen Krankenhäusern die Verunglückten lagen.

Während Frau Kranzbinder sich um die Frau kümmerte, telefonierte ihr Mann mit dem Verwandten von Frau Burgenwald, der vor etwa einer halben Stunde aus der Schweiz angerufen hatte. Danach folgten zwei Telefongespräche mit den Krankenhäusern, in denen Vater und Sohn lagen. Friedemann nahm seine Frau beiseite. „Es wird nötig sein, daß ich morgen in aller Frühe mit Frau Burgenwald in die Schweiz fahre. Wir können sie in diesem Zustand nicht alleine reisen lassen. Da sie mit ihren Arthritisbeschwerden kaum ohne Hilfe in einen Zug steigen kann, nehme ich das Auto."

„Steht es schlimm um die beiden Männer?"

„Ich weiß nicht viel. Hans-Ulrich scheint ziemlich übel zugerichtet zu sein. Als ich dem Chefarzt, mit dem ich verbunden wurde, erklärte, daß ich im Auftrag seiner Mutter anrufe, sagte er mir, es sei fraglich, ob man ihn hindurchbringe."

„Wie furchtbar! Und ihr Mann?"

„Er steht noch unter einer schweren Schockwirkung, hat

einige Rippen gebrochen und ist noch nicht ansprechbar. Akute Lebensgefahr soll bei ihm jedoch nicht bestehen. Wie gut, daß wir noch eine Woche Ferien haben. Ich meine, wir dürfen Frau Burgenwald jetzt nicht im Stich lassen."

„Nein, auf gar keinen Fall. Aber Friedemann, ich lasse dich nur ungern allein fahren. Doch kann ich nicht Hals über Kopf von den Kindern weg. Der Großvater muß auch versorgt werden. Könntest du nicht wenigstens Thomas mitnehmen? Es wäre mir eine Beruhigung."

„Das ist keine schlechte Idee. Und er wird sich freuen. Am besten wird es sein, wir fahren Frau Burgenwald jetzt nach Hause. Ihre Schwester wird während ihrer Abwesenheit den Hof versorgen können. Vielleicht kannst du Frau Burgenwald beim Packen ihrer Sachen behilflich sein. Sie wird sich mindestens auf einige Tage einrichten müssen. Morgen früh, spätestens um fünf Uhr, müssen wir fahren."

Wenige Augenblicke später verschwand Thomas in seinem Zimmer, um zu Bett zu gehen — so rasch und willig wie sonst nie. Die Mutter hatte ihm in Kürze des Vaters Vorhaben mitgeteilt und war selbstverständlich auf keinen Widerstand gestoßen, als sie sagte: „Leg dich nur gleich hin, damit du morgen früh ausgeschlafen hast. Kurz nach vier Uhr mußt du aufstehn."

Das Protestgeschrei der anderen Geschwister, die sich schwer benachteiligt fühlten, weil sie nicht mit in die Schweiz fahren konnten, wurde überhört. „Es geht jetzt nicht um uns, sondern um Frau Burgenwald", erklärte ihnen der Vater. „Wir machen schließlich keine Vergnügungsfahrt in die Schweiz."

Nur Frau Kranzbinder winkte am anderen Morgen dem davonfahrenden Auto nach. Die drei Kinder schliefen noch. Thomas aber genoß Vorrecht und Vertrauen, das ihm die

Eltern entgegenbrachten. Er nahm sich vor, dem Vater keinen Grund zum Tadel zu geben.

Frau Burgenwald merkte kaum etwas von der Schönheit des frühen Morgens. Sie hatte während der ganzen Nacht kein Auge zugetan. Die Sorge um Mann und Sohn ließ sie nicht zur Ruhe kommen.

Thomas aber genoß die Fahrt, trotz des unerfreulichen Anlasses, in vollen Zügen. Vor zwei Jahren hatte Familie Kranzbinder eine Ferienreise in die Schweiz geplant, aus der jedoch nichts wurde, weil die Eltern sich entschlossen hatten, eine Eigentumswohnung zu kaufen. Am schwersten war damals Thomas mit dem Verzicht fertig geworden. Daß der Vater anstelle der begehrten Schweizreise einen Schrebergarten gepachtet hatte und diesen seinen Kindern als Ersatz bot, war dem Jungen geradezu lächerlich erschienen, und er hatte seinem Unmut auch laut Luft gemacht. Völlig aus dem Häuschen geraten war er aber, als aus dem Kauf der Eigentumswohnung nichts wurde. Die anderen Wohnungseigentümer des Terrassenhauses hatten sich geweigert, den Kaufvertrag zu unterschreiben, wenn die Baugesellschaft einer Familie mit vier Kindern eine Wohnung überließe. Das war damals auch für Herrn und Frau Kranzbinder eine große Enttäuschung gewesen, zumal die Szenen, die ihnen ihre Hausbesitzerin immer wieder lieferte, beinahe unerträglich geworden waren. Wie sehr hatten sie den Tag herbeigesehnt, an dem sie aus der Mietwohnung ausziehen konnten. Und da zerschlug sich der Kauf der Eigentumswohnung. Thomas hatte sich damals unleidlich benommen. Aber auch die anderen Kinder konnten nicht so schnell mit der großen Enttäuschung fertig werden. Doch alles Jammern und Klagen half nichts. Als dann ganz unerwartet das großzügige Angebot von Herrn Schulendorf gekommen war und auf diese Weise das schwierige Wohnproblem gelöst werden konnte, hatten sich die Wogen gelegt und einer großen Freude Raum geschaffen. Selbst der kritische Thomas war mit dieser Lösung zufrieden gewesen. Allerdings, aus der Reise in die Schweiz war trotzdem nichts geworden, denn Kranzbinders mußten für die Instandsetzung des alten Landhauses eine größere Summe aufbringen. Doch jetzt stand es schmuck da.

Desto mehr freute sich nun Thomas, mit dem Vater in die Schweiz fahren zu können. Zwar war ihm klar, daß eine Fahrt unter normalen Umständen schöner gewesen wäre als diese, die aus so traurigem Anlaß stattfand. Doch hütete er sich, dem Vater zu viele Fragen zu stellen. Soviel Taktgefühl besaß Thomas nun doch, daß er Frau Burgenwald in ihrer augenblicklichen Verfassung durch unnötiges Fragen nicht noch mehr beschweren wollte. Aber die Augen wollte er offenhalten, damit ihm ja nichts entging.

Die Schwäbische Alb war ihm von den Wanderungen mit den Eltern und durch Radtouren mit Freunden bekannt. Auch am Bodensee war er schon gewesen. Dennoch rief er erfreut aus, als sie Meersburg erreichten und von der Höhe, vorbei am alten Schloß herunterfuhren: „Vater, der See!"

Spiegelglatt lag er vor ihnen. Die Strahlen der Morgensonne ließen seine Bläue aufleuchten. Vereinzelte Boote hatten ihre weißen oder bunten Segel aufgesteckt und warteten auf einen günstigen Wind, der ihnen zur fröhlichen Fahrt verhalf. Ein frühes Schiff kam von Konstanz her, begleitet von vielen Möwen, die in graziösem Flug, aber mit durchdringendem Kreischen darauf warteten, von den Passagieren gefüttert zu werden. Aber nur wenige Sommergäste waren schon so früh unterwegs. Schade, daß man nirgends etwas länger verweilen konnte. Konstanz mit den Resten seiner Stadtmauer, den vielen engen Gäßchen, alten Türmen und

Patrizierhäusern hätte Thomas interessiert, aber er verstand, daß der Vater nicht daran denken konnte, seine Privatwünsche zu erfüllen. So schnell wie irgend möglich mußte Frau Burgenwald ans Ziel gebracht werden.

Die Kontrolle an der Grenze schien nur eine Formsache zu sein. Rasch war man in der Schweiz. Kreuzlingen bot nichts, was Thomas besonders interessiert hätte. Auch die weitere Fahrt durch ebenes Land, vorbei an einer Reihe von Dörfern, die alle von dem gleichen Baumeister erstellt zu sein schienen — so ähnelten sie sich —, war für ihn reizlos. In Frauenfeld legte Herr Kranzbinder eine kurze Pause ein. Er selbst benötigte sie, vor allem aber brauchte Frau Burgenwald eine kurze Rast und Erquickung. In einem alkoholfreien Restaurant, wie Thomas sie in jedem größeren Ort entdeckte, durch den sie fuhren, tranken sie Kaffee. Mehr wollte Frau Burgenwald nicht. Sie war nicht imstande, auch nur einen Bissen zu sich zu nehmen. Auf der Weiterfahrt hörte Thomas sie leise vor sich hin sprechen. Einige Wortfetzen vermochte er zu verstehen. Sie betete. Also gehörte auch sie zu den Frommen. Unwillkürlich errötete Thomas. Er ertappte sich bei dem Gedanken, daß er vielleicht auch gebetet hätte, wenn es sein Vater wäre, der irgendwo im fremden Land in einem Krankenhaus läge. Hatte er damals nicht auch gebetet, als sein kleiner Bruder William vor etwa zwei Jahren durch seine Schuld verunglückte und tagelang bewußtlos lag? Als Thomas gehört hatte, daß es fraglich sei, ob sich der Kleine je wieder ohne Krücken oder Rollstuhl fortbewegen könnte, hatte er Gott alles mögliche versprochen, wenn er dies verhüten würde. Keinem Menschen hatte er davon etwas gesagt, und inzwischen schien es längst vergessen. Warum stieg jetzt der Gedanke daran in ihm auf? Fast gleichzeitig kam ihm das Gespräch in den Sinn, das er kürzlich mit den Eltern geführt hatte, in dem er seine Mißbilligung über das Tischgebet zum Ausdruck gebracht hatte. Ach was, weg damit! Es war doch geradezu lächerlich, sich jetzt solchen Gedanken hinzugeben. Schließlich waren seit dem Unglück mit William mehr als zwei Jahre vergangen. Heute sah er die Dinge anders. Hatte nicht einmal einer gesagt: Religion ist Opium fürs Volk, und Gebet sei Autosuggestion?

„Jetzt sind wir bald in Luzern", sagte Herr Kranzbinder nach einiger Zeit. „Vom Vierwaldstättersee aus sehen wir schon die Alpen. Schau!" Mit der rechten Hand wies er in die Richtung, wo sich aus den Wolken ein für Thomas' Begriffe gewaltiger Berg erhob. „Das ist der Pilatus. Wenn wir mehr Zeit hätten, würden wir mit der Bahn hinauffahren."

„O Vater, meinst du nicht, wir könnten noch einen oder zwei Tage anhängen? Wir haben doch Ferien!"

„Du weißt, Mutti wartet — aber vor allem müssen wir sehen, wie lange uns Frau Burgenwald benötigt. Das ist schließlich der Anlaß unserer Fahrt."

Thomas schwieg, aber wachen Auges blickte er umher. Ja, so hatte er sich die Schweiz vorgestellt. In der Ferne erhoben sich bereits die Schneeberge. Zu gerne hätte er sich wenigstens eine kurze Zeit in Luzern aufgehalten, aber auch daran war nicht zu denken. An dem Sarner See ging es vorbei, den Brünigpaß hinauf, am Brienzersee entlang nach Interlaken. Dort präsentierte sich ein Teil des Berner Oberlandes, vor allem aber Jungfrau, Mönch und Eiger in ihrer strahlenden Schönheit im weißen Kleid des ewigen Schnees.

Thomas begrüßte es sehr, daß sein Vater in Interlaken eine Mittagspause einlegte. Frau Burgenwald aber entschloß sich erst, einige Bissen zu sich zu nehmen, nachdem Herr Kranzbinder in beiden Spitälern angerufen und sich nach dem Befinden der Verunglückten erkundigt hatte. Wie atmete sie auf, als sie erfuhr, ihrem Mann gehe es, den Umständen entsprechend, ordentlich. Es bestehe keine Lebensgefahr. Die Nachricht über das Befinden des Sohnes war allerdings besorgniserregend. So entschloß man sich nach dem Essen, zuerst zu ihm zu fahren.

Thomas schlang hastig einige Bissen hinunter, um sich noch ein wenig in der Hauptgeschäftsstraße umzusehen.

„Du kannst doch deinen Teller nicht nur zur Hälfte leer essen", sagte der Vater. „Nachher will ich dir gerne erlauben, eine halbe Stunde Umschau zu halten. Aber behalte das Hotel im Auge. Wir können nicht auf dich warten oder dich gar suchen, wenn du dich nicht mehr zurechtfindest."

„Du kannst dich auf mich verlassen", beteuerte Thomas und verschwand blitzschnell durch die Drehtür des Speisesaales. So vornehm hatte er noch nie gegessen. Viel mehr aber interessierte ihn das Leben auf der Straße. Auffällig gut gekleidete Menschen der verschiedensten Nationen schienen sich hier ein Stelldichein zu geben. Nicht nur englische und französische Laute drangen an sein Ohr. Er vernahm Sprachen, die ihm völlig unbekannt waren. Schwarze, braune und gelbe Menschen fluteten durch die Straßen. Die großen Blonden dort drüben waren sicher Schweden oder Norweger. Und dann die eleganten Autos! Dazwischen fuhren schmucke Kutschen von prächtigen Pferden gezogen — Fiaker, in denen die Fremden eine Stadtrundfahrt machten. Es war ein Jammer, daß man schon so schnell wieder weiter mußte. Thomas mußte sich dagegen wehren, daß er Frau Burgenwald gegenüber nicht Groll empfand. Gleichzeitig gestand er sich, daß er diese Fahrt nur dem Unglück „verdankte", das sie betroffen hatte. Nein, Groll oder Unzufriedenheit waren hier nicht am Platze. Als müsse er ihr gegenüber etwas gutmachen, half Thomas gleich darauf Frau Burgenwald beim Einsteigen fürsorglich ins Auto. Herr Kranzbinder nahm es erstaunt zur Kenntnis. Aber er äußerte sich nicht dazu. Was Höflichkeit anbelangte, hatte sein Ältester sich bisher nicht hervorgetan.

Am frühen Nachmittag traf man in der kleinen Stadt ein, in deren Krankenhaus Hans-Ulrich Burgenwald eingeliefert worden war. „Du kannst jetzt für eine Stunde auf Entdekkungsreisen gehen", sagte der Vater zu Thomas. „Nachher wartest du in der Eingangshalle des Spitals oder, wenn du das lieber willst, hier vorne auf einer der Bänke am Springbrunnen."

„In diesem kleinen Kaff ist doch nichts los", murrte Thomas mißvergnügt. „Ich hätte gut in Interlaken bleiben können, bis ihr zurückfahrt. Wir hätten uns an einem bestimmten Platz treffen können."

„Vergiß nicht den Zweck unserer Reise", ermahnte ihn Herr Kranzbinder erneut.

„Also — bis in einer Stunde!"

Gleich darauf stand er mit Frau Burgenwald am Bett ihres Sohnes, der, um die Mutter nicht zu erschrecken, einen Scherz zu machen versuchte, was aber völlig daneben geriet. Kopf und Gesicht waren ein einziger Verband. Nur für Augen und Mund war ein wenig Raum gelassen. Jede Bewegung schien ihm Schmerzen zu verursachen. Als Frau Burgenwald die Tränen nicht zurückhalten konnte, versuchte er sie aufzuheitern: „Kommt mein Aufzug dir nicht bekannt vor, Mutter? Ein Wickelkind — wie vor siebenundzwanzig Jahren, nicht wahr? Weine nicht! Ich bin fest davon überzeugt, daß alles wieder gut wird."

Aber Herr Kranzbinder ließ sich nicht täuschen. Vergeblich bemühte sich der Verletzte, seine Schmerzen vor der

Mutter zu verbergen. Kein Wunder, Hans-Ulrich Burgenwald hatte sich einen Beckenbruch, schwere Quetschungen, Verletzungen im Gesicht und einige Rippenbrüche zugezogen. Sein Atmen wurde immer wieder durch schmerzhaftes Stöhnen unterbrochen. Daher vermied Herr Kranzbinder es auch, dem jungen Mann Fragen zu stellen. Nach einer Weile ließ er die Mutter mit ihrem Sohn allein und versuchte, den Stationsarzt zu sprechen, um zu erfahren, wie lange etwa der Patient im Krankenhaus bleiben müsse, bevor er nach Deutschland verlegt werden könne. Bestimmt wollte die Mutter ihn so bald wie möglich in ihrer Nähe haben.

Nach etwas mehr als einer Stunde fuhren sie weiter in eine andere, nicht weit entfernte Stadt, in deren Spital der Mann von Frau Burgenwald eingeliefert worden war. Dessen Zustand schien längst nicht so bedenklich zu sein wie der des Sohnes.

Am frühen Abend dieses Tages war Frau Burgenwald so erschöpft, daß sie kaum noch ansprechbar war. Herr Kranzbinder bestellte zwei Zimmer in einer Pension, deren freundliche Inhaberin sich fürsorglich der Frau aus Deutschland annahm, nachdem sie erfahren hatte, welches der traurige Anlaß ihrer Reise war. Sie brachte ihr einen Imbiß aufs Zimmer und sorgte dafür, daß sie sich sogleich zur Ruhe begeben konnte, nachdem sie in der letzten Nacht kein Auge zugetan hatte.

„Wollen wir noch eine Weile an die frische Luft gehen?" fragte Herr Kranzbinder, nachdem er mit Thomas das Abendessen eingenommen hatte. Dieser war natürlich sofort einverstanden.

„Prima, Vater! Aber ich glaube nicht, daß hier viel los ist. Da war Interlaken schon anders. Ich vermute, dort gibt es auch ein richtiges Nachtleben."

„Hättest du dir davon etwas versprochen?"

„Warum nicht? So ein Bummel durch ein paar Tanzdielen, eine Bar, ein Nachtlokal."

Herr Kranzbinder schüttelte den Kopf. „Ich glaube, du spinnst ein bißchen, Thomas. Als ob ich mit dir solche Stätten aufsuchen würde!"

Der Junge wollte schon wieder aufbegehren. Noch immer tat der Vater, als sei er ein unvernünftiges Kind. Aber er wollte ihn jetzt nicht verärgern. Darum widersprach er nicht.

Herr Kranzbinder hatte inzwischen einen Weg gewählt, der aus dem Städtchen hinaus auf die Höhe führte. Kaum lagen die Häuser hinter ihnen, da stieß Thomas einen Ruf der Überraschung aus: „Sieh doch, Vater, wie schön!" Sie standen vor einer Wiese, hinter der sich ein Tannenwald ausbreitete. Über diesem erhoben sich die Berge in den nächtlichen Himmel, vom Mond beschienen in einer fast unwirklich scheinenden Pracht. Wie gleißendes Silber muteten die Schneeflächen an. Wohltuende, fast feierliche Stille umgab die beiden Menschen, die hier, überwältigt von der sie umgebenden Schönheit, beinahe den Atem anhielten. Endlich brach der Vater das Schweigen: „Thomas, das ist eine andere Art von Nachtleben als das, von dem du vorhin sprachst. Meinst du nicht auch?"

„Natürlich, Vater, aber das ist doch gar nicht miteinander zu vergleichen. Ich finde diesen Anblick hier auch überwältigend schön. Doch meine ich, du solltest dafür Verständnis haben, daß ich das andere auch einmal kennenlernen möchte."

Herr Kranzbinder legte den Arm um die Schultern seines Sohnes und blickte ihm ernst in die Augen. „Thomas, wer sich in Gefahr begibt, kommt darin um, sagt die Bibel. Und wenn du hundertmal meinst, die Einflüsse eines solchen Nachtlebens, wie du es gerne einmal kennenlernen möchtest, könnten dir nichts anhaben. Irgend etwas bleibt davon in deinem Innern, in deiner Phantasie, in deiner Gedankenwelt doch zurück. Ich wäre kein verantwortungsbewußter Vater, wenn ich dich vor solchen Einflüssen nicht bewahren möchte. Damit du aber siehst, daß ich dir vertraue, möchte ich dir einen anderen Vorschlag machen."

Gespannt horchte Thomas auf.

Der Vater fuhr fort: „Frau Burgenwald wird zumindest noch einige Tage hierbleiben müssen. Ihrem Sohn geht es so schlecht, daß sie ihn in diesem Zustand nicht allein lassen möchte. Ihr Mann, so sagte mir dessen Arzt, kann unter Umständen schon nach einigen Tagen in einem Liegewagen der Bahn nach Hause transportiert werden. Doch ist es mir nicht möglich, so lange hierzubleiben. Ich brauche die nächsten Tage vor Schulbeginn dringend, um noch einige Vorbereitungen zu treffen. Außerdem weißt du ja, daß sich ein alter Studienfreund, den ich schon mehrere Jahre nicht gesehen habe, zu Besuch angemeldet hat. Er wäre sicher enttäuscht, würde er mich nicht zu Hause antreffen, ganz abgesehen davon, daß Mutti auf mich wartet. Nun ist mir der Gedanke gekommen, ob ich dich nicht für die nächsten Tage bei Frau Burgenwald zurücklassen sollte, damit du dich um sie kümmerst und sie dann zurück nach Hause begleitest. Ihr müßtet allerdings mit dem Zug fahren, da ich nicht noch einmal hierher kommen kann."

Voller Freude griff Thomas nach der Hand des Vaters. „Das traust du mir zu? Vati, ich danke dir! Hundertprozentig kannst du dich auf mich verlassen. Ich verspreche dir, auf Frau Burgenwald zu achten, mich ihrer anzunehmen und sie wohlbehalten nach Hause zu bringen."

„Und wie ist es mit dem Nachtleben?" fragte der Vater lächelnd.

„Ach, das war doch nur ein bißchen Angeberei. Außerdem fehlt mir dazu das nötige Kleingeld."

„Am liebsten würde ich dich ja in der Pension zurücklassen, in der wir heute nacht schlafen. Die Besitzerin macht auf mich einen guten Eindruck. Aber ich könnte mir denken, daß Frau Burgenwald nun, nachdem der Arzt sie über den Zustand ihres Mannes einigermaßen beruhigen konnte, für die nächsten Tage lieber in der Nähe ihres Sohnes sein möchte, der ja noch nicht außer Lebensgefahr ist. Ich denke, wir bleiben bis morgen hier und fahren dann mit Frau Burgenwald zurück zu ihrem Sohn. Dort werde ich versuchen, in der Nähe des Krankenhauses zwei Zimmer zu bekommen. Bestimmt gibt es dort bei dem vielen Fremdenverkehr auch eine preiswerte Pension, in der ihr die Mahlzeiten einnehmen könnt.

Du wirst natürlich nicht die ganze Zeit bei Frau Burgenwald bleiben müssen und kannst dir den Tag außerhalb der Mahlzeiten nach deinem Belieben einteilen. Ich denke, wenn bei Hans-Ulrich keine Komplikationen eintreten, könnt ihr bis Ende der Woche heimreisen. Sollte Unvorhergesehenes eintreten, dann rufst du zu Hause an. Da nächste Woche wieder die Schule beginnt, kannst du nicht länger bleiben. Schließlich leben hier in der Schweiz ja auch noch Verwandte von Burgenwalds. Die müssen dann alles weitere veranlassen."

„Vater, du sollst mir nicht umsonst dein Vertrauen geschenkt haben. Verlaß dich drauf! Ich kümmere mich um Frau Burgenwald." Thomas war es ernst mit diesem Versprechen, und wenn er sich bisher je erwachsen gefühlt hätte, so war es in dieser Stunde.

Frau Burgenwald war für diese Lösung sehr dankbar. Wie hätte sie sich als Gehbehinderte ohne Hilfe am fremden Ort zurechtfinden sollen. Immer wieder bedankte sie sich bei Herrn Kranzbinder: „Was täte ich ohne Sie!"

Friedemann Kranzbinder suchte noch einmal den Chefarzt des Krankenhauses auf, um diesem sein Vorhaben mitzuteilen. „Ja", bestätigte Dr. Bengeli, „es gibt einige gute Pensionen am Ort, ebenso zwei Hotels. Da aber unser Krankenhaus außerhalb des Städtchens liegt, ist es für die Frau mit ihren kranken Knien viel zu anstrengend, den Weg täglich zu Fuß zu machen. Die Frau unseres Verwalters ist schon dann und wann eingesprungen und hat eines ihrer Zimmer zur Verfügung gestellt, wenn dringend eine Übernachtungsmöglichkeit gebraucht wurde. Damit wäre aber nur ein Platz für Frau Burgenwald gefunden. Ihr Sohn sollte mindestens in der Nähe untergebracht werden. Ich will mit meiner Frau sprechen. Vielleicht weiß sie einen Rat."

Herr Kranzbinder war nicht wenig erstaunt, als Dr. Bengeli kurz darauf mit der Nachricht kam, seine Frau sei bereit, Thomas für die Tage seines Hierseins im eigenen Hause aufzunehmen, wenn er damit einverstanden sei, mit ihrem ältesten Sohn das Zimmer zu teilen. Zuerst wollte Thomas dagegen aufbegehren. Zwar wagte er nicht, vor Dr. Bengeli das freundliche Anerbieten auszuschlagen. Aber er warf dem Vater vielsagende Blicke zu, die dieser jedoch nicht zu verstehen schien, denn er antwortete: „Herr Doktor, das ist weit mehr, als wir zu erwarten hofften. Thomas könnte zwar ohne weiteres die halbe Stunde zu Fuß in den Ort gehen, um dort in einer Pension zu wohnen, aber ich meine, nachdem er nun extra zur Unterstützung von Frau Burgenwald in der Schweiz bleibt, sollte er möglichst in ihrer Nähe sein. Er muß sie auch begleiten, wenn sie an einem der nächsten Tage mit dem Zug ins Krankenhaus zu ihrem Mann fährt. Wir nehmen also Ihr freundliches Anerbieten gerne an."

„Gehen Sie nur gleich hinüber zu meiner Frau, damit sie Ihnen zeigt, wo der junge Mann schläft. Ich nehme an, Sie sind im Alter meines Sohnes. Ingo ist achtzehn Jahre alt."

„Ich bin sechzehn", erwiderte Thomas. „Sie dürfen gerne noch du zu mir sagen."

„Gut, Thomas. Wir sehen uns dann wohl beim Abendessen." Dr. Bengeli wandte sich an Herrn Kranzbinder. „Ich bitte mich zu entschuldigen. Die Pflicht ruft."

Eine liebenswürdige Dame begrüßte die beiden. „Ich bin Frau Bengeli. Treten Sie ein! Mein Sohn, den ich natürlich erst gefragt habe, ob er damit einverstanden ist, daß er einen Schlafgenossen bekommt, freut sich auf den Besuch aus Deutschland. Ah, da kommt er ja schon. Das ist Ingo, unser Ältester."

„Und ich bin Thomas. Danke, daß ich bei —", er zauderte. Der junge Mann sah so erwachsen aus, daß er es nicht unbedingt wagte, ihn mit Du anzureden.

„Wir sagen natürlich du zueinander", kam ihm dieser entgegen. Im gleichen Augenblick betrat ein junges Mädchen die Diele. Sie kam aus der Küche und trug ein Servierbrett mit Geschirr in den Händen.

„Das ist Sandra", stellte die Arztfrau sie vor, „unsere einzige Tochter."

Das Mädchen nickte den beiden Fremden freundlich zu. Sie hatte keine Hand frei, so mußte dieser Gruß genügen.

Thomas aber starrte ihr nach, als sie ins Eßzimmer ging, um dort den Tisch zu decken. Er meinte, noch nie ein schöneres Mädchen gesehen zu haben. Jetzt war es ihm mehr als recht, hier bleiben zu können. Hoffentlich hatte er Gelegenheit, diese Sandra näher kennenzulernen. Was für einen besonderen Namen sie hatte!

Herr Kranzbinder war wieder abgefahren. Thomas fühlte sich durch das Vertrauen des Vaters geehrt und nahm sich in der Tat rührend Frau Burgenwalds an. Er fuhr mit ihr ins Krankenhaus zu ihrem Mann, brachte sie zurück zu ihrer Wirtin und wieder in das Zimmer des Spitals, in dem ihr Sohn noch immer ernstlich krank lag. Wenn Frau Burgenwald nach dem Besuch wieder von Thomas abgeholt wurde und in ihrer Sorge um das Leben des Sohnes zu jammern begann, versuchte er sie sogar zu trösten und ihr zuzureden: „Es wird sicher wieder gut werden, Frau Burgenwald. Sie dürfen jetzt nicht verzagen und nicht mit einem verzweifelten Gesicht am Bett Ihres Sohnes sitzen. Sie müssen ihm Mut zum Leben machen."

„Du bist ein guter Junge, Thomas", sagte sie dann dankbar. „Wie bin ich froh, daß dein Vater dich bei mir gelassen hat. Was täte ich ohne dich im fremden Land? Wenn ich nicht beten könnte, wäre es zum Verzweifeln. Die halbe Nacht liege ich wach und flehe Gott an, mir meinen Sohn zu lassen."

Darauf antwortete Thomas nicht.

In der Familie des Arztes fühlte er sich vom ersten Augenblick an sehr wohl. Gerne nahm er die Einladungen zu den Mahlzeiten an, obwohl er genug Geld hatte, um in einem einfachen Restaurant speisen zu können. Der Vater hatte ihn ausreichend versorgt, natürlich nicht, ohne ihn zu ermahnen: „Geh damit nicht verschwenderisch um. Du kannst nicht erwarten und es auch nicht annehmen, immer von Bengelis eingeladen zu werden." Nein, am Geld lag es nicht. Aber bei den Mahlzeiten konnte Thomas sicher sein, mit Sandra zusammenzutreffen. Er saß ihr bei Tisch gegenüber, und schon am zweiten Tag stellte er fest, daß er unsterblich in sie verliebt war. Sie schien davon jedoch nichts zu merken. Sie ging ihrer Mutter im Haushalt zur Hand, soweit es Schule und Hausaufgaben zuließen, versorgte ihre beiden kleinen Zwillingsbrüder und übte jeden Tag mindestens eine Stunde auf dem Klavier. Thomas kam aus dem Verwundern nicht heraus. Woher nahm das Mädchen dafür nur die Zeit? Ihm — so hatte er bisher behauptet — gelang es kaum, die vorgeschriebene halbe Stunde zum Geigenüben herauszuholen.

„Spielst du auch ein Instrument?" fragte Sandra ihn eines Tages.

„Ich habe seit einigen Jahren Geigenunterricht", erwiderte er, „aber mit meinem Spielen ist es nicht weit her. Ich habe einfach keine Zeit zum Üben. Mein Vater behauptet zwar immer, man habe für das Zeit, was einem wichtig ist", sagte er lachend. „Deshalb wird mir das Geigenspielen wohl nicht wichtig genug sein."

„Schade, es wäre schön gewesen, wenn wir in diesen Tagen auch mal zusammen spielen könnten. Ingo besitzt eine Geige. Er spielt recht gut."

Thomas hob in Abwehr die Hände. „Um alles in der Welt, Sandra. Ich bin ein elender Stümper. Ich würde mich vor euch allen blamieren."

„Wir haben auch Noten für leicht zu spielende Stücke."

Aber Thomas war nicht zu bewegen, Ingos Geige in die Hand zu nehmen.

„Habt ihr auch ein Klavier?" fragte das Mädchen.

„Ja, meine Eltern spielen beide recht gut, manchmal auch vierhändig. Außerdem hat mein Vater eine Hausorgel."

„Was, eine Orgel habt ihr? Ist es eine Elektronenorgel?"

„Ja, mein Vater hätte natürlich lieber eine Pfeifenorgel. Aber die sind viel zu teuer."

„Es gibt auch recht gute Elektronenorgeln. Sag mal, Thomas, ist Stuttgart sehr weit von euch entfernt? Vater will nämlich, wenn er es zeitlich irgendwie einrichten kann, in den Herbstferien mit Ingo und mir nach Deutschland fahren. Wir haben in Stuttgart eine alte Verwandte, die er besuchen möchte. Leider kann unsere Mutti wegen der beiden Kleinen nicht mitkommen."

Thomas hatte sie gar nicht ausreden lassen. Voller Freude unterbrach er sie.

„Nein, Stuttgart ist nicht sehr weit von uns entfernt, nur siebzig Kilometer. Sandra, ihr müßt uns unbedingt besuchen und ein paar Tage bei uns bleiben. So schön wie die Schweizer Berge ist unsere Schwäbische Alb zwar nicht, aber sie hat auch ihre Reize."

Das Mädchen schüttelte lächelnd den Kopf. „Nein, Thomas, so war das nicht gemeint. Aber vielleicht könnten wir es so einrichten, daß wir wenigstens ein paar Stunden bei euch zubringen können. Ich würde deinen Vater zu gerne Orgel spielen hören, und vielleicht hast du bis dahin so viel Freude am Üben auf der Geige bekommen, daß wir dann doch noch zusammen musizieren können."

Thomas hätte am liebsten einen Luftsprung gemacht. Der Gedanke, Sandra bald wiederzusehen, machte ihn fast übermütig. Zwar konnte er sich nicht vorstellen, daß er bis dahin bemerkenswerte Fortschritte auf seinem Instrument machen würde, aber um dieses Mädchens willen konnte er sich doch etwas mehr anstrengen.

„Ich will es meinem Vater vorschlagen", fuhr Sandra fort. „Er interessiert sich sicher für die Schwäbische Alb. Aber nun muß ich nach meinen kleinen Brüdern sehen."

„Sandra, kannst du dich in diesen Tagen nicht ein paar Stunden freimachen, so daß wir zusammen ausgehen können?"

„Ausgehen? Was verstehst du darunter?"

„Na, man könnte vielleicht nach Interlaken fahren, dort einen Stadtbummel machen und in ein Café oder in eine Eisdiele gehen oder, wenn du das lieber willst, in ein Weinlokal."

Sandra lachte laut auf.

„Was hast du für Vorstellungen! Nein, dazu habe ich wirklich keine Zeit. Aber wenn du mich beim Spaziergang mit unseren beiden Kleinen begleiten willst, dann habe ich nichts dagegen."

„Und dazu habe ich nun wieder keine Lust", hätte Thomas am liebsten geantwortet, aber er bezwang sich. Wenn das die einzige Möglichkeit war, mit dem Mädchen zusammenzusein, das ihm von Stunde zu Stunde besser gefiel, dann wollte er es halt hinnehmen, daß diese beiden Quecksilber auch dabeiwaren. So heuchelte er freudige Zustimmung.

„Gerne, Sandra! Ich habe zwar wenig Erfahrung im Umgang mit kleinen Kindern, aber völlig unmöglich werde ich mich vielleicht nicht anstellen."

„Denke dir das nur nicht so einfach, mit zwei solchen Draufgängern spazierenzugehen. Wenn ich den einen aus einer Wasserpfütze ziehe, in die er gefallen ist, kriecht der andere unter einem Zaun durch, um zu den Kühen zu gelangen. Wenn du dabeibist, wird es vielleicht bessergehen."

Auch das noch! dachte Thomas, aber er widersprach nicht. Also zog er am nächsten Nachmittag mit Sandra und den beiden Knirpsen los. Bloß gut, daß mich weder Anita noch Berthild sehen, dachte er, die würden schön lästern! Doch zu einem persönlichen Gespräch mit Sandra oder zur freundschaftlichen Annäherung, wie er es sich gewünscht hatte, kam es nicht. Dieses Zwillingspärchen hatte die tollsten Ideen. Der eine wollte eine Schnecke in den Mund stecken, der andere fiel in einen Bach. Dauernd war etwas los. Thomas kam schließlich recht erschöpft im Arzthaus an.

Nur noch zwei Tage blieben ihm, ehe er mit Frau Burgenwald die Heimfahrt antreten mußte. Ihr Mann war soweit wiederhergestellt, daß er bereits im Liegewagen mitreisen konnte. Auch dem Sohn ging es schon besser. Jedenfalls war er außer Lebensgefahr. Man hoffte, auch ihn in einiger Zeit in ein Krankenhaus nach Württemberg bringen zu können. Nun meinte Frau Burgenwald, nicht länger von zu Hause fortbleiben zu dürfen.

„Was denkst du, Thomas — bei mir zu Hause geht inzwischen alles drunter und drüber!"

Sie gab schließlich noch einen Tag zu.

Am Tag vor der Abreise fragte Ingo Bengeli: „Thomas, hättest du Lust, mich heute abend zu begleiten und dir Wilhelm Tell in unserem Freilichttheater in Interlaken anzusehen? Du kennst doch das Stück?"

„Klar! Das haben wir längst in der Schule durchgenommen."

„Vielleicht wäre es für dich interessant, es auf unserer großartigen Naturbühne zu sehen. Die Festspiele werden hier jedes Jahr im Sommer aufgeführt."

„Du mußt Ingo auf seinem Pferd sehen. Er ist ein ausgezeichneter Reiter", fügte Sandra hinzu. „Im Reitverein ist er einer der besten. Vater hat ihm vor zwei Jahren ein Pferd geschenkt. Ingo stellt in dem Stück den Rudenz dar, den Partner der Berta von Bruneck. Die beiden hoch zu Roß sind ein wunderschönes Paar, du wirst es sehen", begeisterte sich Sandra.

„Kommst du auch mit, Sandra?" fragte Thomas.

„Nein, ich bin zu der Zeit im Mädchen-Bibelkreis, der ebenfalls in Interlaken stattfindet."

Thomas war sichtlich enttäuscht. „Könntest du denn nicht einmal schwänzen?"

„Nein, es ist mir wichtig, regelmäßig daran teilzunehmen. Die Abende sind immer sehr wertvoll, und außerdem habe ich den Tell bereits oft gesehen. Schon um Ingos willen nehme ich jedes Jahr an der Aufführung teil."

Enttäuscht stellte Thomas fest, daß Sandra nicht daran dachte, seinetwegen ihr Vorhaben aufzugeben.

„Was kostet der Eintritt?" fragte er Ingo. „Ich habe mich ziemlich verausgabt. Meine Geschwister erwarten natürlich, daß ich ihnen etwas aus der Schweiz mitbringe, auch wenn es für jeden nur eine Kleinigkeit ist —"

Ingo winkte ab. „Mach dir darüber keine Sorgen. Die Mitwirkenden erhalten immer einige Freikarten. Da hast du gleich eine, und hier ist auch das Textheft. Vielleicht liest du es dir inzwischen noch durch. Man hat dann mehr von der Aufführung."

Daß Sandra sich neben Thomas setzte und mit ihm das Heft durchblätterte, versöhnte ihn ein wenig.

„Sieh dir nur die prächtigen bunten Bilder an", sagte sie. „Schau, der spielt den Tell, und dies hier ist sein Sohn, von dessen Kopf der Vater auf Befehl Geßlers, dem gewalttätigen Landvogt, den Apfel schießen muß. Aber du kennst ja die Geschichte. — Sieh, hier ist Walter Fürsts Haus — und dort das Rütli, wo sich die Männer heimlich trafen und den Treueschwur leisteten. — Es ist schon großartig, Thomas! Und das alles im Freien mit einer prächtigen Beleuchtung."

„Könntest du nicht doch mitkommen?" drängte Thomas das Mädchen noch einmal. „Ich hätte viel mehr davon, wenn du dabei wärst."

Sandra blickte ihn erstaunt an. Dann zog eine leichte Röte über ihr Gesicht. Sie schüttelte energisch den Kopf.

„Nein, mein Platz ist heute im Bibelkreis. Aber nun habe ich mich lange genug aufgehalten. Ich muß noch für die Schule arbeiten. Entschuldige mich! Vielleicht liest du dir inzwischen den Text durch. Ingo hat recht. Man versteht danach das Stück viel besser."

Unwillig blätterte Thomas weiter im Heft. Plötzlich faßte er einen Entschluß. Da war er wieder — sein alter Trotz und Widerspruchsgeist. Er ließ sich doch nicht einfach vorschreiben, wie er den letzten Abend hier in der Schweiz zu verbringen hatte! Er würde ihn auf seine Art genießen — ja, das würde er.

Ingo besaß noch keinen Führerschein. So fuhr Doktor Bengeli die drei am Abend nach Interlaken.

„Wie üblich um 22.30 Uhr hinter dem Parkplatz des Theaters", sagte er. „Ihr beiden wißt ja Bescheid, aber zeigt es auch Thomas, damit wir uns nicht verfehlen."

Sandra hatte bereits ihre Freundin getroffen, mit der sie verabredet war. Ingo führte Thomas zur überdachten Tribüne, auf der über tausend Menschen Platz hatten. Sie strömten bereits von allen Seiten herbei.

„Schau, hier in der zweiten Reihe kannst du alles gut sehen, Thomas!"

„Vielen Dank, Ingo! Ich schaue mich aber noch ein bißchen um. Fabelhaft finde ich diese Freilichtbühne mit den darauf erstellten Schweizer Häusern und der Burg."

„Ich muß jetzt gehen", sagte Ingo. „Tanja, mein Pferd, wird schon unruhig sein."

„Bis nachher!" nickte Thomas ihm zu und hob die Hand. Kaum aber war Ingo gegangen, suchte er wieder den Ausgang und verschwand in der herbeiströmenden Menschenmenge in der entgegengesetzten Richtung. Mochte sich den Tell anschauen, wer wollte. Er hatte ein anderes Ziel. Jetzt würde er endlich einmal Interlaken bei Nacht oder doch wenigstens in den Abendstunden genießen.

Als Sandra sich eine Viertelstunde vor der verabredeten Zeit dem Freilichttheater näherte, aus dem bereits eine Schar von Zuschauern strömte, erblickte sie zu ihrer größten Verwunderung Thomas, der eiligen Schrittes von der Stadt her kam und sich dem Treffpunkt näherte. Zuerst wollte sie ihn ansprechen, aber dann hielt sie irgend etwas davon ab. Er hatte sie noch nicht entdeckt.

Doktor Bengeli war mit seinem Wagen pünktlich zur Stelle. Wenige Minuten später stellte sich auch Ingo ein. Erst danach kam Sandra zum Wagen des Vaters.

„Nun, Thomas, wie hat es dir gefallen?" fragte Herr Dr. Bengeli, nachdem er das Auto behutsam durch die Menschenmenge zum Ausgang der Stadt gesteuert hatte.

„Ausgezeichnet, ganz ausgezeichnet!" antwortete Thomas und war froh, daß ihm im Dunkel des Wagens niemand ins Gesicht sehen konnte. Ganz wohl war es ihm bei dieser bewußten Lüge nicht, aber ein Schuldgefühl wollte er keineswegs in sich aufkommen lassen.

„Ich habe dich nirgends gesehen", sagte jetzt Ingo. „Auf dem Platz, den ich dir angab, warst du jedenfalls nicht."

Nun spürte Thomas genau, wie ihm das Blut in die Schläfe stieg. Unwillkürlich dachte er an seinen Vater, der schon einige Male gesagt hatte: „Eine Sünde gebiert die andere."

Aber blieb ihm jetzt noch etwas anderes übrig, als erneut zu lügen?

„Ich hatte mich ein wenig im Theater umgesehen", erwiderte er, „und als ich zurückkam, war mein Platz besetzt. So bin ich in eine der hinteren Reihen gegangen."

Hoffentlich fragt Ingo mich jetzt nicht weiter aus und erwartet eine Stellungnahme zu den einzelnen Auftritten des Spiels, dachte Thomas. Warum bin ich auch so blöd gewesen und meinte, in Interlaken etwas Außergewöhnliches zu erleben! Ich hätte bestimmt mehr gehabt, wenn ich mir das Schauspiel angesehen hätte.

In der Tat war Thomas nicht auf seine Kosten gekommen. Einmal merkte er, daß sein Geld nicht ausreichte, um sich mancherlei leisten zu können. In ein Nachtlokal ließ der Portier ihn gar nicht erst eintreten.

„Wir sind doch kein Kindergarten!"

Zu allem heftete sich noch ein herausfordernd aussehendes junges Ding an seine Fersen, redete ihn mit „Kleiner" an und fragte: „Wie wär's mit uns beiden?"

Unwillkürlich hatte er seine Schritte beschleunigt. Was wollte diese Person von ihm? Auf ein solches Abenteuer war er nun wirklich nicht ausgegangen. Schließlich konnte er sich ihr entziehen, indem er sich in eine dunkle Gasse zurückzog, während ein betrunkener Mann das Mädchen ansprach. Natürlich waren in der Hauptstraße einige einladende Weinlokale und Hotels, die sehr anziehend wirkten. Aber wie hätte er sich mit seinen paar Franken in der Tasche dort hineinwagen können! Er versuchte es noch einmal, in ein Kabarett zu gelangen, neben dessen Eingangstür einige vielsagende Photographien von spärlich bekleideten Tänzerinnen hingen — aber es ging ihm nicht anders als in dem Nachtlokal. „Junger Mann, Sie scheinen sich in der Haustür geirrt zu haben. Gehen Sie heim. Ihre Mutter wartet schon auf Sie. Was meinen Sie, was geschieht, wenn die Polizei Sie hier antrifft!"

Schließlich landete Thomas in einer harmlosen Eisdiele. Wenn er ehrlich war, mußte er sich eingestehen, daß ihm dieser Abend auch nicht den geringsten Spaß gemacht hatte. Keinem Menschen würde er von diesem Erlebnis „Interlaken bei Nacht“ erzählen, vor allem nicht den Eltern zu Hause. Und nun saß er hier im Auto neben Ingo und fürchtete, von ihm ausgefragt zu werden. Er gähnte hörbar und behauptete plötzlich, sehr müde zu sein. Warum nur sprach Sandra kein Wort? Schweigend saß sie neben ihrem Vater. Dieser fragte sie soeben: „Wie war es im M.B., Sandra? Waren viele Mädchen da, und worüber hat Fräulein Hammerschmitt gesprochen?“

„Wir nehmen gerade den Propheten Jona durch“, erwiderte die Tochter. „Es war sehr interessant, und es fehlte keins der Mädchen.“

„Jona!“ nahm der Vater den Faden auf. „Ja, das ist eine wertvolle Geschichte. Jona, der Mann, der vor Gott flüchten wollte und doch von ihm eingeholt wurde. Als ob ein Mensch sich vor Gott verstecken könnte. Gott findet ihn überall. Ihm ist nichts verborgen.“

Als ob mein Vater spräche, dachte Thomas. Irrte er sich, oder hatte sich der Arzt ihm halb zugewandt? Aber das konnte ja nicht sein, denn er mußte doch auf das Steuer in seinen Händen achten. Irgendwie war es Thomas, als habe Doktor Bengeli ihn persönlich gemeint. Oder redete er sich das nur ein? Weder er noch Ingo konnten ja auch nur die geringste Ahnung davon haben, wie er den Abend verlebt hatte, am allerwenigsten aber wußte Sandra etwas davon. Und das war ein Glück. Vor ihren Augen als Lügner dazustehen, wäre ihm mehr als peinlich gewesen.

Im Arzthaus hatte Frau Bengeli für die Heimkehrenden noch eine Erfrischung bereitgestellt: Zitronencreme und Biskuitplätzchen. Auch sie fragte Thomas: „War es schön im Freilichttheater?“

Zu dumm, daß der Junge sich gerade verschlucken mußte und die Frage nur mit einem heftigen Kopfnicken beantworten konnte. Warum nur blickte Sandra ihn in diesem Augenblick so besonders an?

Als Thomas sich bald darauf von Dr. Bengeli und seiner Frau verabschiedete, war Sandra schon in die Diele hinausgegangen. Ingo hatte sich bereits auf sein Zimmer zurückgezogen. Thomas reichte dem Mädchen die Hand.

„Gute Nacht, Sandra! Schlafe gut. Morgen muß ich abreisen. Es fällt mir nicht leicht."

Sie ging auf seine Worte nicht ein. Hielt sie seine Hand nicht einen Augenblick länger als sonst in ihrer Rechten? Wieder waren ihre Augen traurig auf ihn gerichtet.

„Vati, dürfen wir mit, wenn du Frau Burgenwald und Thomas von der Bahn abholst?" fragten Anita und Berthild.

„Wenn ihr Mutti nicht bei irgendeiner Arbeit helfen müßt, dann könnt ihr mitkommen."

„Oh, ich auch! Ich will auch dabei sein!" William klappte energisch sein Buch zu. „Ich habe jetzt genug gelesen."

„Nein, William", erwiderte Herr Kranzbinder. „Frau Burgenwald muß vorne bei mir sitzen."

„Ich bin dafür, daß auch Berthild zu Hause bleibt", schaltete sich nun die Mutter ein. „Wir können Frau Burgenwald nicht zumuten, so eng zu sitzen. Ihr beide dürft dann das nächste Mal mit, wenn Vater in die Stadt fährt. Kommt, wir decken miteinander einen festlichen Abendbrottisch. Thomas' Rückkehr muß doch ein wenig gefeiert werden."

Nicht gerade begeistert folgten die beiden Jüngsten ihrer Mutter in die Küche.

Am Bahnhof stand ein Rote-Kreuz-Wagen, den Burgenwalds Hausarzt vorsorglich für den Patienten besorgt hatte.

Bald sah Herr Kranzbinder die Ankommenden und ging auf sie zu.

„Ich komme morgen und schaue nach Ihnen", versprach

er und wehrte damit die überschwengliche Dankesrede, zu der Frau Burgenwald anhob, freundlich ab. „Schon gut, das war doch selbstverständlich, nichts anderes als ein Nachbarschaftsdienst."

„Und dir, Thomas, muß ich ganz besonders danken!" Frau Burgenwald hatte sich an den Jungen gewandt, der sich nur mit Mühe einer Umarmung ihrerseits entziehen konnte. „Was hätte ich ohne dich nur angefangen? Wirklich, Herr Kranzbinder, Thomas hat sich selbst übertroffen, so ritterlich, besorgt und umsichtig war er. Du sollst dich meiner nicht umsonst angenommen haben, Junge —"

„Ihr Mann muß heim und schleunigst zu Bett", mahnte Herr Kranzbinder, dem der ganze Aufwand peinlich zu werden begann, zumal sich bereits eine Schar Neugieriger um das Krankenauto am Bahnhof gesammelt hatte.

Belustigt lachte Anita ihrem Bruder zu. „Paß nur auf, Frau Burgenwald schreibt noch einen Artikel über dich in der Zeitung. Der erscheint unter der Rubrik: Die gute Tat! Übrigens, deine Freundin, die Micky, hat sich nach dir erkundigt. Ich traf sie auf der Straße. Wann du aus der Schweiz zurückkommen würdest, wollte sie wissen."

„Ach, die alte Ziege!"

„Nanu? Seit wann denn so?"

Anita war sprachlos. Sie hatte gemeint, den heimkehrenden Bruder durch diese Nachricht zu erfreuen, und nun redete er so geringschätzig von der Klassenkameradin, die er ihr gegenüber wiederholt als seine Freundin bezeichnet hatte.

„Schnell, Kinder, einsteigen!" rief jetzt Herr Kranzbinder und machte damit dem unliebsamen Gespräch zwischen den beiden ein Ende.

„Was ist mit unserem Thomas los?" fragte Frau Kranzbinder am Abend ihren Mann, nachdem die Kinder zu Bett gegangen waren. „Irgendwie kommt er mir verändert vor — oder täusche ich mich?"

„Wie meinst du das?"

„Nun, er schien mir gesitteter als sonst, er war höflich und aufmerksam, was bei ihm bisher weniger der Fall war. Auch nachdenklicher kam er mir vor, obgleich er lebhaft von seinem Aufenthalt in der Schweiz berichtete."

„Rosmarie, glaub doch nicht, daß ihn diese eine Woche verändert haben könnte — es sei denn, er hätte irgendein Erlebnis gehabt, das in die Tiefe seines Wesens gedrungen wäre. Es war jedenfalls sein erster mit einem besonderen Auftrag versehener Aufenthalt in der Fremde, abgesehen von den Freizeiten und Ferienlagern. Aber diesmal fühlte er sich verantwortlich für einen hilfsbedürftigen Menschen. Du glaubst nicht, wie überschwenglich Frau Burgenwald sich bei mir bedankte, daß Thomas ihretwillen in der Schweiz bleiben und ihr behilflich sein durfte."

„Warum sollte die Verantwortung, die er für sie fühlte, ihn nicht nachdenklicher und vielleicht sogar ernster haben werden lassen?"

„Ich könnte mir denken, daß auch der Aufenthalt im Hause des Doktor Bengeli nicht ohne Einfluß auf ihn war, obgleich er bei diesen netten gebildeten Menschen nur wenige Tage wohnte. Ich habe sie ja nicht näher kennengelernt, aber sowohl der Arzt als auch seine Frau und die beiden ältesten Kinder haben auf mich den besten Eindruck gemacht."

„Sind wir nicht immer der Meinung gewesen, daß Begegnungen nie zufällig geschehen? Gerade weil uns die Entwicklung unseres Ältesten ein solches Anliegen vor Gott ist, dürfen wir doch auch fest daran glauben, daß er Thomas mit Menschen zusammenführt, die ihn zum Guten beeinflussen."

Thomas erfreute sich im allgemeinen eines guten Schlafes.

Diese Nacht aber lag er lange wach. Der Vater hatte recht, ohne die Zusammenhänge zu ahnen. Sein Ältester hatte etwas erlebt, was nicht nur die Oberfläche seines Wesens berührte. Nein, darüber reden würde Thomas nicht, obgleich er in der Tat in begeisterten Worten von seinem kurzen Aufenthalt in der Schweiz erzählt hatte. Was ihn aber wachliegen ließ, war der Gedanke an den Geist und die Atmosphäre, die ihm im Hause des Dr. Bengeli begegnet waren. Wenn er ehrlich dazu Stellung nahm, mußte er zugeben, daß gewisse Ähnlichkeiten mit seinem Elternhaus vorhanden waren. Ausgerechnet das, was er hier in letzter Zeit fast leidenschaftlich verneint hatte, war dort ebenfalls selbstverständlich gewesen. Es hatte dem Hause sein Gepräge gegeben und war vielleicht sogar die Ursache dafür, daß er sich dort vom ersten Augenblick an wohlfühlte. Merkwürdig, bei Bengelis hatte ihn das Tischgebet nicht gestört, ebensowenig die Hausandacht, die der Arzt oder, bei dessen Verhinderung, seine Frau nach dem Mittagessen mit allen Anwesenden hielt. Auch der gemeinsame Gottesdienstbesuch, von dem sich der älteste Sohn nicht ausschloß, schien allen eine Selbstverständlichkeit zu sein. Oder war allein Sandra die Ursache dafür, daß ihm jeder Tag seines Dortseins wie ein Fest erschien? — Sandra! Wenn er an sie dachte, spürte Thomas nicht nur, wie sein Herz schneller zu klopfen begann, sondern wie eine Röte ihm die Wangen färbte. Ob er es wahrhaben wollte oder nicht, es war Schamröte. Immer wieder meinte er, die Blicke des Mädchens zu sehen: Warum hast du das getan? Ob sie es überhaupt wußte, daß er bei der Aufführung von Wilhelm Tell nicht dabeigewesen war? Sollte sie ihn in der Stadt gesehen haben? Wie ein bei einem Unrecht ertappter Schuljunge war er sich vorgekommen, als sie an jenem Abend vor ihm stand. Trotz und innere Auflehnung waren in ihm aufgestiegen. Was fiel ihr eigentlich ein? Mußte er ihr vielleicht Rechenschaft darüber geben, wie er den Abend verbracht hatte? Sollte sie ihm nachspioniert haben?

Thomas hatte diese Gedankengänge noch nicht beendet, da wußte er bereits, wie ungerecht er ihr gegenüber war. Sie hatte von ihm weder Rechenschaft gefordert noch ihm nachspioniert. Zufällig mußte sie ihn gesehen haben — wenn überhaupt, als er aus der Stadt kam. Und ihr sanfter, wenn auch nicht ausgesprochener, doch deutlich vernehmbarer Vorwurf galt seiner Lüge. Ach, warum war er nur so töricht gewesen zu glauben, der Stadtbummel und die dabei erhofften Erlebnisse könnten ihm mehr bedeuten als die Aufführung im Freilichttheater!

Thomas befand sich in einem merkwürdigen inneren Zwiespalt. Einesteils ärgerte er sich maßlos über Sandra, andererseits wünschte er nichts so sehr, als daß sie seine Freundin werden möge. Aber es müßte eine andere Freundschaft sein als die mit Micky, deren er sich in letzter Zeit gerühmt hatte. Micky ging mit ihm in eine Klasse. Eigentlich verband ihn nichts mit ihr als der Widerspruchsgeist, den auch sie den Lehrern entgegenbrachte. Und dann — die Jungens hatten ja alle eine Freundin. Man blödelte miteinander herum, neckte und stritt sich, setzte sich gemeinsam in eine Eisdiele und ging schon mal Hand in Hand durch die Straßen. Natürlich wußte Thomas von einigen Mitschülern, daß es bei ihnen nicht beim Händchenhalten geblieben war. Nicht nur heimlich, sondern ganz offen sprach man darüber, daß die Mädchen keineswegs etwas gegen Zärtlichkeiten einzuwenden hätten. Bei verschiedenen war man sicher, daß es zwischen ihnen auch schon zu Intimitäten gekommen war. In alledem hatte Thomas sich bis jetzt noch sehr zurückgehalten. Irgendwie waren die Atmosphäre des Elternhauses und die Erziehung doch eine Art Schutzmauer gewesen. Vor den Klassenkameraden hatte er aber getan, als besitze er ebenfalls schon eine Menge Erfahrungen. Er rauchte nicht, weil ihm das Zeug nicht schmeckte. Nachdem er es einmal probiert hatte, war ihm schlecht geworden. Vor seinen Eltern und Geschwistern aber billigte er das Tun seiner Schulkameraden. Schließlich wären sie ja keine kleinen Kinder mehr, und die Zeit sei vorbei, da man sich noch gängeln und am laufenden Band Vorschriften machen ließ.

Wenn dann Frau Kranzbinder ihrem Mann gegenüber besorgte Äußerungen machte und befürchtete, daß er bereits heimlich einigen Lastern verfallen sei, beruhigte er sie: „Glaube mir, Rosmarie, das könnte er vor uns nicht verbergen. Irgendwie käme es zum Vorschein. In der Hauptsache ist es Angeberei."

„Aber ich habe schon einige seiner Schulkameraden am hellichten Tage auf der Straße in inniger Umarmung mit ihren Freundinnen gesehen. Was sie dann erst im Dunkeln treiben, ist eigentlich keine Frage!"

„Es mag sein, daß du recht hast", hatte Friedemann ihr geantwortet, „aber was Thomas anbelangt, bin ich sicher, daß außer dieser kleinen, und, wie ich meine, harmlosen Freundschaft mit der Micky nichts Besorgniserregendes vorliegt."

„So stimmt es also doch, was Anita unlängst behauptete. Bei einem Streit warf sie es ihm vor."

„Na, so tiefgehend scheint diese Freundschaft auch wieder nicht zu sein. Als ich Thomas nach seiner Rückkehr aus der Schweiz am Bahnhof abholte, hörte ich, wie Anita ihm sagte, daß diese Micky auf ihn gewartet und nach dem Termin seiner Rückkehr gefragt habe. Das Gespräch zwischen den beiden war wohl nicht für meine Ohren bestimmt, aber ich habe mich dann doch amüsiert, wie die Antwort meines Sohnes ausfiel. ‚Ach, die alte Ziege!' sagte er, und das ist doch wohl ein Beweis dafür, daß es nicht so ernst mit ihrer Freundschaft ist."

Nun mußte auch Frau Kranzbinder lachen. Ihrem Mann war es wenigstens im Augenblick gelungen, ihre Sorge um Thomas zu zerstreuen.

In den kommenden Tagen änderte Thomas bereits seine Meinung wieder. Ja, wenn irgendwelche Hoffnung bestanden hätte, daß er mit Sandra in Verbindung geblieben wäre — aber nun? Er ärgerte sich über sich selbst, und ihm war plötzlich klar, daß sein Wunsch nach einem Nachterlebnis in Interlaken geradezu lächerlich gewesen war. Was hatte er sich eigentlich darunter vorgestellt? Sollte es etwa eine Bestätigung seines Erwachsenseins sich selbst gegenüber bedeuten? Diese Illusion hatten ihm die beiden Portiers in dem Nachtlokal und dem Kabarett gründlich zerstört. Ach was, er wollte nicht mehr daran denken. Sandra gehörte der Vergangenheit an. Sie war für ihn unerreichbar. Außerdem zählte sie zu den Frommen, und die — so meinte er wenigstens — lehnte er ohnehin ab. Also zurück zu Micky, die ihm glaubte schmeicheln zu können, indem sie ihm beim Wiederanfang in der Schule sagte: „Thomy, mir kommst du nach den Ferien irgendwie verändert vor — viel erwachsener bist du."

Sie bot ihm aus ihrer Schachtel eine Zigarette an, die er aber großzügig ablehnte.

„Nein, Micky, ich bin nicht der Meinung, daß man rauchen muß, um sein Erwachsensein zu bestätigen."

„Dann nicht", sagte sie leicht gekränkt und steckte sich selber eine Zigarette an.

Als die Kinder in der darauffolgenden Woche eines Tages aus der Schule heimkamen, fanden sie die Eltern zur Mittagszeit nicht zu Hause.

„Wo ist Mutti?" Jeder fragte dasselbe.

„Im Krankenhaus", erwiderte Doris, die nun schon im dritten Jahr Frau Kranzbinder im Haushalt half.

Erschrocken waren die Augen der Kinder auf das Mädchen gerichtet.

„Wieso im Krankenhaus? Ist etwas passiert? Ist einer von beiden plötzlich krank geworden? Vati oder Mutti? Oder sind sie mit dem Auto verunglückt? So red' doch schon, Doris!"

„Ihr laßt mich ja nicht zu Wort kommen. Setzt euch um den Tisch, ich bringe sofort das Essen aus der Küche. Du, William, holst den Großvater aus seiner Stube, und während der Mahlzeit erzähle ich euch dann, was geschehen ist."

Berthild wollte nicht essen. „Meinst du, es schmeckt mir, wenn Mutti im Krankenhaus liegt? Sag doch wenigstens, ob es was Schlimmes ist, Doris. Hat sie wirklich einen Autounfall gehabt?" Sie kämpfte mit den Tränen.

„Ich habe doch nicht gesagt, daß sie im Krankenhaus liegt."

Und dann berichtete das Mädchen: „Als Mutti heute morgen in der Stadt war, um Besorgungen zu machen, wurde sie von einer früheren Nachbarin angesprochen. Die erzählte, daß Frau Purzel schwer erkrankt zu Hause liege. Es kümmere sich so gut wie niemand um sie, weil sie ja mit der ganzen Nachbarschaft verfeindet sei. Die Leute, die in eurer ehemaligen Wohnung sind, kümmern sich um sie am allerwenigsten. Anscheinend sind es bereits die zweiten Mieter seit eurem Wegzug vor zwei Jahren. Die ersten haben es nicht länger als ein halbes Jahr bei Frau Purzel ausgehalten."

„Kein Wunder, wenn die Giftnudel es mit denen genauso gemacht hat wie mit uns", schaltete sich jetzt Thomas ein.

Keines der Geschwister widersprach ihm, obgleich sie alle wußten, daß die Eltern diese Titulierung nicht hätten hören dürfen.

„Und dann?" fragten die beiden Mädchen.

„Nachdem eure Mutter von der Nachbarsfrau gehört hatte, daß Frau Purzel schwer erkrankt sei, ging sie zu ihr ins Haus."

Thomas schlug mit der flachen Hand auf den Tisch, daß sein Teller hochsprang.

„Das sieht ihr gleich! Ich hätte mich nicht um diese Person gekümmert. Was hat die damals der Mutti zugesetzt. Und jetzt nimmt sie sich auch noch ihrer an."

„Ich habe von ihr nichts anderes erwartet", schaltete sich der alte Mann ins Gespräch.

Obgleich er mit ihnen nicht verwandt war, betrachteten die Kinder ihn längst als ihren Großvater und brachten ihm Respekt entgegen. Nur Thomas mußte auch jetzt seinem Widerspruchsgeist Luft machen.

„Ich bin anderer Meinung! Es ist nur zu verständlich, daß sich die Nachbarschaft nicht um die Purzel kümmert. Soll sie jetzt einmal am eigenen Leibe erfahren —"

„Noch vor wenigen Jahren habe ich ähnlich gedacht wie du", schnitt Herr Schulendorf ihm das Wort ab. „Auch ich weiß von einem Menschen, der mir mehr als gehässig begegnete, und das nicht nur ein- oder zweimal, sondern jahrelang, und der die liebsten Menschen, die ich habe, gegen mich aufzuhetzen versuchte."

„Nicht wahr, Opa, der liebste Mensch, den du hast, ist der Peter", sagte William.

„Ja! Aber euch habe ich ebenfalls so lieb, als wäret ihr

meine nächsten Verwandten. Eure Eltern lehrten mich, die Angelegenheit anders zu sehen. Sie sagten mir, daß diejenige, die es mir Jahre hindurch so schwer gemacht hat, daß ich lieber die Heimat aufgab, als mit ihr noch länger unter einem Dach zu leben —"

„Also ist es eine Frau", stellte Berthild fest. „Ah, jetzt weiß ich: Es ist die Mutter von Peter, die Frau deines Enkels."

„Du hast den Großvater unterbrochen", tadelte Doris das Mädchen.

Dieser fuhr fort: „Wo war ich stehengeblieben? Ach ja, eure Eltern sagten mir, daß diese Frau im Grunde genommen viel unglücklicher ist als ich selbst, weil sie keinen Frieden in ihrem Innern hat und ihn daher auch nicht verbreiten kann. Es hat ziemlich lange gedauert, ehe ich dies begreifen und meinen Groll überwinden konnte."

„Und was ist jetzt mit Frau Purzel?" Anita fürchtete, der Großvater würde kein Ende finden, und wandte sich wieder an Doris.

„Mutti hat telefoniert und mir gesagt, daß sie sich sofort mit einem Arzt in Verbindung setzen und warten wolle, bis dieser gekommen sei. Eine Stunde später rief euer Vater an. Mutti hatte auch ihn benachrichtigt, und inzwischen haben beide Frau Purzel ins Krankenhaus gebracht. Anscheinend war es höchste Zeit. — Nun aber scheint es mir auch höchste Zeit, daß wir endlich mit dem Essen fertig werden. Alles ist schon kalt geworden."

„Könnt ihr begreifen, daß Mutti sich um die Alte kümmert und sie sogar ins Krankenhaus bringt?" Thomas fragte seine Schwestern.

„Sie konnte sie in ihrer Not jedenfalls nicht allein liegen lassen", war Anitas Meinung, und Berthild fügte hinzu:

„Sonst hätte kein Mensch mehr daran geglaubt, daß Vati und Mutti Christen sind."

Frau Kranzbinder besuchte fortan regelmäßig ihre frühere Hauswirtin, die wirklich ernstlich erkrankt war. Das Mißfallen ihres Ältesten, der dafür nach wie vor kein Verständnis aufbrachte, berührte sie nicht. Im Gegenteil, seine Haltung der Schwerkranken gegenüber bekümmerte sie ernstlich. Wie kam es nur, daß Thomas solche Herzenshärte zeigte? Er empfand nicht das geringste Mitleid mit dieser Frau, die ihnen damals, als sie noch in ihrem Hause wohnten, das Leben so schwer gemacht hatte.

Frau Purzel nahm die Besuche ihrer ehemaligen Mieterin in gnädiger Herablassung an, ohne den geringsten Dank zu zeigen. In den ersten Tagen war sie allerdings zu elend, um überhaupt eine Reaktion zu äußern. Als sie sich jedoch etwas erholt hatte, betrachtete sie es als selbstverständlich, daß ihr Frau Kranzbinder Blumen brachte, ja, sie übte daran sogar Kritik.

„Was, Rosen bringen Sir mir heute? Die können Sie gleich wieder mitnehmen. Ich bekomme von ihrem starken Duft Kopfweh."

„O wie schade!" sagte die ältere Frau im Nachbarbett. „Ich habe mich schon in Gedanken daran gefreut, daß dieser prächtige Strauß in unserem Zimmer stehen würde."

„Sie haben doch mit meinen Blumen gar nichts zu tun", fuhr Frau Purzel sie an, „ich aber will sie nicht. Mischen Sie sich gefälligst nicht in meine Angelegenheiten."

Am liebsten hätte Frau Kranzbinder der Bettnachbarin die Rosen geschenkt, aber sie wollte ihre ehemalige Hauswirtin nicht noch zusätzlich reizen. So nahm sie die Rosen wieder mit, brachte aber beim nächsten Besuch Frau Purzel eine

Tüte voll Obst, der anderen Kranken einen Blumenstrauß aus ihrem Garten, worüber diese sich sehr freute, denn sie bekam selten Besuch.

„Wieso bringen Sie der Blumen?" fragte Frau Purzel giftig. „Sie kennen sie doch gar nicht."

„Muß man einen Menschen unbedingt näher kennen, um ihm eine Freude zu machen?" antwortete Frau Kranzbinder. „Allein der Gedanke daran, daß Ihre Bettnachbarin hier krank liegt, hat mich bewogen, ihr die Blumen zu bringen. Wenn ich Ihnen damit auch eine Freude bereiten kann, sollen Sie das nächste Mal ebenfalls einen Strauß bekommen."

„Ich verzichte!" brummte Frau Purzel und wandte sich ab.

Es war wirklich sehr schwer, dieser Frau etwas recht zu machen. Manches Mal war Frau Kranzbinder nahe daran, ihre Besuche bei ihr einzustellen. Dann aber tat sie ihr wieder leid, weil außer ihr kein Mensch zu der verbitterten Frau kam, die Gott und Menschen anklagte, daß es ihr so schlecht gehe und sich niemand um sie kümmere, obwohl sie allen Leuten nur Gutes getan hatte!

„Und doch wartet sie auf Sie!" verriet Frau Seestern, die Patientin aus dem Nebenbett, eines Tages Frau Kranzbinder, als sie dieser auf dem Korridor des Krankenhauses begegnete.

„Wie schön, daß Sie nun schon aufstehen dürfen", hatte Rosmarie ihr zugerufen, als sie sie von weitem sah, und sie herzlich begrüßt.

„Ja, wenn vorerst auch nur für eine Stunde am Tag", hatte diese geantwortet.

„Wie geht es heute Frau Purzel?"

„Sie gefällt mir nicht. Oft überfällt sie eine mich fast beängstigende Unruhe. Und sie lehnt jeden Zuspruch ab. Als ich sie heute nacht fragte, ob es ihr eine Hilfe sei, wenn wir zusammen beten, fuhr sie mich an: ‚Ich brauche Ihre Gebete nicht. Ich bin kein gottloser Mensch. Fragen Sie Frau Kranzbinder, die kann Ihnen bestätigen, daß ich immer wieder in der Kirche war.'"

„Das will gar nichts heißen", entfuhr es Frau Kranzbinder, „wenn das alltägliche Leben damit nicht übereinstimmt. Glauben Sie mir, Frau Seestern, manchmal war ich schon ganz entmutigt im Gedanken an Frau Purzel und fragte mich, ob es überhaupt noch einen Sinn habe, zu ihr zu gehen, da sie immer so ablehnend ist."

„Und doch ist es so: sie wartet auf Sie. Ich merke es ganz genau, wenn Besuchszeit ist und Sie sich einmal verspäten, dann brummt sie: ‚Die Kranzbinder kommt heute nicht, Sie werden sehen. Sie ist ihrer guten Werke schon längst überdrüssig.'"

„Dann will ich nur schnell zu ihr hineingehen."

Frau Seestern betrat nach Frau Kranzbinder das Zimmer. Auch heute hatte Frau Purzel über allerlei zu klagen. Das Essen im Krankenhaus behagte ihr nicht, mit den Schwestern war sie unzufrieden, die Ärzte kümmerten sich nicht genug um sie. Als Frau Kranzbinder wagte, sie darauf aufmerksam zu machen, daß es für sie doch sicher besser sei, hier zu liegen und gepflegt zu werden, als in diesem Zustand allein in ihrer Wohnung zu sein, wurde sie ärgerlich, um nicht zu sagen, ausfällig.

„Wenn Sie alles besser wissen, können Sie sich Ihre Besuche bei mir sparen. Ich möchte überhaupt wissen, was Sie veranlaßt, zu mir zu kommen. Früher haben Sie sich ja auch kaum um mich gekümmert."

Ohne auf den letzten ungerechtfertigten Vorwurf einzugehen, antwortete Frau Kranzbinder: „Das Wissen um die Not eines Mitmenschen verpflichtet uns Christen. Und da

Sie jetzt in wirklicher Not sind, sehe ich darin meine Aufgabe, mich Ihrer anzunehmen."

„Ja, ja, Sie sind natürlich eine gute Christin", höhnte die Kranke. „Damit haben Sie schon früher immer angegeben!"

Frau Kranzbinder errötete peinlich berührt, und Frau Seestern konnte nicht anders, als sich einzuschalten: „Aber Frau Purzel, ich muß Sie direkt taktlos nennen."

„Wie Sie mich nennen, das interessiert mich nicht! Mischen Sie sich gefälligst nicht wieder in meine Angelegenheiten. Sie haben mich in der vergangenen Nacht bereits aufgeregt!"

Dann wandte sie sich wieder an Frau Kranzbinder und berichtete empört: „Immer redet sie vom Sterben. Ich möchte wohl wissen, wer von uns beiden die Taktlosere ist."

„Das darf ich doch wohl richtigstellen", verteidigte sich Frau Seestern. „Ich habe, als Frau Purzel heute nacht so unruhig war, für sie und für mich gebetet: Wenn ich einmal soll scheiden, so scheide nicht von mir, wenn ich den Tod soll leiden, so tritt du dann herfür, wenn mir am allerbängsten wird um das Herze sein ..."

„Hören Sie auf!" schrie Frau Purzel mit sich fast überschlagender Stimme. „Da reden Sie schon wieder vom Tod. Ich bin hier, um gesund zu werden und nicht, um zu sterben. Merken Sie sich das!"

„Aber Frau Purzel", versuchte Rosmarie die Erregte zu beruhigen, „Frau Seestern hat es doch bestimmt nur gut gemeint und wollte Ihnen helfen."

„Ich brauche keine Hilfe, weder von ihr noch von Ihnen!"

„Wir meinen doch das Leben in der anderen Welt, wenn wir vom Tode sprechen", sagte Frau Kranzbinder. „Und sollten wir nicht —"

„Wenn Sie bei mir Bekehrungsversuche machen wollen,

dann können Sie gleich wieder gehen." Frau Purzel griff sich an die Stirn. „Es ist überhaupt eine Unverschämtheit, einen kranken Menschen so aufzuregen!"

Frau Kranzbinder erhob sich. Es hatte keinen Sinn, länger zu bleiben. Sie war sehr traurig. Sie wollte dieser Frau, die keinen Menschen zum Freund hatte, nur Gutes erweisen und mußte immer wieder so Entmutigendes erleben.

„Ich komme nächste Woche gerne wieder zu Ihnen", sagte sie und streckte der Kranken die Hand hin. Diese aber übersah sie und drehte sich zur Wand.

Frau Seestern begleitete Rosmarie hinaus.

„Es tut mir so leid um Sie, Frau Kranzbinder! Sie geben sich so viel Mühe."

„Frau Purzel ist tief zu bedauern", erwiderte sie.

„Ich glaube, sie hat schreckliche Angst vor dem Sterben. Wäre sie wirklich ein Christ, müßte es doch anders sein."

Frau Kranzbinder antwortete nicht gleich. Sie blickte vor sich hin und erwiderte nach einigen Augenblicken: „Auch Christen sind nicht immer ohne Angst vor dem Tod, Frau Seestern. Es bleibt nun einmal eine Tatsache, daß der Tod der letzte Feind ist, der überwunden werden muß. Sterben ist nie eine leichte Angelegenheit. Aber ich glaube daran, daß uns die Angst vor dem Tod genommen werden kann durch Christus, der für uns gestorben ist. – Jetzt muß ich mich von Ihnen verabschieden." Sie hatte einen Blick durchs Fenster geworfen. „Ich sehe gerade meinen Mann mit dem Wagen kommen. Anscheinend hat er früher als erwartet Schulschluß gehabt."

„Du bist bedrückt!" stellte Friedemann bald darauf fest. „Geht es Frau Purzel nicht gut, oder war sie wieder gehässig?"

Rosmarie berichtete das Vorgefallene.

„Ich bin über mich selbst unglücklich", fuhr sie schließlich fort. „Es gelingt mir einfach nicht, mit ihr in ein geistliches Gespräch zu kommen. So gerne hätte ich ihr einige Verse aus dem Neuen Testament vorgelesen oder mit ihr gebetet, zumal Frau Seestern mich dabei nicht stören würde. Als ich die Frage nur ganz vorsichtig anschnitt, fuhr Frau Purzel mich an. ‚Wenn ich seelsorgerlichen Zuspruch brauche, lasse ich den Krankenhauspfarrer kommen. Aber noch ist es mit mir nicht soweit, daß er mir das Abendmahl reichen muß, und außerdem bin ich kein gottloser Mensch.' Sie schlug einfach die Tür ihres Herzens zu, die ich versucht hatte zu öffnen — wie sie es früher so oft in ihrem Hause getan hat, wenn wir mit ihr über irgendeine Angelegenheit sprechen wollten."

„Du darfst nicht den Mut verlieren, Rosmarie. Es ist sicher nicht umsonst, was du an ihr zu tun versuchst."

„Ach, Friedemann, mich bedrückt noch eine ganz andere Sache."

„Was ist es?"

„Frau Seestern, von der ich dir ja schon erzählte, meinte, Frau Purzel habe schreckliche Angst vor dem Sterben. Darum dürfe man in ihrer Gegenwart das Wort Tod überhaupt nicht aussprechen. Und dann meinte sie, wenn Frau Purzel wirklich eine Christin wäre, dürfte sie doch nicht so sein, wie sie ist."

Rosmarie sprach nicht gleich weiter.

„Und dann?" ermutigte sie ihr Mann, der seine Frau so gut kannte, daß er auch jetzt ihre Gedankengänge nur zu genau durchschaute. Er wußte, daß es ihr guttat, sich auszusprechen.

„Ach Friedemann", bestätigte sie es ihm. „Du kennst mich doch genau. Du weißt, daß ich da an mich selbst denken muß.

Ich bin noch nie Herr meiner Todesangst gewesen, obgleich ich mich Christ nenne."

„Du nennst dich nicht nur Christ, du bist es auch."

„Ich versuche, es wenigstens zu sein."

„Christsein bedeutet ja auch nicht, schon hier auf Erden Vollkommenheit erreicht zu haben. Es heißt, bewußt danach zu streben. Und das tust du, Rosmarie. Ich habe dir schon so oft gesagt: Lege deine Angst in Gottes Hände! Letztlich hast du nicht Angst vor dem Sterben, sondern davor, versagen zu können. Du hast Angst vor deiner Angst, durch die du Gott nicht Ehre bereiten würdest."

„Wie du mich kennst!"

Sie hatten die Stadt verlassen. Friedemann steuerte den Wagen an den Rand der Pappelallee. Dort brachte er ihn zum Stehen. Er wußte, wenn sie jetzt nach Hause kamen, würden die Kinder sofort mit ihren Anliegen und Wünschen über die Mutter herfallen und Doris die Haushaltsprobleme mit ihr besprechen wollen. Rosmarie aber hatte es nötig, daß er auf ihre Anliegen einging. Schon immer war sie ängstlicher Natur gewesen, obgleich man ihr das nicht anmerkte, weil sie immer mehr in die Fülle ihrer Aufgaben hineingewachsen war und auch ihm zur Seite stand, wenn es galt, mit Schulproblemen oder Anliegen der Gemeinde fertig zu werden. Mit Freuden hatte er immer wieder festgestellt, wie sie in den Jahren ihrer Ehe innerlich gereift und gewachsen war, aber Herr ihrer Angst war sie nie ganz geworden. Er wußte, sie benötigte Beistand und Ermutigung durch ihn.

Friedemann hatte Rosmaries Hand in die seine genommen.

„Warum sorgst und bangst du dich immer wieder um die Zukunft und auch um das Sterben? Du brauchst dich deiner Angst nicht zu schämen. Sie gehört irgendwie auch zu unserem Leben. Der eine hat es schwerer als der andere, gegen sie anzugehen. Jesus hat ganz klar gesagt: ‚In der Welt habt ihr Angst, aber seid getrost, ich habe die Welt überwunden' und damit auch die Angst. Auch er hat Angst gehabt. Denke an seine Worte in Gethsemane: ‚Vater, ist es möglich, so gehe dieser Kelch an mir vorüber. Doch nicht mein, sondern dein Wille geschehe!' Und als er sich durch die Angst hindurchgerungen hatte und bereit war, unter allen Umständen den Willen Gottes zu tun, kam ein Engel — so heißt es in der Heiligen Schrift — und stärkte ihn. Rosmarie, du weißt so gut wie ich, daß es Engel gibt — dienstbare Boten Gottes. Sei überzeugt, sie werden dasein, um auch dich zu stärken, dir die Angst zu nehmen, wenn du einmal aus dieser Welt gerufen wirst. Ich kann es nur wiederholen: Lege deine Angst in Gottes Hände!"

„Ach Friedemann, wie gut du zu trösten und zu ermutigen weißt", antwortete Rosmarie. „Ich danke dir!"

Es war einige Wochen später. Frau Kranzbinder stand in der Küche, um das Mittagessen zu bereiten. Ihr Mann war in der Schule, und die Kinder befanden sich auf einem Klassen-Wandertag. Weil so schönes Wetter war, hatten sie den Großvater zur Bank vor dem Haus geführt. In letzter Zeit war Herr Schulendorf sichtlich gealtert. Ob er das nächste Weihnachtsfest noch mit ihnen erleben würde? Rosmarie meinte zwar beobachtet zu haben, daß er nicht mehr so oft wie in der Anfangszeit ihres gemeinsamen Wohnens vor dem Haus stand und in die Richtung blickte, in der sein Hof lag. In den ersten Jahren seines Hierseins hatte ihn das Heimweh fast verzehrt. Noch immer behauptete er, seine Frau sei daran gestorben. Aber um keinen Preis hätte er sich dazu überreden lassen, einen Besuch zu machen bei seinem Enkel, der jetzt den stattlichen Hof bewirtschaftete. Ja, wenn sein

Sohn noch gelebt hätte! Aber der war mit seiner Frau und einer Anzahl anderer Landwirtsehepaare, die zu einer Fachausstellung nach Genf fliegen wollten, nicht weit vom Flughafen bei Zürich abgestürzt. Alle waren tot gewesen. Wohl nie würde der alte Mann damit fertig werden. Als dann der Enkel Karl-Heinz alt genug war, den Hof selbst zu führen, hatten er und seine Frau sich auf den Altensitz zurückgezogen, weil die Frau von Karl-Heinz ihnen das Leben auf dem eigenen Hof zur Hölle gemacht hatte. Alle Versuche, mit ihr im Guten auszukommen, scheiterten an ihrer Hartherzigkeit und an ihrem gehässigen Wesen. Gott wußte es, sie hatten ihren Besitz nicht leichten Herzens aufgegeben. Jahre hindurch hatte der alte Mann dieser Frau gegrollt und war nicht bereit gewesen, ihr zu vergeben — bis er dann Herrn Kranzbinder und seine Familie kennengelernt hatte. Nun wohnten sie schon über zweieinhalb Jahre hier zusammen. Er gehörte zur Familie und hatte es noch nie bereut, das Haus, in dem er seinen Lebensabend verbringen wollte, Herrn Kranzbinder verkauft zu haben. Eigene Kinder hätten ihn nicht besser versorgen können. Das größte Geschenk an seinem letzten Geburtstag war es ihm gewesen, als sie ihm anboten, sie nun nicht mehr wie bisher als Herr und Frau Kranzbinder, sondern mit dem Vornamen anzureden.

Wenn nur das eine nicht gewesen wäre, die Sehnsucht nach den Urenkeln, besonders nach Peter. Seine Mutter hatte ihm streng verboten, zum Großvater zu gehen. Sie wünschte keine Verbindung mit dem alten Mann. Was er nie geglaubt hätte, schien doch wahr zu sein. Sie hatte bisher nichts davon erfahren, daß er immer wieder in die Stadt gekommen war, entweder mit dem Omnibus oder Friedemann hatte ihn in seinem Wagen mitgenommen, um Peter in der großen Pause auf dem Schulhof zu treffen. Nicht einmal Kathrin, seine etwas ältere Schwester, schien es verraten zu haben, obgleich sie kein so herzliches Verhältnis zu dem Urgroßvater hatte wie Peter. In ihrem Herzen war wohl schon die gehässige Saat der Mutter aufgegangen. Nun aber war es dem alten Mann einfach zuviel, in die Stadt zu fahren, um Peter zu treffen. Da dieser ihn vermißt hatte, war er trotz des Verbots der Mutter verschiedentlich mit dem Rad gekommen, um den Urgroßvater zu besuchen. Sein Vater wußte von diesen Fahrten, aber auch er verriet ihn nicht. Seit zwei, drei Wochen aber hatte sich Peter nicht mehr sehen lassen, und Herr Schulendorf wurde eine unbestimmte Sorge um den Jungen nicht los.

Über all das dachte Frau Kranzbinder nach, als sie in der Küche ihre Arbeit verrichtete. Als sie einen Blick durchs Fenster warf, sah sie, wie der Großvater, mühsam auf den Stock gestützt, ein Stück weiter ging bis zu dem Platz, von wo aus am Ende der Pappelallee das rote Dach seines ehemaligen Gehöftes zu erkennen war. Er wartet auf Peter, dachte Frau Kranzbinder. Armer Großvater, ganz scheint er das Heimweh nicht zu verlieren!

Als sie am Abend des vergangenen Tages mit den Kindern noch ein Stündchen zusammengesessen hatten, waren sie auch auf Frau Purzel zu sprechen gekommen, die noch immer im Krankenhaus lag.

„Sag mal, Mutti", hatte Berthild gefragt, „müßt ihr, du und Vati, euch eigentlich euer ganzes Leben lang um fremde Menschen kümmern?"

Ehe Frau Kranzbinder darauf eingehen konnte, hatte Anita geantwortet: „Du fragst wirklich naiv, Berthild. Von müssen kann hier doch keine Rede sein. Das tun die Eltern alles freiwillig, weil sie daran Freude haben, anderen Menschen Gutes zu tun."

Fragend hatte darauf die jüngere Schwester die Mutter angeblickt. Sie selbst fand diese immerwährende Aufgabe an anderen keineswegs so erfreulich.

Frau Kranzbinder war auch jetzt nicht sofort auf das Anliegen ihrer jüngsten Tochter eingegangen. Deren Frage hatte in ihr ein leichtes Erschrecken wachgerufen. Sollten die Kinder sich etwa vernachlässigt fühlen, weil sie und ihr Mann es als ihre Aufgabe ansahen, die Not ihrer Mitmenschen aufs eigene Herz zu nehmen? Bei allem, was ihnen da vor die Tür gelegt wurde — es wäre ihr unerträglich, zu denken, daß die Kinder dadurch zu kurz kommen würden oder irgend etwas entbehren müßten. Aber sie war sich dessen wirklich nicht bewußt. So hatte sie sich jetzt an beide Töchter gewandt: „Es stimmt nicht ganz, Anita, was du sagst. Von müssen kann nicht die Rede sein. Doch es gibt ein inneres Müssen, das Gott einem auf die Seele legt. Wenn man als Christ von der Not eines anderen Menschen hört und hat die Möglichkeit, diesen zu erreichen, dann fühlt man einfach eine innere Verpflichtung, sich dieses Menschen anzunehmen. Nicht immer kann man die Not beseitigen, aber ihm sein Mitgefühl zeigen oder seine Bereitschaft, ihm auf irgendeine Weise zu helfen, mit ihm nach Wegen zu suchen, die eine Änderung seiner schweren Lage herbeiführen könnten, das ist unsere Aufgabe. Ihr glaubt gar nicht, wie wohl es einem einsamen oder kranken Menschen tut, wenn er sich einmal die Last von seinem Herzen reden kann.

Aber warum hast du gefragt, Berthild? Hast du den Eindruck, daß du zu kurz kommst, weil Vati und ich uns so mancher beladener Menschen annehmen?“

„Nein“, hatte Berthild erwidert, „ich meine nicht, daß wir zu kurz kommen. Wir haben ja alles, was wir brauchen, und ihr kümmert euch viel mehr um uns als viele andere Eltern.

Das weiß ich aus meiner Klasse. Aber gerade weil ich keine Schulkameradinnen kenne, deren Mutter —"

Sie wußte nicht so recht, wie sie weitersprechen sollte. Ihre Schwester hatte ihre Gedankengänge ergänzt: „Du meinst, du weißt von niemand, der sich so anderer Leute Sorgen annimmt, wie unsere Eltern es tun, nicht wahr?"

Berthild nickte.

„Ja, so meine ich es."

„Vielleicht versteht ihr das Bibelwort heute noch nicht ganz, in dem es heißt: Die Liebe Christi dringet uns, also zu tun. Aber ich hoffe, daß dieser Tag kommt, an dem auch ihr es begreift und nicht anders handeln werdet."

„Und, nicht wahr, Mutti", hatte Anita lebhaft hinzugefügt, vielleicht nicht ohne den Gedanken, ihrer Schwester die eigene Überlegenheit zu beweisen, „Jesus hat auch einmal gesagt: Was ihr getan habt einem dieser Geringsten, das habt ihr mir getan."

In diesem Augenblick betrat Thomas das Wohnzimmer. Erstaunt blickte er von einem zum anderen. Dann sagte er: „Uh, wie feierlich! Hier scheint eine Bibelstunde abgehalten zu werden. Na, wenigstens auf diesem Gebiet macht ihr der Mutter mehr Freude als ich."

Frau Kranzbinder sah ihren Ältesten freundlich an.

„Auch du machst uns Freude, Thomas. Du hast gute Zeugnisnoten nach Hause gebracht, so daß Vater und ich beschlossen haben, dir die Möglichkeit zu geben, in den Herbstferien an einer Freizeit teilzunehmen."

„Und wir? Und wir?"

„Natürlich gönnt ihr beiden Schneegänse mir das nicht", hatte Thomas die Schwestern halb im Ernst, halb im Spaß angefahren. Dann aber wandte er sich wieder seiner Mutter zu: „Aber ich gehe nur unter der Bedingung, daß ich mir selbst die Freizeit aussuchen kann. Mit einem dieser frommen Vereine gehe ich auf gar keinen Fall, lieber bleibe ich zu Hause."

„Wir dachten an eine Freizeit des CVJM."

„Aber ohne mich! Nein, Mutter. Dazu bringt ihr mich nicht. Doch ich habe einen anderen Vorschlag. Gebt mir das Geld, das ihr dafür ausgeben wolltet, und dann mache ich mit einigen Klassenkameraden eine Radtour in die Dolomiten."

„Darüber muß ich erst mit Vater sprechen."

„Der erlaubt es ja doch nicht. Für den bin ich immer noch ein unfertiger Schnösel. Er gönnt mir solch ein Erlebnis nicht, oder es fehlt ihm am nötigen Vertrauen zu mir."

„Du solltest nicht immer in dieser Art von deinem Vater reden, Thomas. Du weißt, er gönnt dir jede Freude. Schließlich stehst du kurz vor deinem siebzehnten Geburtstag. Da wird er dir erst recht gerne einen Wunsch erfüllen. In deinem Alter kann man einem jungen Mann schon zutrauen, daß er verantwortungsbewußt handelt, zumal du ja schon wiederholt mit deinen Freunden Radtouren unternommen hast."

„Junger Mann!" höhnte Berthild, die sich nicht so ohne weiteres von ihrem Bruder als Schneegans betiteln ließ.

„Und wir, Mutti?" wollte Anita wissen. „Dürfen wir nicht auch an einer Freizeit teilnehmen?"

„Ihr wißt, daß wir das gerne ermöglichen würden, aber in diesem Jahr müssen wir unsere Reisepläne noch einmal aufschieben. Wir haben darüber nun schon öfter gesprochen. Obgleich Großvater Schulendorf uns sein Haus sehr billig überließ, mußten wir doch so viel hineinstecken, daß wir nach wie vor noch sehr zu sparen haben. Und vergiß nicht, Anita, du hast eine ganz neue Zimmereinrichtung bekommen, als du dein eigenes Zimmer bezogst."

„Also werden wir auch dieses Jahr unsere Ferien wieder im Schrebergarten zubringen", stellte Anita nicht ohne Resignation fest.

„Na, ist es dort vielleicht nicht auch sehr schön?" wollte nun William wissen, der inzwischen das Zimmer betreten hatte.

„Außerdem unternimmt Vati während der Ferien mit uns immer ganz tolle Autofahrten", lenkte Berthild ein. „Wißt ihr noch, als wir im Allgäu und im Kleinen Walsertal und dann am Bodensee waren?"

„Ja, als wir auf dem Schiff die Möven fütterten", ergänzte William.

Thomas fügte hinzu: „Und du in dem Menschengewühl an der Landestelle des Schiffes beinahe zu Tode gequetscht wurdest."

„So schlimm war es nun auch wieder nicht", hatte die Mutter sich eingeschaltet.

Das war vor ein paar Tagen gewesen. Frau Kranzbinder dachte an dieses und an andere Gespräche mit den Kindern, nachdem sie sich gerade noch mit dem Großvater beschäftigt hatte. Jedes ihrer Kinder war anders geartet. Jeder forderte sie auf seine eigene Art. Für jeden hatte sie dazusein. Aber auch die Interessen ihres Mannes mußte sie zu den ihren machen. Das gehörte ja zu dem, was ihre Ehe so glücklich sein ließ, daß einer dem anderen so weit wie möglich auf seinen Wegen folgte und an seinen Erlebnissen teilnahm. Auch Opa Schulendorf durfte nicht zu kurz kommen. Wer weiß, wie lange sie ihn noch hatten. Es war ihnen ein Anliegen, seinen Lebensabend so froh und harmonisch wie nur möglich zu gestalten.

Frau Kranzbinder blickte auf die Uhr. Wo nur Doris mit dem Kind blieb? Es schien ihr, daß sie in den letzten Tagen reichlich spät von den Besorgungen zurückkam. Damit das Mädchen täglich eine gewisse Zeit für ihre kleine Tochter hatte, ließ sie es des öfteren Einkäufe erledigen, die sie an sich lieber selbst gemacht hätte. Aber die Bindung zwischen Mutter und Kind mußte gepflegt werden. Daher hatte Frau Kranzbinder gerne zugestimmt, wenn Doris fragte, ob sie mit Hanny Einkäufe machen dürfe. Es würde doch nichts dahinter stecken, was ihr das Mädchen verbergen wollte?

Und so waren Rosmaries Gedanken bei den Erlebnissen mit Doris angelangt. Das Mädchen gehörte ebenfalls zu ihren Schutzbefohlenen. Wie lange war es her, daß sie und Friedemann zum erstenmal deren Mutter, Frau Goswig, aufgesucht hatten. Doris' Vater war damals im Gefängnis gewesen. Eine etwas verkümmerte, aber fleißige und saubere Frau hatten sie in Doris' Mutter kennengelernt, die sich redlich mühte, ihre Familie durch Näharbeit zu ernähren. Friedemann hatte sich später ihres Mannes angenommen. Er besuchte ihn im Gefängnis und sorgte nach seiner Entlassung dafür, daß sein ehemaliger Chef, der den gestrandeten Mann als guten Arbeiter schätzte, ihn wieder anstellte. Vorher hatte Frau Goswig Kranzbinders gebeten, die Tochter nach deren Schulentlassung im Haushalt aufzunehmen, weil diese noch zu jung war für eine Berufsausbildung als Kinderkrankenschwester. Um der schwergeprüften Frau zu helfen, hatten sie eingewilligt. Keiner von ihnen wußte damals, daß Doris ein Kind erwartete. Sie hatten in jener Zeit das Aufbegehren, die Not und den Jammer des betrogenen Mädchens miterlebt.

„Alle sehen sie auf mich herab, weil mein Vater im Gefängnis sitzt. Immer müssen meine Geschwister und ich zurückstehen, weil wir arm sind."

Doris war nicht darüber hinweggekommen. Hinzu kam,

daß sie sich im letzten Schuljahr hatte hinreißen lassen, einer Klassenkameradin Geld zu entwenden, um damit die Fahrtkosten für einen Schulausflug zu bezahlen, den die Mutter ihr wegen des fehlenden Geldes versagt hatte. Die Sache war herausgekommen. Das Urteil der anderen hatte das Mädchen zutiefst getroffen: „Genau wie ihr Vater, der sitzt ja auch wegen Betrugs im Knast."

War es da zu verwundern, daß Doris auf die Schmeicheleien jenes Burschen hereinfiel, der sich an sie heranmachte? Er war wenigstens einer, so dachte sie, der sie nicht verachtete wegen ihres Vaters und des eigenen Versagens in der Schule. Der Bursche hatte selbst schon zur Verbüßung einer Strafe im Jugendgefängnis gesessen.

Das törichte Mädchen vertraute ihm und gab, was er forderte. Doch eine Welt brach in ihr zusammen, als er von ihr verlangte, daß sie das sich ankündigende Kind abtreiben lassen sollte. Als sie sich dagegen voller Empörung weigerte, besaß er sogar die Frechheit zu behaupten, das Kind sei gar nicht von ihm. Er wisse mit Sicherheit, daß sie sich in jener Zeit auch mit anderen eingelassen habe. Das aber war eine gemeine Lüge.

Es überstieg beinahe das Maß dessen, was das unglückliche Mädchen zu ertragen vermochte. Einmal die Vorwürfe der Mutter, die sonst umsichtig und tapfer ihren Mann stand und ihr schweres Los ohne zu klagen trug, damals aber in Ratlosigkeit und Verzweiflung auf ihre Tochter einschlug. Hinzu kam die Angst vor dem Vater, der bald aus dem Gefängnis entlassen werden sollte. Er, der seinen Kindern kein gutes Vorbild gewesen war, erwartete in einem wahrhaftig unberechtigten Dünkel, daß sie sich nichts zuschulden kommen ließen. Wie würde er reagieren?

Als damals Frau Purzel erkannte, daß Doris ein Kind erwartete, verlangte sie, daß Kranzbinders das Mädchen auf der Stelle entließen. Sie nannte Doris eine Hure, deren Verbleiben sie in ihrem Hause nicht dulde, und wurde zu ihren Mietern noch gehässiger als zuvor — wenn eine Steigerung überhaupt möglich war. Herr und Frau Kranzbinder dachten nicht daran, Doris wegzuschicken. Das hätte geheißen, sie der Hoffnungslosigkeit und Verzweiflung zu überlassen. Sie nahmen sich ihrer nun erst recht in Liebe an.

Wenige Wochen vor ihrer Entbindung war Doris durch Vermittlung von Frau Kranzbinder in ein Heim für ledige Mütter gekommen, in dem ihre Tochter geboren wurde. Bald danach war sie wieder in die Familie zurückgekehrt, in der auch die kleine Hanny Aufnahme fand und mit Kranzbinders Kindern so heranwuchs, als gehörte sie zu ihnen.

Längst war Doris Frau Kranzbinder eine gute Hilfe im Haushalt geworden. Sie hatte die geschickten Hände ihrer Mutter geerbt und war von dieser schon als Kind angehalten worden, zuzugreifen und ihre Arbeit gewissenhaft zu verrichten. Inzwischen war Doris schon im dritten Jahr bei Kranzbinders und hatte sich als ehrlich und treu erwiesen, wenn sie entsprechend ihrer Jugend auch noch manche hilfreiche Ermahnung und liebevolle Zurechtweisung annehmen mußte.

Da in der Familie selbst vier Kinder heranwuchsen, das Haus gekauft und renoviert worden war, war Herr Kranzbinder nicht in der Lage, dem Mädchen einen solchen Lohn zu zahlen, wie sie ihn in einem anderen Haushalt sicher bekommen hätte. Kam darauf einmal die Rede, dann wehrte Doris sich fast leidenschaftlich dagegen, Kranzbinders zu verlassen.

„Und was wird aus meinem Kind?“ war stets ihre Antwort gewesen. „Nein, ich bleibe hier! Vielleicht kommt doch noch einmal ein Mann, der mich und meine Hanny nimmt. Von ihr trenne ich mich nie."

Frau Kranzbinder genoß es, sich all diesen Gedanken einmal ungestört hingeben zu können. Die Stunden besaßen Seltenheitswert, in denen sie die Bilder der Vergangenheit so wie jetzt an sich vorüberziehen lassen konnte. Das aber brachte es mit sich, daß wieder allerlei sorgenvolle Gedanken nach ihr greifen wollten. Was zum Beispiel sollte in Zukunft aus Doris werden? Den Wunsch, Krankenschwester zu werden, schien sie aufgegeben zu haben. Was hätte sie in den Jahren der Ausbildung auch mit Hanny tun sollen? Unter Umständen wäre Frau Goswig, die im Laufe der Zeit ihr Enkeltöchterchen liebgewonnen hatte, bereit gewesen, das Kind zu sich zu nehmen. Aber irgendwie vermochte Frau Kranzbinder sich nicht daran zu gewöhnen, die Kleine fortzugeben. Sie alle hatten sich an sie gewöhnt und ins Herz geschlossen. Selbst Großvater Schulendorf liebte Hanny. Als Rosmarie unlängst diese ihre Sorgen um Doris mit ihrem Mann besprochen hatte, war seine Antwort gewesen: „Ob du es jemals lernst, Liebste, nicht für den anderen Tag zu sorgen? Laß es doch an dich herankommen. Tu das, was dir vor die Hände kommt. Wir haben es doch erst gestern in unserer Morgenandacht gelesen. Gott verlangt nicht mehr von dir, als das Nächstliegende zu tun. Um das Übernächste oder um die Zukunft sollst du dich nicht quälen mit Sorgen. Manches, vor dem du dich heute fürchtest, wird unter Umständen gar nicht eintreffen oder ganz anders verlaufen, als du jetzt meinst."

Nachdem ihr Mann in dieser Weise zu ihr gesprochen hatte, versuchte sie sich die in der Andacht von ihm verlesenen Verse ins Gedächtnis zu rufen, aber sie konnte sich daran nicht mehr erinnern. So war es oft: Die Wogen der täglichen

Arbeit schlugen über ihr zusammen, und schon eine Stunde danach hätte sie nicht mehr sagen können, worum es in dem gehörten Wort gegangen war. Jener junge Pfarrer hatte recht, der unlängst in einer Predigt den Rat gegeben hatte, das Andachtsbuch offen liegen zu lassen, damit man immer wieder während der Arbeit einen Blick hineinwerfen und sich ins Gedächtnis zurückrufen kann, welches Wort einen durch den Tag begleiten will.

An jenem Morgen hatte sie das Losungsbuch noch einmal aufgeschlagen und das Wort aus Prediger 9,10 gelesen: „Alles, was dir vor die Hände kommt, es zu tun mit deiner Kraft, das tu." Seitdem hatte sie sich immer wieder daran erinnert: „Was dir vor die Hände kommt — tu mit deiner Kraft." Gott wußte, daß ihre Kraft oft sehr klein war. Sie befand sich in den Jahren der körperlichen Umstellung, in denen eine Frau oft gegen Müdigkeit und Schwäche zu kämpfen hat. Aber nicht nur das: Sie empfand oft sehr deutlich, wie Depressionen, die sie früher nie gekannt hatte, nach ihr griffen, so daß sie in Gefahr stand, alles durch eine dunkle Brille zu sehen. Wie oft hatte ihr Mann sie schon liebevoll ermahnt: „Nimm die Dinge nicht so schwer. Habe Sinn für Humor und brüte nicht über noch ungelegten Eiern."

„Aber Vati, das kann man doch nicht!" hatte William erstaunt gesagt, der einmal dazu gekommen war, als Friedemann so sprach. „Hast du schon einmal eine Henne gesehen, die Eier ausbrütet, die noch gar nicht gelegt sind?"

Da hatten sie alle herzlich gelacht, und die trübe Wolke war wenigstens für eine Weile gewichen.

Frau Kranzbinder war keine Frau, die sich gehen ließ, o nein! Ganz bewußt richtete sie ihr Augenmerk immer wieder auf Worte und Gedanken, die ihr Mut und Zuversicht gaben. Nein, sie wollte sich nicht dadurch versündigen, daß sie sich im voraus sorgte, weder um Doris noch um die Zukunft ihrer Kinder. „Es ist genug, daß ein jeglicher Tag seine eigene Plage habe!“ Das tun, was vor die Hände kommt — also immer nur das, was der nächste Augenblick von ihr forderte, und nur soviel, wie ihre Kraft es zuließ. Gewiß, manchmal hatte sie den Eindruck, die Anforderungen gingen über ihre Kraft. Aber dann durfte sie es stets neu erfahren, wie ihr hindurchgeholfen wurde.

„Bilden Sie sich das alles nicht ein?“ hatte sie einmal eine Kollegenfrau gefragt, die sie auf ihr Christsein ansprach. Sie selbst glaubte nichts und nannte Kranzbinders im geheimen wohl rückständig. Rosmarie aber war durch die zynischen Worte jener Frau an ihrer Überzeugung nicht irre geworden. Wie oft schon hatte sie erlebt, daß dann, wenn sie innerlich am Boden lag, weil die mit ihrer Wesensart verbundene Angst wieder nach ihr griff, sie aufgerichtet wurde. Nein, erklären konnte man das nicht. Das ließ sich nur erfahren.

Die Vorbereitungen zum Mittagessen waren getroffen, Doris aber immer noch nicht aus der Stadt zurückgekehrt. Ob sie nicht doch mit ihr sprach? Irgend etwas war da nicht in Ordnung. In diesem Augenblick hörte Rosmarie den Wagen ihres Mannes vorfahren. Er liebte es, pünktlich zu essen.

„Bitte, Friedemann, bring den Großvater mit ins Haus“, rief Rosmarie ihm vom Fenster aus zu. „Er sitzt auf der Bank unter dem Kastanienbaum.“

Sie hatten gerade zu essen begonnen, da kam Doris mit ihrem Kind angehetzt.

„Verzeihen Sie, daß ich zu spät komme, aber — aber —“ Sie wandte sich direkt an Rosmarie: „Frau Kranzbinder, hätten Sie heute, wo die Kinder nicht zu Hause sind, wohl ein wenig Zeit für mich? Ich würde sehr gerne mit Ihnen sprechen.“

„Eigentlich wollte ich mit dir in den Schrebergarten gehen. Ich glaube, es gibt eine Menge Unkraut zu jäten."

„O ja, dann kann ich Hanny wieder mitnehmen, nicht wahr? Und dabei ist dann gewiß Gelegenheit, mit Ihnen zu sprechen."

Herrn und Frau Kranzbinder fiel auf, daß das Mädchen freudig erregt war. In seinen Augen stand ein sonst nicht vorhandenes Leuchten. Also hat ihr Streben in die Stadt doch einen besonderen Grund, dachte Frau Kranzbinder.

Zum Schrebergarten, den Herr Schulendorf jahrelang mit großer Liebe bearbeitet hatte, war es nicht weit. Kranzbinders war es ein Anliegen, dieses liebevoll angelegte und sorgsam gepflegte Gärtchen in dem Zustand zu erhalten, in dem sie es übernommen hatten. Viele arbeitsreiche, aber auch manche erholsame Stunden hatte die Familie dort schon zugebracht. Doch nun, nachdem sich auch um ihr Haus ein großer Rasenplatz, ein Nutz- und Blumengarten ausbreitete, wurde das kleine Paradies, wie es die Töchter genannt hatten, schon zuviel. Aber sie wollten es dem alten Mann nicht antun, daß sie es zu seinen Lebzeiten aufgaben oder anderen überließen.

Auf dem Weg dorthin mußte Frau Kranzbinder immer wieder einen forschenden Blick auf Doris werfen. Das Mädchen schien in der Tat etwas erlebt zu haben, was sie innerlich froh machte. Nicht, daß Doris sonst launenhaft oder mißgestimmt gewesen wäre, aber so richtig von Herzen froh war sie nur selten. Sie schien an einer unsichtbaren Last zu tragen. Mit dem Vater oder überhaupt mit der eigenen Familie konnte es nicht zusammenhängen. Herr Goswig hatte sich nach der Entlassung aus dem Gefängnis nichts zuschulden kommen lassen, wenngleich seine Frau im geheimen oft zitterte, ob den beiden vorausgegangenen Straftaten nicht doch ein Rückfall folgen würde. Glücklicherweise hatte er durch den

Einfluß des Blauen Kreuzes, zu dem ihm Herr Kranzbinder Zugang verschafft hatte, das Trinken aufgegeben. Aber seine Frau hatte in ihrem Leben schon so viele Enttäuschungen durchgemacht, daß es ihr schwer fiel, durch Vertrauen und Hoffen dem Manne zu helfen, der schon viel versprochen und sein Wort immer wieder gebrochen hatte. Frau Kranzbinder glaubte jedoch nicht, daß dies die Ursache dafür war, daß Doris nie ganz unbeschwert schien. Heute nun kam sie ihr völlig verändert vor. Wann wäre es je gewesen, daß das Mädchen von dem blauen Himmel und den darüber hinwegziehenden weißen Wolken beeindruckt war.

„Schauen Sie nur, Frau Kranzbinder, einen so schönen Himmel habe ich noch nie gesehen. Und welche Formen die Wolken annehmen! Jeden Augenblick verändern sie sich."

Dann wieder lief sie mit Hanny an der Hand einem Pfauenauge nach.

„Sieh nur, ein Schmetterling! Wollen wir ihn greifen? Nein, er läßt sich nicht fangen, und wir würden ihm nur weh tun. Er will lieber frei sein und von einer Blume zur anderen fliegen."

„Du mußt etwas Schönes erlebt haben, daß du so froh bist", sagte Frau Kranzbinder jetzt.

Glückstrahlend nickte das Mädchen.

„Mir ist, als sei ein schwerer Stein von meinem Herzen gefallen. Ich kann es kaum erwarten, bis ich es Ihnen erzählen darf."

„Dann wollen wir uns im Garten zunächst ein Ruhestündchen gönnen", erwiderte Rosmarie verständnisvoll, „und erst danach Unkraut jäten."

In der Tat, das Mädchen war wie umgewandelt. Welche Veränderung konnte doch die Freude in einem Menschenherzen hervorbringen! Oder war es noch mehr als das? War es

Liebe? Nein, jenes Erlebnis mit dem Vater der kleinen Hanny hatte nichts mit Liebe zu tun gehabt. Er hatte von Doris nur gefordert, was andere leichtsinnige Mädchen ihm auch schon gewährt hatten; und als er ihrer überdrüssig war, hatte er Doris weggeworfen wie ein uninteressant gewordenes Spielzeug. Bis zum heutigen Tag war es ihm noch nicht in den Sinn gekommen, sich um sein Kind zu kümmern. Wahrscheinlich war es so auch besser. Meistens war er ohne Arbeit und hätte kein Geld gehabt, seinen Verpflichtungen nachzukommen. Nun aber hatte Doris etwas erlebt, was aus ihr einen neuen Menschen gemacht zu haben schien.

Die herzerquickende Blumenpracht des Sommers leuchtete ihnen entgegen, als sie den kleinen Garten betraten! Langstielige vielfarbene Lupinen, blauer Rittersporn und blutroter Mohn, gelbe Ringelblumen und Rosen in allen Schattierungen, deren Duft dieses entzückende Fleckchen Erde erfüllte.

Hanny wurde mit einem Schäufelchen und einem kleinen Eimer in den Sandkasten gesetzt, und Frau Kranzbinder und Doris ließen sich in ihrer Nähe nieder.

„Nun erzähle mir!"

„Ich mache mich nachher um so schneller über das Unkraut her", versprach das Mädchen, das es zu schätzen wußte, daß Frau Kranzbinder sich Zeit für sie nahm. Es war ja auch eine so seltene Gelegenheit, sie einmal für sich allein zu haben. Eines oder zwei Kinder waren sonst immer in der Nähe.

„Sie kennen doch den Gesellen vom Bäcker Habkorn?" begann Doris und ging damit gleich aufs Ziel los.

„Hat er nicht zwei Gesellen und auch zwei Lehrlinge?"

„Ja, ich meine den Martin, den blonden. Der andere ist der Harald, der mit den schwarzen Haaren. Also der Martin ist's, Frau Kranzbinder. Er hat mich vor etwa sechs Wochen zum erstenmal angesprochen, als ich mit Hanny im Kinderwagen Brot holte. Damals hat er der Kleinen ein paar süße Plätzchen geschenkt. Seitdem hat er immer wieder freundlich gegrüßt und sich an Hanny gefreut. ‚Ist das Ihre Tochter?' hat er mich einmal gefragt. Natürlich habe ich ja gesagt, bin aber doch sehr verlegen geworden. Ich weiß zwar, daß man es heute im allgemeinen nicht mehr als Schande ansieht, wenn ein Mädchen ein Kind hat —"

„Es ist zweifellos tapferer, sich zu seinem Kind zu bekennen", unterbrach sie Frau Kranzbinder, „ich möchte fast sagen, den Mut zum Kinde zu haben, obgleich ich es in jedem Fall für besser halte, wenn so ein kleines Ding in die Geborgenheit eines Familienlebens hineingeboren wird. Du kennst ja meine Meinung, Doris."

Das Mädchen nickte.

„Durch Sie habe ich ja erst gelernt, das alles mit anderen Augen zu sehen. Aber als Martin mich fragte, ob ich Hannys Mutter sei, war mir der Gedanke schrecklich, er könnte denken, ich sei ein leichtsinniges Flittchen, das sich bereits mit allen möglichen Männern eingelassen hat. Er mußte wohl merken, wie peinlich mir die Frage war. Er sagte nämlich: ‚Ich habe auch keinen Vater, aber deswegen war meine Mutter doch eine anständige Frau. Er hat sie einfach sitzen lassen und eine andere geheiratet. Aber sie hat mich nicht in ein Kinderheim oder zu fremden Leuten getan, sondern hart gearbeitet, um mich versorgen und bei sich behalten zu können.'

Dann habe ich ihm gesagt, daß meine Mutter uns Kinder auch lange Zeit selbst versorgt hat durch Heimarbeit. Ich weiß nicht, wie ich dazu kam, ich mußte es Martin einfach erzählen, daß mein Vater zweimal im Gefängnis gewesen ist und wir Geschwister deshalb von den anderen Kindern links liegen gelassen wurden. Vielleicht war ich darum so offen zu ihm, weil ich dachte, nun soll er auch gleich alles wissen.

Als ich das nächste Mal zum Einkaufen in die Stadt kam, hoffte ich, ihn wiederzusehen, und nun will ich Ihnen auch gleich gestehen, Frau Kranzbinder, daß ich meistens bei Besorgungen einen Umweg gemacht habe und beim Bäcker vorbeigegangen bin. Nicht immer sah ich Martin. Dann ging ich enttäuscht heimwärts. Aber oft sah er zum Backstubenfenster heraus, so — als habe er auf mich gewartet, und manchmal kam er auch auf einen Sprung vors Haus. Nachdem ich ihm die Sache von meinem Vater erzählt hatte, fragte ich mich, ob er sich nun von mir abwenden würde. Aber das war nicht der Fall, im Gegenteil. Mir schien, er sei nun noch viel netter zu mir als vorher. Und heute, Frau Kranzbinder, heute hat er mich gefragt, ob ich seine Frau werden will."

Plötzlich liefen über Doris' Wangen Tränen. Hastig und in großer Verlegenheit wischte sie sich mit dem Handrücken über das Gesicht.

Frau Kranzbinder aber nahm ihre Hand und sagte, selbst bewegt: „Weine nur, mein Kind! In deinem Innern hat sich mehr angestaut, als du selbst und wir alle es wußten. Tränen können befreiend wirken. — Und was hast du Martin geantwortet?"

„Ich konnte es zuerst nicht fassen. Dann habe ich gesagt: ‚Aber Sie kennen mich doch gar nicht.' Denken Sie, er hat gesagt, er kenne mich besser, als ich glaube. Und dann hat er mir erzählt, daß er mit Frau Habkorn, der jungen Chefin, gesprochen und daß diese ihm erzählt habe, sie sei schon einige Male bei Ihnen und Herrn Kranzbinder gewesen. Auch der junge Chef, ihr Mann, habe sie bereits ein paarmal zu Ihnen begleitet. Da haben sie auch mich gesehen und, so sagte Martin, beobachtet, daß ich ganz zu Ihrer Familie gehöre.

Frau Habkorn habe auch gesagt, daß man es Ihnen hoch anrechnen müsse, daß Sie mich und mein Kind aufgenommen hätten. Ja, und dann sagte Martin, er meine, ich würde wohl nicht mehr in Ihrem Hause sein, wenn ich mich nicht bewährt hätte. Und dann wiederholte er seine Frage, ob ich bereit sei, seine Frau zu werden."

Wieder konnte das Mädchen seine Tränen nicht zurückdrängen. Schluchzend sprach es weiter: „Ich habe ihm gesagt, daß ich nie einen Mann nehmen würde, der nicht gewillt sei, meinem Kind den Vater zu ersetzen. Darauf hat er geantwortet: ‚Doris, gerade weil ich weiß, wie es ist, ohne Vater aufzuwachsen, nehme ich auch dein Töchterchen und will es liebhaben wie mein eigenes Kind.' Am Sonntag, Frau Kranzbinder, am Sonntag will Martin zu Ihnen und Ihrem Mann kommen, um mit Ihnen zu reden."

Frau Kranzbinder konnte nicht anders. Sie stand auf und nahm Doris in ihre Arme.

„Wie freue ich mich für dich! Alles, was du mir von dem jungen Mann erzählt hast, spricht für ihn. Ich denke auch, Habkorns hätten ihn nicht als Gesellen behalten, wenn er sich nicht schon als Lehrling bewährt hätte. Ach Doris, siehst du, Gott hat sich deiner Sache angenommen! Aber du bist erst knapp achtzehn Jahre alt. Denkt ihr etwa daran, schon bald zu heiraten?"

Doris errötete.

„Am liebsten so bald wie möglich. Aber Martin sagt, jetzt müsse er erst fest zu sparen anfangen, damit wir uns Möbel anschaffen können. Wie gut, Frau Kranzbinder, daß Sie mir damals ein Sparbuch anlegten und mir rieten, jeden Monat für mich nur ein Taschengeld zurückzubehalten. Wenn es auch noch nicht sehr viel ist, was ich gespart habe, so trägt es doch ein wenig dazu bei, daß wir uns das Nötige kaufen können. Sicher dauert es noch mindestens ein Jahr, bis wir heiraten können. Aber nun habe ich etwas Schönes, auf das ich mich freuen kann, und mein Kind wird nicht ohne Vater sein."

„Doris, wenn du dir nun gern eine Stelle suchen möchtest, wo du mehr verdienst, als wir dir geben können, dann haben wir dafür vollstes Verständnis. Wir wollen dir dazu auch behilflich sein und dir ein gutes Zeugnis ausstellen. Wenn du Hanny nicht mitnehmen darfst, behalten wir sie bis zu eurer Hochzeit."

Nun mußte Frau Kranzbinder es über sich ergehen lassen, daß Doris ihr um den Hals fiel.

„Mich von Hanny trennen und von Ihnen fortgehen? Nein, so undankbar bin ich doch nicht! Was wäre aus mir geworden, wenn Sie sich damals nicht meiner angenommen hätten? Wir müssen ja nicht die teuersten Möbel haben und auch nicht komplett eingerichtet sein, wenn wir heiraten. Ich habe von meiner Mutter gelernt, mit wenigem zurechtzukommen. Aber nun haben wir ja ganz vergessen, warum wir hierher gekommen sind."

„Ich denke, wir lassen das Unkraut bis morgen stehen. Da haben die Kinder einen schulfreien Nachmittag und können mitkommen und im Garten helfen. Dieser Nachmittag soll ganz dir gehören; denn schließlich ist es wohl der bisher glücklichste Tag deines Lebens. Komm, laß uns langsam nach Hause gehen. Heute abend wollen wir ein kleines Familienfest feiern."

„Können wir damit nicht bis Sonntag warten, Frau Kranzbinder, wenn Martin kommt?"

„Dann feiern wir noch einmal. Ach, Doris, ich freue mich so sehr mit dir!"

Das Mädchen aber war in seiner Glückseligkeit ganz außer

sich. Sie hob Hanny aus dem Sandkasten zu sich empor und drehte sich mit ihr im Kreis.

„Du mein Kleines, du wirst einen Vati haben. Wir beide werden nicht mehr allein sein."

Hans-Ulrich Burgenwald, der in den Schweizer Bergen Verunglückte, war in die Heimat transportiert worden und lag nun in demselben Krankenhaus, in dem sich noch immer Frau Purzel als Patientin befand.

„Den Hans-Ulrich überlaß mir", sagte Friedemann Kranzbinder zu seiner Frau. „Du kannst zu all deinen Pflichten dich nicht auch noch um ihn kümmern."

„Ich will gerne, wenn ich bei Frau Purzel bin, nach ihm schauen, aber zu regelmäßigen Besuchen bei ihm reicht mir beim besten Willen nicht die Zeit."

„Das ist schon eine tolle Sache gewesen", berichtete Herr Kranzbinder einige Tage später, als man gemeinsam beim Mittagessen saß. „Wie ein Wunder kommt es mir vor, daß Hans-Ulrich diesen Unfall in den Bergen überlebt hat. Stundenlang hat er mit seinen verschiedenen Brüchen auf dem Eis gelegen, ehe er mit einem Hubschrauber gerettet werden konnte."

„Mit einem Hubschrauber?" Die Kinder fragten es wie aus einem Mund.

„Ja, das klingt alles wie ein Roman."

„Erzähle, Vati, bitte erzähle!"

„Kinder, dazu habe ich jetzt wirklich keine Zeit. Es ist nämlich eine lange Geschichte."

„Schade, das hätte mich auch interessiert", erwiderte Thomas.

Gerade das hatte der Vater gewollt.

„Hast du nicht Lust, Hans-Ulrich zu besuchen? Es geht ihm schon bedeutend besser, doch einige Wochen wird er noch im Krankenhaus bleiben müssen. Er freut sich bestimmt, wenn du ihn einmal besuchst."

„Ich kenne ihn doch nur flüchtig. Wie alt ist er überhaupt?"

„Ich denke, siebenundzwanzig oder achtundzwanzig. Aber das tut ja nichts. Wenn du willst, nehme ich dich das nächste Mal mit. Sicher erzählt er auch dir seine Geschichte."

So kam es, daß Thomas einige Tage später am Bett des Verunglückten saß, der jedoch recht munter wirkte. Herr Kranzbinder hatte seinen Sohn allein zurückgelassen, weil er noch einmal zur Schule mußte — aber das war ihm so ganz recht. Die Schilderung des jungen Mannes über sein Erlebnis in den Bergen hatte ihn selbst so stark beeindruckt, daß er sich davon auch für seinen Ältesten etwas versprach.

„Es freut mich sehr, daß du zu mir kommst", begann Hans-Ulrich Burgenwald das Gespräch. „Meine Mutter hat mir schon von dir erzählt. Sie lobt dich sehr, weil du sie in der Schweiz so gut betreut hast. Ohne dich hätte sie sich in der fremden Umgebung nicht zurechtgefunden."

„Mir hat es Spaß gemacht, mich um sie zu kümmern, Herr Burgenwald", antwortete Thomas. „Wissen Sie, im allgemeinen werde ich von meinen Eltern noch immer wie ein Kind behandelt, doch da traute man mir einmal etwas zu. Meine Eltern sind sonst annehmbar, aber in manchem doch etwas rückständig. Sie meinen, weil man in ihrer Jugend mit siebzehn Jahren meist noch unselbständig war, sei das heute auch noch so. Vielleicht verstehen Sie, daß mir das manchmal auf die Nerven geht."

Herr Burgenwald ging nicht gleich auf diese Gedankengänge des Jungen ein, sondern meinte zunächst: „Sag Hans-Ulrich zu mir, Thomas. Es ist so unpersönlich, wenn du mich mit Herr Burgenwald ansprichst. Ich habe mir immer einen Bruder gewünscht, blieb aber ohne Geschwister. Also — wir sagen du zueinander — einverstanden?"

„Danke, Hans-Ulrich! Aber nun will ich dir auch verraten, welches der eigentliche Grund meines Besuches ist. An sich bringt mich keiner so schnell in ein Krankenhaus. Ich hasse die Krankenhausatmosphäre, den Desinfektionsgeruch in den Gängen und im Treppenhaus, die fast nur eilenden Schwestern, die erhaben um sich blickenden Ärzte und die daherschleichenden Patienten in ihren Bademänteln. Das alles ist mir zuwider."

Hans-Ulrich lachte belustigt.

„Wie du das schilderst! Aber glaube mir, Thomas, wenn man erst einmal so hilflos daliegt, wie es bei mir der Fall war, da interessiert einen nicht die Atmosphäre, und man ist heilfroh für Ärzte und Schwestern. Doch warum kommst du zu mir, wenn dir hier so vieles nicht behagt?"

„Vater hat gesagt, du hast so viel erlebt, als du in den Bergen verunglückt bist, daß es wie ein Roman klingt. Er meinte, du würdest die ganze Sache auch mir erzählen."

„Gerne, wenn es dich interessiert. Je länger ich darüber nachdenke, desto mehr kommt es mir wie ein Wunder vor."

„Ihr wart zu dritt, als ihr den Berg bestiegen habt?"

„Ja, mein Vater, mein Vetter Kurt, der eine Schweizerin geheiratet hat, und ich."

„War es die erste Bergtour, die ihr unternommen habt?"

„Nein, seit Jahren verbringe ich meine Ferien bei meinem Verwandten, der ein geübter Bergsteiger ist. Mit ihm haben mein Vater und ich schon manchen Zweitausender und höhere Berge bestiegen.

An jenem Tag fuhren wir drei mit dem Auto meines Vetters zu einem bestimmten See. Es erübrigt sich wohl, daß ich dir die verschiedenen Namen der Berge nenne. Da du die Gegend nicht kennst, würdest du die Namen doch bald wieder vergessen haben.

Etwa um zwei Uhr nachmittags erreichten wir das Ende des Sees. Dort parkten wir den Wagen und gingen zu Fuß weiter. Hier war der Weg breit und bequem, der uns zur ersten Alp führte, aber schon bald ging es recht steil aufwärts. Über uns sahen wir hell leuchtende Firnen."

Thomas unterbrach ihn: „Was versteht man unter Firnen?"

„Das sind die Höhen, auf denen der Schnee nie schmilzt, selbst nicht im heißesten Sommer."

Hans-Ulrich fuhr fort: „Es kostete uns einigen Schweiß, bis wir bei der Hütte angelangt waren. Neben uns sprudelte ein wilder Bergbach, der weiter entfernt über die Felsen ins Tal stürzte. Das Wetter war recht gut. Zwar schoben sich immer wieder Wolken vor die Sonne, und wir mußten öfter warten, ehe sie wieder hervorkam, um photographieren zu können. Nach einer kurzen Ruhepause ließen wir die Alp hinter uns. Der Weg wurde zu einem schmalen Pfad, der in Serpentinen aufwärts ging. Unbeschreiblich schön war hier die Alpenflora. Bergdohlen, ähnlich den Raben, tauchten auf. Es sah aus, als stürzten sie sich die Felsen hinab. Doch bald darauf ließen sie sich im Gleitflug von der Luft tragen. Ein Spiel, das ich immer gerne beobachte. In Kürze hatten wir die Baumgrenze hinter uns gelassen. Weiter oben begegneten wir Wildheuern. Das Leben dieser Menschen hat mich stets interessiert. Sie sind meistens sehr wortkarg, leben zurückgezogen und fristen in der Einsamkeit ein hartes Dasein. Ihre Aufgabe ist es, an steilen Hängen zwischen den Felsen das Gras zu mähen, das sie dann, wenn es trocken ist, in großen Tüchern zu den Alphütten tragen.

Etwa um sechs Uhr — also nach vierstündiger Steigung — erreichten wir unser erstes Rastziel, eine Berghütte. Der dort wohnende Hüttenwart bot uns eine kräftige Suppe und einen Tee an. Nachdem wir gegessen und uns etwas ausgeruht hatten, sahen wir uns die Gegend an. An den Felsen kletterten Gemsen in ganzen Rudeln herum. Mit unserem Fernglas konnten wir auch einen Adlerhorst entdecken. Zwei Jäger näherten sich der Hütte. Sie trugen einen erlegten Gamsbock.

Die Sonne ging langsam unter, und wir machten es uns in der Hütte gemütlich. Wir besprachen mit dem Hüttenwart die für den nächsten Morgen geplante Tour. Etwa um neun Uhr legten wir uns in einem Verschlag nieder. Der Hüttenwart und die beiden Jäger unterhielten sich bis tief in die Nacht hinein, so daß wir nicht so bald zum Schlafen kamen. Daß wir hier oben schon fast zweitausend Meter hoch waren, merkten wir an der dünnen Luft.

Am nächsten Morgen standen wir um fünf Uhr auf und bereiteten uns zum Aufstieg vor. Bevor wir die Hütte verließen, beteten wir noch miteinander. Mein Vater und ebenso mein Vetter sind bewußte Christen. Bald erhoben sich auch die anderen Männer von ihren Lagern. Die beiden Jäger rüsteten sich zur Jagd. Draußen war es sehr kalt. Die hohen Felsen leuchteten unter der Morgensonne. Plötzlich kroch der Nebel von unten herauf. In wenigen Minuten waren wir völlig eingehüllt. Der Hüttenwart ermutigte uns trotzdem zu gehen. Er hatte uns den Weg am Abend vorher ja genau beschrieben. Hin und wieder zerriß auch die Wolkenwand, die uns umgab. Aber bald schwand der Nebel, und wir konnten unseren Weg gut sehen. Gemsen, die sich durch uns gestört fühlten, sprangen erschreckt auf und flüchteten. Zwischen den Felsbrocken schlichen die Jäger herum.

Langsam erklommen wir die Berge. Es gab dort keinen

rechten Weg mehr. Rotweiß gezeichnete Steine halfen uns zur Orientierung. Zum Teil konnten wir uns nur noch an kargen Grasbüscheln halten und auf allen Vieren die Felsen überwinden. Wir waren seit sechs Uhr unterwegs und erreichten um sieben Uhr dreißig die Ausläufer des Firnes. Gewaltige Eismassen türmten sich vor uns. Nach kurzer Rast banden wir uns die Steigeisen an, nahmen die Eispickel von den Rucksäcken und seilten einander an."

„Welche Länge hat ein solches Seil?" fragte Thomas, der voller Interesse zuhörte.

„Zwanzig Meter", erwiderte Hans-Ulrich und fuhr fort: „Dann stiegen wir über den Firn, dessen Höhe am Anfang etwa zweitausendvierhundert Meter betrug. Wir sprangen über schmale Eisspalten, die breiteren mußten wir umgehen. Jedesmal, wenn ich in eine solche Spalte hinabsah, wurde es mir fast unheimlich. Bis in die Tiefe war nur blankes Eis zu sehen, das im Dunkel verschwand. Man vernahm noch das Rauschen des Wassers."

„Kann man nicht leicht in eine solche Eisspalte stürzen?" fragte Thomas.

„O ja, und das ist auch schon oft passiert. Das Eis an stark abfallenden Felsen weist viele solcher gefährlichen Spalten auf."

„Na, ich danke! Ich weiß nicht, ob mich eine so gefahrvolle Bergtour locken würde."

„Es ist etwas Geheimnisvolles um die Berge. Sie ziehen einen an wie ein Magnet. — Weiter oben auf dem Firn konnten wir wieder besser gehen. Dann mußten wir rechts hinüber in ein Couloir, um zu einem bestimmten Berg zu gelangen, der unser nächstes Ziel war."

„Was ist das nun wieder, ein Couloir?"

„Ach ja, ich vergesse, daß diese Bezeichnungen hier in

Deutschland allgemein fremd sind. Bergsteiger kennen sie natürlich. Ein Couloir ist ein Gang, in unserem Fall ein steil aufwärts führender Felsgang, den man in der Fachsprache auch Kamin nennt. Tatsächlich ist er kaminähnlich, aber auf der Vorderseite offen, so daß die Bergsteiger sich oft stundenlang mühsam aufwärtsbewegen, indem sie sich an der einen Wand mit dem Rücken anlehnen und an der anderen sich mit den Füßen abstemmen. Das Ersteigen solcher Couloirs erfordert unbedingt Schwindelfreiheit und vor allem starke Kräfte. Ich weiß nicht, Thomas, ob du dir davon eine genaue Vorstellung machen kannst.

Mein Vetter Kurt war vorne am Seil, mein Vater in der Mitte, und ich bildete den Schluß. Der Aufstieg durch dieses Couloir kostete uns einige Mühe. Als wir fast oben waren, etwa in zweitausendsechshundertfünfzig Meter Höhe, geschah das Unglück. Mein Vater rutschte auf der Eisfläche aus und konnte sich nicht mehr halten. Er riß Kurt, der darauf nicht gefaßt war, mit sich. Weil ich als der Letzte alles von Anfang an mit verfolgt hatte, schlug ich sofort den Pickel ins Eis. Die zwei stürzten an der schrägen Wand an mir vorbei ab. Ich vermochte nur noch zu denken: Hoffentlich hält der Eispickel, und dann schrie ich in meinem Innern zu Gott um Bewahrung. Mir war bewußt, daß dies unser aller Tod sein konnte. Durch den Absturz der beiden, die in unglaublicher Geschwindigkeit an mir vorbeisausten, wurde mein Eispickel herausgerissen. Er schlug mir ins Gesicht, und dann stürzte auch ich hinunter.

Alles geschah blitzschnell. Ich spürte noch einige dumpfe Schläge. Dann war ich besinnungslos. Als ich zu mir kam — ich muß ziemlich lange bewußtlos gewesen sein — fand ich mich neben meinem Vater und Kurt in einer Gletscherspalte. Ich lag auf dem Bauch, mein Gesicht in einer Blutlache. Bewegen konnte ich mich nicht. Meinem Vetter gelang es, sich in der Spalte zu befreien. Mühsam versuchte er hochzuklettern. Er hatte außer Quetschungen und Schürfungen keine Verletzungen.

Mein Vater muß einen schweren Schock erlitten haben. Er konnte sich weder an das Vorausgegangene erinnern, noch sich orientieren. Er fragte nur immer wieder, wo wir uns befänden. Später stellte sich heraus, daß er sich außer Schürfungen innere Verletzungen zugezogen hatte. Kurt gelang es nach langen, zunächst erfolglos scheinenden Bemühungen, meinen Vater aus der Spalte zu befreien und ihn nach oben zu ziehen, wo er stand. Unter furchtbaren Schmerzen und nur mit der ausdauernden Hilfe Kurts gelang es mir endlich, mich bis zum Spaltenrand hochzuarbeiten. Ich spürte, es ging um mein Leben.

Da lag ich nun — total erschöpft und völlig hilflos. Ich hatte meine letzten Kräfte verausgabt.

Kurt blieb nichts anderes übrig, als meinen Vater zu bitten, den Versuch zu wagen, zur Hütte zurückzugehen und Hilfe zu holen. Mein Vater befand sich noch immer in einem halb abwesenden Zustand. Er hatte größte Mühe, den Weg zu finden. Mein Vetter hatte ihm die Koordinaten für das Rettungsflugzeug aufgeschrieben."

Thomas mußte ihn erneut unterbrechen.

„Koordinaten? Ach, das sind sicher die Angaben zur Lagebestimmung. Ich erinnere mich, daß wir darüber einmal in der Schule gesprochen haben."

„Ja, genauso ist es. Stell dir vor, mein Vater benötigte in seinem Zustand zwei und eine halbe Stunde bis zur Hütte. Aber glücklicherweise fand er sie. Es hätte auch anders sein können. Der Unfall hatte sich etwa um neun ereignet.

In der Zwischenzeit seilte Kurt mich vom Spaltenrand ab.

Meine Schmerzen wurden immer unerträglicher. Das Abseilen war für mich sehr qualvoll. Nur mit dem rechten Arm vermochte ich ein wenig nachzuhelfen. Bis dahin wußte ich noch nicht, daß mein Becken gebrochen war. — Mein Vater war, als er die Hütte erreicht hatte, zusammengebrochen.

Gegen zwei Uhr hörten wir das Geräusch eines Flugzeugs und schöpften Hoffnung. Aber es flog über uns hinweg. Wie sich später herausstellte, mußten der Pilot und sein Begleiter zunächst herausfinden, ob für den Rettungshubschrauber, der eingesetzt werden sollte, überhaupt eine Landemöglichkeit bestand.

Ich bekam einen Schüttelfrost. Kurt und der Hüttenwart, der inzwischen gekommen war, kümmerten sich rührend um mich. Endlich, ungefähr um drei Uhr, landete nicht weit von uns ein Hubschrauber. Ein Arzt, ein Helfer und ein Pilot kamen mit einer Tragbahre zu uns herauf. Man legte mich darauf und dann mitsamt der Bahre in ein Netz. Zur Landung war es an dieser Stelle zu steil. Der Hubschrauber stand dann gewissermaßen über uns in der Luft. An herabgelassenen Seilen wurde ich befestigt und hochgezogen. Im Hubschrauber versorgte man mich mit dem Notwendigsten und brachte mich direkt ins Kantonsspital. Noch während des Fluges hatte ich den Arzt darauf aufmerksam machen können, daß sich mein Vater in der Hütte befand. Sie flogen noch einmal zurück, holten auch ihn und brachten ihn ebenfalls ins Spital.

Kurt machte sich inzwischen mit drei Rucksäcken, Eispikkeln und Steigeisen auf den Rückweg zur Hütte und von dort nach unten zu unserem Auto.

Erst im Spital wurde mir bewußt, was alles passiert war. Ich hatte drei große Löcher im Kopf, die genäht werden mußten. Den Unterkiefer konnte ich lange nicht bewegen, das

Becken war gebrochen, die Rippen waren gequetscht, ich hatte verschiedene Zähne verloren, und die linke Armkugel war zersplittert.

Nie kann ich Kurt vergelten, was er in jenen Stunden für mich getan hat. Eins ist sicher, uns alle hat dieses Bergerlebnis reifer werden lassen und unsere Beziehung zu Gott gefestigt.

Wie es dann weiterging, weißt du ja selbst, Thomas. Mein Vetter bemühte sich, die Unglücksbotschaft meiner Mutter so schonend wie möglich beizubringen. Es war nur gut, daß sie in ihrer Sorge und Verzweiflung sofort den Weg zu deinen Eltern einschlug. Ohne ihre Hilfe wäre sie ratlos gewesen.

Ich werde nie vergessen, wie spontan deine Eltern gehandelt haben. Sie sind einfach großartig! Ich kenne kaum Menschen, die sich so tatkräftig einsetzen, wenn Hilfe not ist. Aber das kommt wohl daher, weil sie bewußte Christen sind und nach dem Wort leben: Einer trage des andern Last, so werdet ihr das Gesetz Christi erfüllen."

Thomas war natürlich anderer Meinung.

„Ich glaube, auch solche, die sich nicht Christen nennen, hätten so gehandelt. Schließlich gibt es ja auch sonst noch echte Mitmenschlichkeit."

„Ja, du hast recht. Natürlich gibt es hilfsbereite Menschen, die nicht Christen sind. Aber bei deinen Eltern ist das anders, sie handeln aus christlichem Grundsatz."

Thomas war von dem Gehörten so gefesselt, daß er ganz die Zeit vergessen hatte. Erschrocken blickte er auf die Uhr.

„Du meine Güte, ich bin ja mit meinen Eltern verabredet. Vater wartet unten mit dem Auto auf mich."

Er erhob sich. „Also, Hans-Ulrich, das war spannend wie ein Krimi, und du hast gut erzählen können. Aber etwas muß ich dich doch noch fragen: Du hast gesagt, ihr hättet zusammen gebetet, bevor ihr an jenem Morgen die Berghütte verlassen habt."

„Ja, so war es. Ist dir dabei etwas unklar?"

„Ja. Daß ihr trotzdem verunglückt seid, ist mir ein Beweis dafür, daß euer Beten sinnlos war."

„Sage das nicht, Thomas. Ich fürchte, du hast jetzt nicht genügend Zeit, dir anzuhören, was ich darauf antworten möchte. Darum hoffe ich, du bist nicht das letztemal hier bei mir."

„Wie lange wirst du noch im Krankenhaus bleiben müssen?"

„Noch etliche Wochen. Ich muß ja erst wieder gehen lernen."

„Gut, Hans-Ulrich, ich komme so bald wie möglich wieder."

Schon wenige Tage später besuchte Thomas seinen neuen Freund. In der Zwischenzeit hatte er oft an dessen Berg-Erlebnisse denken müssen. Kaum saß er bei seinem zweiten Besuch am Bett des jungen Mannes, da setzte dieser das Gespräch genau an der Stelle fort, an der sie das letztemal aufgehört hatten.

„Du meintest neulich, unser Beten sei sinnlos gewesen, denn Gott habe uns ja nicht vor dem Absturz bewahrt."

„Ja, genauso denke ich."

„Findest du nicht, daß wir von einer wunderbaren Bewahrung reden können? Wir hätten alle drei vor Schwäche in der Gletscherspalte liegen bleiben und nie mehr gerettet werden können. Auch betrachte ich es als ein Wunder, daß mein Vater in seinem Zustand unter der Wirkung des Schocks und mit schweren Gedächtnislücken den Weg in die Berghütte fand. Ebenso war es nicht selbstverständlich, daß er dort den Hüttenwart antraf. Bei meinen schweren inneren Verletzungen hätte ich auch verbluten können. Daß mein Vetter nur wenig verletzt war und noch die Kraft besaß, mich aus der Gletscherspalte zu befreien, ist das nicht auch ein Wunder?

Thomas, Gott hat unser Gebet um Bewahrung auf wunderbare Weise erhört. Nur eben anders, als wir es uns vorgestellt hatten. Wir hätten alle drei tot sein können. Nun leben wir und haben die Aufgabe, anderen zu bezeugen, welche Mittel und Wege Gott hat, einzugreifen."

Thomas antwortete nicht. Er sah nachdenklich vor sich hin.

„Oder zweifelst du etwa daran?" fragte Hans-Ulrich Burgenwald.

„Ich bin nicht fromm", erwiderte der Junge schließlich.

„Aber du hast doch gläubige Eltern."

In Thomas stieg wieder sein alter Trotz auf. Er antwortete: „Ja, aber das bedeutet schließlich nicht, daß auch ich Christ sein muß."

„Schade!"

„Wieso schade?"

„Du bist so ein prächtiger Kerl — wirklich, Thomas. Du gefällst mir gut, und ich bedaure, daß du kein Christ bist."

„Ein Heide bin ich schließlich auch nicht. Ich glaube schon, daß es vielleicht einen Gott gibt. Aber wer will das beweisen?"

„Beweisen kann man Gott nicht, wie man zum Beispiel die Richtigkeit eines mathematischen Lehrsatzes nachweist. Aber man kann Gott erfahren, Thomas."

„Das behauptet mein Vater auch immer."

„Und er hat recht. Du bist ehrlich, und das ist gut. Du wolltest vor mir nicht anders scheinen, als du bist. Eines Tages wirst du Gott erleben, denn dem Aufrichtigen läßt er es gelingen."

In dem Jungen klang es: Nein, ich bin ja nicht aufrichtig. Wieder kam ihm sein Erlebnis in der Schweiz in Erinnerung, und er meinte, Sandras fragende Augen auf sich gerichtet zu sehen. Seltsam, er wurde diese Erinnerung einfach nicht los!

Als Thomas das nächstemal ins Krankenhaus ging, um Hans-Ulrich Burgenwald zu besuchen, kam dieser ihm schon auf Krücken entgegen.

„Was sagst du nun?" fragte er. „Vielleicht dauert es doch nicht mehr so lange, bis ich nach Hause darf."

„Vater läßt dir sagen, du sollst ihm Nachricht geben, wenn du entlassen wirst. Er holt dich dann mit dem Auto."

„Danke! Ich habe immer mehr den Eindruck, deine Eltern sehen ihre Lebensaufgabe darin, sich in selbstloser Weise um andere zu kümmern."

„Das stimmt — manchmal mehr, als mir lieb ist. Aber entschuldige, Hans-Ulrich, ich wollte dir damit nicht zu nahe treten. Selbstverständlich ist es mir recht, daß Vater dich abholt, wenn du hier 'raus kannst."

„Siehst du das Tun deiner Eltern nicht in einem falschen Licht, Thomas?" fragte Hans-Ulrich Burgenwald, nachdem er einen Augenblick über die Antwort des Jungen nachgedacht hatte. „Irgendwo las ich einmal ein Wort: Gebraucht zu werden ist Freude und Erfüllung. Ich glaube, so sehen es deine Eltern. Hast du Zeit, Thomas? Wollen wir eine Partie Schach spielen?"

„Ja, gerne."

Gleich darauf beugten die beiden sich über das Schachbrett.

Die Stationsschwester kam vorbei. Sie blieb einen kurzen Augenblick stehen und sah ihnen zu. „Jetzt dauert es nicht mehr lange, und Sie können zu Hause mit Ihrem Vater oder mit Ihrem jungen Freund Schach spielen."

„Ja, ich freue mich darauf, bald heim zu dürfen."

„Wir werden Sie vermissen, Herr Burgenwald, so sehr wir uns mit Ihnen freuen, daß Sie bald wieder ganz hergestellt sind."

Sie wandte sich an Thomas: „Wir haben selten einen Patienten, der um sich eine so gute Atmosphäre verbreitet. Für jeden fand er ein gutes Wort, ob es die Schwestern oder die Kranken waren. Wir haben bald herausgefunden, wo die Quelle seiner zufriedenen Art, seines Mitgefühls und seiner Teilnahme lag. Über seine christliche Einstellung hat er nur selten ein Wort verloren. Aber so etwas läßt sich nicht verbergen."

Thomas antwortete nicht. Die Schwester ging wieder an ihre Pflichten, aber dem Jungen kam eine ganze Weile das Wort nicht aus dem Sinn: „Die Quelle seiner zufriedenen Art" — meinte sie sein Christentum?

Ein Tag löste den anderen ab. Eine Woche nach der anderen führte das Jahr zur Vollendung. Dem frischen Frühlingsgrün der Wälder folgte der satte Farbton kommenden Reifens. An den Kastanienbäumen vor dem Haus waren Ansätze späterer Früchte zu sehen. In den Gärten begannen bereits die leuchtenden Farben von Dahlien und Georginen die frühsommerliche Blumenpracht abzulösen. Das Korn auf den Feldern stand prächtig, und Frau Kranzbinder wußte ihren Speisezettel mit verschiedenem Gemüse und Salaten aus dem eigenen Garten abwechslungsreich zu gestalten.

Frau Purzel war gestorben. Eines Morgens war Frau Seestern, ihre Bettnachbarin, durch die ungewohnte Stille im Krankenzimmer erschreckt emporgefahren. Längst hatte sie sich daran gewöhnt, daß Frau Purzel sich während der Nacht oft stöhnend hin- und herwarf, sich aufrichtete und wieder legte oder das Bett verließ und im Zimmer umherging. Dabei sprach sie leise oder auch laut vor sich hin und nahm in keiner Weise Rücksicht darauf, ob Frau Seestern durch sie gestört wurde. Schon mehr als einmal war diese nahe daran gewesen, darum zu bitten, verlegt zu werden. Doch dann tat ihr Frau Purzel wieder leid, denn sie hatte längst herausgefunden, welch armes, einsames Menschenkind sie war. Wäre nicht Frau Kranzbinder jede Woche mindestens einmal gekommen, um nach ihr zu schauen, kein Mensch hätte sich um sie gekümmert. Zu verwundern war das allerdings nicht, denn Frau Purzels Verhalten war auch anderen gegenüber so, daß bereits einige Schwestern sich geweigert hatten, ihr Handreichungen zu leisten. Die Stationsschwester war schon verschiedentlich vermittelnd dazwischen getreten.

Als Frau Seestern an jenem Morgen aufwachte, kam ihr die Stille nicht nur ungewohnt, sondern unheimlich vor. Ein Blick zum Nachbarbett ließ sie sofort erkennen, daß Frau Purzel gestorben war. Sie klingelte nach der Schwester. Wenige Augenblicke später hatte man das Bett mit der Toten aus dem Zimmer gerollt. Nun war Frau Seestern doch erschüttert. Monatelang hatte sie das Krankenzimmer mit dieser schwierigen, mit Gott und Menschen hadernden Frau geteilt. Sie hatte erlebt, wie Frau Kranzbinder bei ihren regelmäßigen Besuchen bemüht war, dieser alles ablehnenden Kranken Liebe zu erweisen und ihr zu helfen, nicht nur das Schwere und Beklagenswerte in ihrem Leben zu sehen, sondern auch das, wofür sie zu danken hatte. Besaß sie nicht ein schönes Haus, umgeben von einem schönen Garten? Sie bezog durch ihren verstorbenen Mann eine ausreichende Pension, die es ihr ermöglichte, sorgenfrei zu leben. Wenn sie nicht so streitsüchtig gewesen wäre, hätte sie zu ihren Mietern und zu den Leuten in der Nachbarschaft ein gutes Verhältnis haben können und wäre bestimmt nicht einsam gewesen.

Während sie so nachdachte, kam Frau Kranzbinder, um wie üblich beide Patienten zu besuchen. In ihren Händen trug sie zwei sorgsam gebundene Sträuße, Blumen aus dem eigenen Garten. Erstaunt blickte sie auf das leere, bereits wieder frisch überzogene Bett und sah Frau Seestern fragend an.

Es konnte doch nicht möglich sein, daß Frau Purzel so plötzlich aus dem Krankenhaus entlassen worden war!

Frau Seestern schien ihre Gedanken zu lesen. Sie schüttelte den Kopf.

„Tot!" sagte sie. „Frau Purzel ist heute nacht, während ich schlief, gestorben."

Rosmarie Kranzbinder ließ sich erschüttert auf dem Stuhl neben dem Tisch nieder. Nein, damit hatte sie nicht gerechnet. Erst bei ihrem letzten Besuch hatte Frau Purzel davon gesprochen, daß sie jetzt darauf drängen würde, das Krankenhaus zu verlassen. „Ich habe endgültig genug!" hatte sie verärgert gesagt. „Die sind hier nicht imstande, mir zu helfen. Ich will jetzt unter allen Umständen nach Hause. Was meinen Sie, wie verwildert mein Garten aussieht! Und die Mieter, dieses ungehobelte Volk, stellen mir das ganze Haus auf den Kopf. Jetzt habe ich's satt, ein für allemal."

„Nun kommt sie nie mehr nach Hause!" sagte Frau Kranzbinder traurig. Sie merkte gar nicht, daß sie beide Sträuße noch in der Hand hielt.

„Dort drüben steht eine Vase", Frau Seestern deutete zum Waschbecken.

„Danke! Geht es Ihnen schlechter, daß Sie im Bett liegen?

Sie konnten doch bei meinen letzten Besuchen schon aufstehen?"

„Nein, mir geht es nicht schlechter. Aber dieser unerwartete Tod hat mich ziemlich erschüttert. Ich konnte nicht das Bett verlassen."

„Strengt es Sie zu sehr an, mir zu erzählen, wie das Sterben von Frau Purzel war?"

„Ich habe gar nichts davon gemerkt", begann Frau Seestern zu berichten. „Es hatte wieder einmal lange gedauert, bis ich einschlafen konnte. Frau Purzel war ja nachts immer so unruhig. Als ich heute morgen erwachte, erschrak ich über die ungewohnte Stille und sah dann sogleich, was geschehen war."

Frau Kranzbinder vermochte ihrer Erschütterung kaum Herr zu werden. „Und nicht ein einzigesmal hat sie mir erlaubt, mit ihr zu beten oder ihr ein Bibelwort vorzulesen. Hab' ich es falsch angefaßt?"

„Aber ich bitte Sie, Frau Kranzbinder, Sie haben wirklich keinen Grund, sich Vorwürfe zu machen. Sie haben getan, was Sie tun konnten, aber diese Frau war ja völlig unnahbar. Wie oft habe ich Sie bewundert. Immer wieder kamen Sie mit der gleichen Geduld und Liebe. Und wenn Sie heute Ihre Rosen ablehnte, dann dachten Sie sich etwas anderes aus, womit Sie sie das nächstemal zu erfreuen versuchten."

„Sie hat mir so leid getan, je länger desto mehr. Sie war ein sehr einsamer Mensch."

„Frau Kranzbinder, muß man wirklich einsam sein, wenn man alleinstehend ist? Ich habe auch keine Angehörigen mehr, aber viele Freunde und Bekannte. Leute aus meiner Nachbarschaft kommen und besuchen mich, und wenn ich wieder gesund bin, werde ich mich weiter um andere Alleinstehende kümmern. Nein, meiner Erfahrung nach muß man nicht einsam sein, wenn man unverheiratet oder Witwe ist. Ich glaube, es lag an der inneren Unzufriedenheit von Frau Purzel. Ich will bestimmt nicht schlecht über sie reden, aber wenn man monatelang Tag und Nacht beieinander ist, bekommt man schon ein klares Bild von einem Menschen."

„Sie haben sie bestimmt noch besser kennengelernt als ich. Ich glaube, Frau Purzel hat eine schwere Jugend gehabt und war auch von daher so verbittert. Zu mir hat sie ja darüber nicht gesprochen."

„Doch, mir hat sie es erzählt. Die Tage und Nächte im Krankenhaus sind viel zu lang und zu eintönig, da kommt man schon ins Gespräch. Frau Purzel ist als erstes Kind ihrer Mutter unehelich geboren. Später hat diese einen Witwer mit vier kleineren Kindern geheiratet. Frau Purzel hat schon in jungen Jahren schwer arbeiten müssen und fühlte sich von der Mutter zurückgesetzt und vernachlässigt. Zu ihrem Stiefvater hatte sie gar kein Verhältnis. Sie nannte ihn ungerecht und behauptete, er habe seine eigenen Kinder verwöhnt und es ihre Mutter fühlen lassen, daß sie dieses unerwünschte Kind mit in die Ehe gebracht hatte.

So stieg schon im Herzen des noch zur Schule gehenden Mädchens Bitterkeit auf, die sich zum Haß steigerte. Je länger desto mehr verhärtete sie sich. Wie sie mir erzählte, hat sie ihre Mutter mit vierzehn Jahren einmal angeschrien: ‚Hättest du mich bei meiner Geburt lieber erwürgt, denn du hast mich ja doch nicht gewollt!'"

„Die Arme!" entfuhr es Frau Kranzbinder.

„Mit fünfzehn hat sie sich eine Stelle gesucht. Ihr Haß der Mutter und dem Stiefvater gegenüber war so groß, daß sie nie mehr nach Hause zurückgegangen ist. Auf ihrer ersten Stelle hat sie so wenig zu essen bekommen, daß sie es dort nicht lange aushielt. Auf der zweiten haben sich der Hausherr und dessen erwachsener Sohn an der damals noch nicht Sechzehnjährigen immer wieder unsittlich vergangen. Sie wagte davon keinem Menschen etwas zu sagen, haßte aber die beiden Männer, von denen einer nicht wußte, was der andere tat. Zwei Jahre hielt sie das aus und nahm sowohl von dem einen als von dem anderen Schweigegeld. Dann verließ sie das Haus und nahm in den darauffolgenden Jahren noch einige Stellen an — immer unter dem Eindruck, von ihrer Herrschaft ausgenutzt zu werden. Und dann kam die Wende ihres Lebens. Sie meinte damals, das große Los gezogen zu haben. Sie wurde Haushälterin bei einem gelähmten Mann. Nach einiger Zeit bat dieser sie, seine Frau zu werden. Er versprach ihr, daß sie sein Haus und sein ganzes Vermögen erben sollte. Eine Liebesheirat war es natürlich nicht. Sie wurde auch nie seine Gattin, weil sie wegen seiner Krankheit kein wirkliches Eheleben führen konnten. Durch die Erlebnisse auf ihrer zweiten Stelle war sie derartig mit Abscheu erfüllt, daß sie keine intimen Beziehungen mehr wünschte. Ihr genügte es, finanziell versorgt zu sein. Den kranken Mann hat sie bis an sein Lebensende gewissenhaft gepflegt, ohne aber je irgendeine Zuneigung für ihn zu empfinden."

„Das ist ja schrecklich, Frau Seestern! Wie gut, daß Frau Purzel sich das alles bei Ihnen vom Herzen reden konnte."

„Wenn es sie nur erleichtert hätte, aber mir schien, sie wurde je länger desto mehr verbittert und klagte Gott und Menschen an, an ihrem unfrohen Leben schuld zu sein."

„Ich werde den Gedanken nicht los, daß ich noch mehr für sie hätte tun sollen."

„Aber ich bitte Sie, Frau Kranzbinder. Mehr als Sie konnte ja kein Mensch für sie tun. Dabei haben Sie nur Undank geerntet."

Frau Kranzbinders Augen hatten sich mit Tränen gefüllt.

„Nie können wir sagen, wir haben genug getan. Immer bleibt etwas wie Schuld zurück."

Sie erhob sich, um sich zu verabschieden.

„Ich will die Schwester fragen, wo Frau Purzel aufgebahrt ist, und um Erlaubnis bitten, ihr noch die zugedachten Blumen bringen zu dürfen."

„Aber, nicht wahr, Sie besuchen mich doch auch weiterhin, Frau Kranzbinder? Ich hoffe ja, bald entlassen zu werden. Ihr Kommen war bisher immer ein Lichtblick."

„Wie geht es Frau Purzel?" fragte Herr Kranzbinder seine Frau, als die Familie beim Abendessen um den großen Tisch versammelt war.

„Sie ist heute nacht gestorben", antwortete sie.

Alle Anwesenden spürten ihren Worten ab, wie nahe ihr der Tod dieser Frau ging.

„Sei doch froh!" schaltete sich Thomas ein. „Jetzt bist du eine deiner Verpflichtungen los. Nachzutrauern brauchst du der Frau doch nicht, die zu dir auch jetzt noch so ekelhaft war, obgleich du ihr nur Gutes getan hast. Es ist gut, daß die Alte nicht mehr lebt!"

„Thomas!" Des Vaters Stimme klang ärgerlich. „Ob du es je lernst, deine Zunge im Zaum zu halten? Du weißt genau, daß Mutter und ich nicht deine Ansicht teilen."

Der Junge hätte dem Vater am liebsten geantwortet, daß er nichts anderes als seine Meinung gesagt habe, aber er hielt es für geraten, ihn jetzt nicht durch Widerspruch zu reizen.

Herr Kranzbinder wandte sich erneut an seine Frau: „Hast du etwas über Frau Purzels Ende erfahren können? War jemand bei ihr, als sie starb? Ist sie noch zugänglich gewesen? Konnte der Krankenhauspfarrer mit ihr beten?"

„Das ist es ja gerade, was mich so bekümmert", erwiderte

Rosmarie. „Noch in den Tagen vorher hat sie Frau Seestern, ihrer Bettnachbarin, aus ihrem Leben erzählt, und das voller Bitterkeit, Gott und Menschen anklagend. Ich weiß nicht, ob sie mit Gott versöhnt gestorben ist."

„Kommt sie dann in die Hölle?" fragte William.

Die Augen der Kinder, jedenfalls die der drei Jüngeren, waren fragend auf den Vater gerichtet. Dieser aber antwortete: „Darüber können wir nicht urteilen. Der Mensch sieht, was vor Augen ist, Gott aber sieht das Herz an."

„Aber wenn sie doch bis zuletzt so abweisend war?" Anita war es, die diesen Gedanken aufgriff.

„Wir wissen nicht, was in den letzten Augenblicken ihres Lebens in ihr vorging. Vielleicht hat sie sich doch noch Gott zugewandt. Sie behauptete ja immer, christlich zu sein."

„Na, ich danke! Christlich!" Thomas konnte dazu nicht schweigen. „Wenn diese Frau eine Christin war, dann will ich lieber keiner sein."

Frau Kranzbinder gab ihrem Mann einen Wink, auf diese Äußerung ihres Ältesten nicht einzugehen. Was für einen Sinn hätte ein solches Streitgespräch gehabt! Dafür begann sie zu erzählen, was Frau Seestern ihr aus dem Leben der Verstorbenen berichtet hatte.

„Frau Purzel war im Grunde genommen ein zutiefst bedauernswerter, einsamer Mensch, der wohl nie Liebe erfahren hat, nicht einmal von ihrer eigenen Mutter, denn sie war ein ungewolltes Kind. Als sie später einen Stiefvater bekam — ihren eigenen hat sie nie gekannt —, wurde sie von diesem ebenfalls abgelehnt. Er war Witwer und brachte vier kleinere Kinder mit in die Ehe. Zu diesen hatte Frau Purzel auch kein Verhältnis, weil sie offensichtlich von den Eltern bevorzugt wurden. Ihre Kindheit war darum hart und freudlos. Kaum aus der Schule entlassen, suchte sie sich eine Stelle als Hausgehilfin und wurde auch dort, so erzählte sie wenigstens, schlecht behandelt. Auf einer Stelle mußte sie Schlimmes über sich ergehen lassen, sie wurde erniedrigt und entwürdigt. Nach etlichen Jahren und manchem Stellungswechsel hat sie schließlich einen gelähmten Mann geheiratet, aber nicht etwa aus Liebe, sondern weil sie von ihm das Versprechen erhielt, ihn zu beerben, wenn sie ihn bis zu seinem Tode versorgte und pflegte. So kam sie zu dem Haus und einem kleinen Vermögen. Aber sie lebte ein Dasein im Schatten, ohne Sonne und Freude. Ein eigenes Kind hat sie nicht gehabt und hätte sie sich wohl auch nie gewünscht, weil sie in ihrer Kindheit so viele Enttäuschungen erleben mußte."

„Darum wohl mochte sie uns Kinder nicht leiden", stellte Anita fest.

„Jedenfalls kann man nun manche ihrer Reaktionen besser verstehen", fügte Herr Kranzbinder hinzu, „wenn man ihre Lebensgeschichte kennt. Ein Mensch, der ohne Liebe aufwächst, auf dessen Kommen sich niemand gefreut hat, dem fällt es schwer, selbst Liebe zu geben."

Wieder konnte Thomas nicht an sich halten. „Bitte, Vater, ärgere dich jetzt nicht wieder über mich, aber ich begreife nicht, wie ihr Frau Purzel, die uns das Leben so schwer gemacht hat, in Schutz nehmt und ihre Handlungsweise noch verteidigt."

Zum Erstaunen aller äußerte sich jetzt Doris, die natürlich mit ihnen am Tisch saß.

„Aber ich begreife es. Was wäre aus mir geworden, wenn deine Eltern mich nicht aufgenommen und behalten hätten, als ich Hanny erwartete, Thomas? Nach Hause hätte ich nicht kommen dürfen. Meine Mutter schämte sich meiner, andere verachteten mich. Frau Purzel gab mir die schlimmsten Namen und verlangte, daß deine Eltern mich fortschickten. Damals lehrten Sie mich, Frau Kranzbinder, das Kommen meines Kindes mit anderen Augen zu sehen, mich darauf zu freuen und meinem Kind eine gute Mutter zu werden. Ohne deine Eltern, Thomas, wäre ich wahrscheinlich auch so verbittert geworden wie Frau Purzel, und wer weiß, welche Wege ich eingeschlagen hätte, denn ich fühlte mich von allen unverstanden und verlassen. Nur deinen Eltern habe ich es zu verdanken —" Doris konnte nicht weitersprechen. Tränen erstickten ihre Stimme. Die Erinnerung an die vergangene Zeit übermannte sie. Keines der Kinder sprach ein Wort, als das Mädchen vom Tisch aufstand und in die Küche ging.

Frau Kranzbinder aber fuhr fort: „Ich frage mich, ob ich an Frau Purzel nicht manches versäumt habe. Ich hätte mit ihr über den Tod sprechen, ja mindestens den Versuch machen müssen, sie darauf vorzubereiten. Doch sie erlaubte es mir nicht, mit ihr zu beten oder ihr aus der Bibel vorzulesen. Hätte ich nicht noch öfter nach ihr sehen müssen? Einige Male bin ich nicht zu ihr gegangen, und sie wird auf mich gewartet haben."

Anita verteidigte die Mutter. „Aber da hattest du doch so starke Kopfschmerzen. Sonst bist du regelmäßig im Krankenhaus gewesen."

„Immer wieder werden wir an einem Menschen schuldig", klagte die Mutter.

„Ich kann das nicht mehr mit anhören." Voller Ärger stand Thomas auf.

„Thomas, wir sind noch nicht fertig", ermahnte ihn die Mutter, bevor er das Zimmer verließ.

Aber der Vater beschwichtigte sie. „Laß ihn gehen! Dir aber möchte ich sagen: Überlaß Frau Purzel den Händen Gottes. Ich meine auch, du hast getan, was dir möglich war. Erzwingen können wir nichts. Niemand kann einem anderen seine Meinung aufdrängen, auch wenn er es noch so gut mit ihm meint. Gottes Liebe galt auch Frau Purzel. Uns steht über sie kein Urteil zu. Vielleicht hat sie im letzten Augenblick ihres Lebens ihre Hand doch noch nach Gott ausgestreckt. Wann ist die Beerdigung? Ich könnte mir denken, daß daran kaum jemand teilnimmt. Ich meine, wir sollten ihr das letzte Geleit geben."

„Bitte nehmt uns mit!" baten die Töchter.

William entschloß sich, beim Großvater zu bleiben.

„Wir können ihn doch nicht ganz allein lassen", sagte er, und die Eltern gaben ihm recht.

Thomas hatte es durchgesetzt. Er fuhr in den Herbstferien mit zwei Freunden in die Dolomiten. Herr Kranzbinder meinte, man solle ihm diesen Wunsch erfüllen. Am Abend vor der Abfahrt stand das Rad des Jungen bepackt in der Garage. In aller Frühe sollte es losgehen. Die ganze Familie hatte es sich nicht nehmen lassen, vorher mit Thomas zu frühstükken. Anschließend wollte Herr Kranzbinder mit den Zurückbleibenden eine Tageswanderung machen. Dadurch fiel es den Geschwistern nicht ganz so schwer, auf eine Ferienreise zu verzichten, wenn der älteste Bruder in die Dolomiten fuhr.

„Wir haben uns für euch auch einige Ferienüberraschungen ausgedacht", sagte die Mutter.

Kranzbinders Grundsatz war es von jeher, nicht nur zu gebieten, sondern etwas zu bieten. Und wenn ihnen die Finanzen in diesem Jahr auch keine große Ferienreise erlaubten, so sollten deswegen die Kinder nicht zu kurz kommen. Auch die nähere Umgebung hatte Schönheiten aufzuweisen. Neben einigen Wanderungen standen auch mehrere Autofahrten auf dem Programm. So hatten die jüngeren Geschwister keinen Grund, Thomas um seine Fahrt in die Dolomiten zu beneiden.

Nach Beendigung des Frühstücks nahm Herr Kranzbinder die Bibel, um wie üblich eine Morgenandacht zu halten. Thomas wurde es bereits wieder unbehaglich zumute. Jetzt würde der Vater beim Gebet bestimmt seinen Namen nennen und Gott bitten, ihn auf der Fahrt zu bewahren. Er kannte das schon. Doch plötzlich, während wirklich für ihn gebetet wurde, meinte Thomas, die Stimme von Hans-Ulrich Burgenwald zu hören, der erzählt hatte: Bevor wir die Hütte verließen, beteten wir noch zusammen. Und er dachte an seine halb spöttische Bemerkung: Euer Gebet kann doch nicht recht wirksam gewesen sein, sonst wärt ihr nicht abgestürzt. Darauf wieder die ruhige und überzeugte Entgegnung von Hans-Ulrich: Hätte Gott uns nicht bewahrt, lebte keiner mehr von uns dreien.

Plötzlich rührte das Gebet des Vaters den Jungen. Wenn er auch nicht sicher war, daß es etwas nützte, so schien es ihm doch sinnvoller als ein Maskottchen, das manche in ihr Auto oder an das Fahrrad hängen — eine Puppe oder ein Tier, das sie vor Unfall und Schaden bewahren soll. Nein, an solch einen Hokuspokus glaubte er schon gar nicht. Dann wollte er lieber das Gebet des Vaters über sich ergehen lassen.

„Thomas, hast du Vater die Adressen der Jugendherbergen gegeben, damit wir dich erreichen können, wenn sich irgend etwas Unvorhergesehenes ereignen sollte?"

„Ja doch", erwiderte der Junge bereits wieder ungeduldig. „Was soll schon in der Zwischenzeit passieren?"

„Und, nicht wahr, du schreibst uns immer wieder einmal eine Karte."

„Du liebe Zeit, ihr tut, als ob ich eine Weltreise antrete. Natürlich bekommt ihr hin und her eine Ansichtskarte. Aber nun muß ich endlich los, sonst verpasse ich noch Jürgen und Andreas."

Tatsächlich kam bald eine Nachricht, daß sie gut in den Dolomiten angekommen seien. Danach hörten sie eine ganze Woche gar nichts von Thomas. Frau Kranzbinder lief mit sorgenvollem Gesicht durchs Haus.

„Ich bin irgendwie beunruhigt", sagte sie zu ihrem Mann. „Er hätte doch inzwischen wieder mal schreiben können."

„Ja, das hätte er", antwortete Friedemann, „aber du weißt ja, wie Jungen in seinem Alter sind. Sie haben wenig Verständnis dafür, daß Mütter sich um sie sorgen. Die drei werden in den Bergen herumsteigen, Radtouren machen und völlig vergessen, daß sie versprochen haben, regelmäßig zu schreiben. Ich glaube, deine Sorge ist unbegründet. Übe dich im Vertrauen!"

Es vergingen noch einige Tage, und dann kam ein Telefonanruf. Thomas' Freund Andreas teilte mit, daß Thomas seit drei Tagen mit Angina und hohem Fieber in der Jugendherberge liege. Da der Platz für andere Jugendliche benötigt würde, die sich ebenfalls schon vor Wochen angemeldet hätten, gäbe es keine andere Möglichkeit, als Thomas in ein naheliegendes Krankenhaus zu bringen. Kranzbinders mögen es bitte verstehen, wenn er und Jürgen ihre Radtour fortsetzten. Sie seien ohnehin schon drei Tage länger dort geblieben, und auch ihre Plätze würden in der Jugendherberge gebraucht.

Natürlich verstanden das Friedemann und Rosmarie.

„Wann werden die Betten neu belegt?" fragte Herr Kranzbinder.

„Morgen früh."

„Gut, bitte den Leiter der Jugendherberge, Thomas so lange zu behalten. Ich fahre sofort mit meinem Auto los, um ihn zu holen. Ihr beiden aber laßt euch nicht aufhalten. Ist der Herbergsleiter vielleicht gerade in der Nähe, daß ich persönlich mit ihm sprechen kann?"

Dies geschah. Der Mann erklärte sich bereit, Thomas bis zum anderen Morgen zu behalten.

„Bitte, laß mich mitfahren", bat Frau Kranzbinder. „Es könnte doch sein, daß der Junge durch das hohe Fieber ziemlich geschwächt ist. Dann bist du mit ihm wenigstens nicht allein auf der Fahrt."

„Gut, komme mit!"

Als der Vater die flehenden Augen Anitas auf sich gerichtet sah, wandte er sich an sie: „Und du mach dich ebenfalls fertig. Wenn ich nun schon einmal in die Dolomiten fahre, sollst du auch dabei sein."

„Und euch beiden bringen wir ein Reiseandenken aus den Dolomiten mit", tröstete Frau Kranzbinder die beiden Jüngsten.

„Du, Berthild, mußt inzwischen auf Hanny aufpassen, wenn Doris für euch kocht, und William muß sich um den Großvater kümmern. Der wäre sonst sehr traurig, wenn wir alle fortgingen. Spätestens übermorgen kommen wir ja, wenn alles gut geht, wieder zurück."

Sie trafen Thomas ziemlich elend, niedergeschlagen und enttäuscht an. Seine Ferienpläne waren durchkreuzt. Was hat nun des Vaters Gebet für eine Wirkung gehabt? Am liebsten hätte er es gesagt, aber er unterdrückte es, denn er war heilfroh, daß die Eltern ihn heim holten. Fürsorglich bettete man ihn in Kissen und Decken neben der Mutter auf dem Rücksitz, während Anita vorne beim Vater saß und immer wieder einen besorgten Blick zu dem kranken Bruder warf.

Einige Male legte der Vater eine kurze Rast ein, aber er

wollte schnell zu Hause sein, damit der fiebernde Junge in sein Bett kam.

Und dann lag Thomas und grollte im stillen mit allem und jedem. Warum mußte ihm diese Freude verdorben werden? Wie beneidete er seine beiden Freunde, die unbeschwert weitergefahren waren.

„Irgendeinen Sinn hat es, daß du die Fahrt unterbrechen mußtest", versuchte Rosmarie ihren Jungen zu trösten. „Es geschieht nichts von ungefähr."

„Ach, so redet ihr immer", erwiderte Thomas grollend. „Jetzt fehlt nur noch, daß du den Bibelvers zitierst, den du schon bei ähnlichen Anlässen genannt hast. Wie heißt er doch gleich? Was ich jetzt tue, das weißt du nicht — du — du — "

„Du wirst es aber hernach erfahren", half ihm die Mutter geduldig lächelnd zurecht.

„Immer kommt ihr mit euren frommen Sprüchen daher. Ich hasse das!"

„Den frommen Spruch habe jetzt nicht ich, sondern du zitiert. Aber wer weiß denn, Thomas, ob du nicht irgendwie doch noch erfahren wirst, warum alles so kommen mußte?"

Wochenlang war kein Tropfen vom Himmel gefallen. Die Landleute begannen voller Sorge ihre Äcker zu betrachten. Sie erinnerten sich an einige Jahre zuvor, wo eine große Dürre die Ernte schwer beeinträchtigt hatte und das Korn auf den Feldern fast verdorrte.

Zu den nicht gerade beliebten Ferienarbeiten gehörte es, daß Kranzbinders Kinder so oft wie möglich mit Doris hinauszogen, um im Garten zu gießen. Allerdings mußte man damit rechnen, daß dies in Kürze verboten werden würde, weil das Wasser knapp zu werden begann.

Es war einige Tage später, nachdem Thomas aus den Dolomiten nach Hause gebracht worden war. Zwar ging es ihm inzwischen besser, aber die Angina war noch nicht ganz abgeklungen, und der Arzt verordnete immer noch Bettruhe. Das behagte dem Jungen keineswegs. Auf diese Weise gingen die Herbstferien, von denen er sich soviel versprochen hatte, dahin. Am liebsten hätte er geflucht, aber er wußte, das hätte die Mutter, die ihn liebevoll pflegte, traurig gestimmt, und den Vater hätte er es schon gar nicht hören lassen dürfen. Einen Vorteil hatte sein Liegen. Er mußte wenigstens nicht mit in den Schrebergarten zum Gießen, der ihm noch nie etwas bedeutet hatte. Seine Schwestern hatten ihn deshalb schon beneidet und es nicht an Sticheleien fehlen lassen.

„Du drückst dich hier herum, weil du zu faul bist, mit uns in den Garten zu gehen."

„Blödes Geschwätz!" hatte er aufbegehrt. „Wenn der Arzt es nicht verlangte, wäre ich schon längst aufgestanden und meinen Freunden nachgefahren."

„Gib nicht so an", fuhr ihm Anita über den Mund. „Als ob Vater und Mutter dich hätten fahren lassen in dem Zustand, in dem du dich befindest!"

„Sieh mal an, in dem Zustand!" äffte Thomas die Schwester nach. „Eben hast du doch gesagt, ich drücke mich nur herum. Ihr beschränkten Weiber!"

Die eben hereinkommende Mutter machte dem Streitgespräch ein Ende.

„Wir wollten dem Thomas nur noch schnell einen Krankenbesuch machen, bevor wir in den Schrebergarten gehen", sagte Berthild pfiffig lächelnd, „aber der beschimpft uns schon wieder!"

„Mutti, glaub ihnen kein Wort! Das ist eine heimtückische Bande."

Lachend waren die Schwestern losgezogen. Ein aufziehendes Gewitter hatte sie jedoch frühzeitig nach Hause getrieben, zumal der Himmel sich bedrohlich verfärbte. Kein Zweifel, es würde nicht lange dauern, und der Regen prasselte vom Himmel. Das war gestern nachmittag gewesen, und nun hatte es die ganze Nacht durchgeregnet, und es sah auch heute nicht danach aus, als wollte es bald aufhören. Doch niemand klagte darüber. Jeder empfand diesen Regen belebend. Es war, als atmeten nicht nur die Menschen und Tiere, sondern ebenso Wiesen und Wälder befreit auf.

„Sei froh, daß du bei diesem Wetter nicht in den Dolomiten bist", sagte Doris zu Thomas, die sein Zimmer in Ordnung zu bringen hatte.

„Es ist gar nicht gesagt, daß es dort auch regnet!" erwiderte er. „Und wenn schon, in den Bergen gibt es Sennhütten, in denen man unterschlupfen kann, und die Jugendherbergen können auch bei Regen gemütlich sein."

„Vielleicht erlaubt dir heute der Doktor, wenigstens für kurze Zeit aufzustehen."

„Kann sein!" Thomas griff wieder nach seinem Buch, in dem er soeben gelesen hatte.

In diesem Augenblick betrat die Mutter das Zimmer.

„Du hast Post, Thomas."

Ungeduldig streckte Thomas seine Hand aus.

„Bestimmt haben Jürgen und Andreas geschrieben. Aber ihr Wort haben sie auch nicht gehalten. Sie wollten gleich in den ersten Tagen schreiben."

Der Brief, den Frau Kranzbinder ihrem Sohn reichte, war nicht von den beiden. Er trug zu Thomas' Verwunderung eine Schweizer Marke. Als er den Absender las, bemerkte die Mutter, wie der Junge über und über rot wurde. Natürlich hatte sie schon gesehen, woher der Brief kam, wollte ihm aber nicht die Freude vorwegnehmen. Die Überraschung war gelungen. Mit einem Ruck setzte Thomas sich auf.

„Mutti, stell dir vor, Sandra schreibt! Sandra Bengeli. Ich habe dir doch von ihr erzählt, als ich aus der Schweiz kam. Sie ist ein ganz patentes Mädchen und gefällt mir sehr gut. Aber nachdem sie so lange nichts von sich hören ließ, dachte ich –"

Was er dachte, erfuhr Frau Kranzbinder jetzt nicht, denn Thomas hatte bereits den Umschlag aufgerissen und überflog erwartungsvoll die Zeilen. Dann stieß er einen Jubelruf aus.

„Sie kommt! Denk nur, Mutter, Sandra kommt mit ihrem Vater. Sie besuchen in diesen Tagen eine Verwandte in Stuttgart, die schon alt und gebrechlich ist, und wollen danach gerne einen Abstecher in die Schwäbische Alb machen, um uns zu besuchen. Ursprünglich wollte ihr Bruder Ingo auch mitkommen, aber er hatte Gelegenheit zu einer Studienfahrt nach Rom."

Es entging Frau Kranzbinder nicht, daß Thomas freudig erregt war. Ein kleines Lächeln huschte über ihr Gesicht. Das Mädchen Sandra mußte ihn doch stark beeindruckt haben.

„Fein", erwiderte sie. „Dann werde ich auch noch die Gelegenheit haben, deine Bekannten – oder sind es bereits Freunde? – aus der Schweiz kennenzulernen. Vater hat ja schon ihre Bekanntschaft gemacht. Er war damals recht angetan von ihnen."

„Sie sind alle prima, Mutter!"

„Schreiben sie, wann sie kommen?"

„Nein, sie können es noch nicht überblicken. Sie rufen dann von unterwegs an."

„Meinst du, daß sie bei uns übernachten?"

„Das wird darauf ankommen, ob sie vorher einige Fahrten oder Wanderungen in unserer Gegend unternehmen oder ob sie gleich von Stuttgart aus zu uns kommen."

„Jedenfalls soll Doris für den Herrn Doktor gleich das Gastzimmer in Ordnung bringen. Sandra kann wohl mit Anita das Zimmer teilen, und Berthild zieht während der Zeit ihres Hierseins zu William."

„Ach Mutter, ich freu mich ganz unsagbar."

Mit bedeutungsvollem Lächeln fragte Rosmarie: „Aber wäre es jetzt für dich nicht viel schöner, in den Dolomiten zu sein?"

„Nein!" Ganz überzeugt kam die Antwort. „Es würde für mich eine große Enttäuschung bedeuten, wenn ich sie verpaßt hätte. Jetzt bin ich ganz froh, daß die Halsgeschichte dazwischen kam."

„Denkst du noch an unser Gespräch, Thomas, vor ein paar Tagen? ‚Du wirst es aber hernach erfahren!'"

„Ach Mutter, kannst du nicht einen einzigen Augenblick ohne diese biblischen Vergleiche leben?"

„Ich wollte dich nicht reizen, Thomas, aber unwillkürlich kam mir der Gedanke, als ich merkte, daß dir der Besuch deiner Schweizer Freunde mehr zu bedeuten scheint als deine Fahrt in die Dolomiten."

„Beides wäre schön gewesen! Aber ich hoffe, daß ich im nächsten Jahr noch einmal diese Radtour machen kann."

Es war am übernächsten Tag. Doris war mit ihrer kleinen Tochter in die Stadt gegangen, um Besorgungen zu machen. Hanny trippelte eifrig neben dem Kinderwagen her und bemühte sich, keine der Pfützen auszulassen, die nach dem Regen auf den Wegen zurückgeblieben waren.

„Aber Hanny, du bekommst ja ganz nasse Füße!" rief Doris entsetzt.

Als sie die Kleine emporhob, um sie in den Wagen zu

setzen, sträubte sich das Kind mit Händen und Füßen und begriff nicht, daß die Mutter ihr diesen Spaß nicht gönnte.

Nach Erledigung ihrer Besorgungen hatte Doris Frau Kranzbinder eine Neuigkeit zu berichten: „Martin hat mir erzählt, daß Frau Habkorn vor zwei Tagen in die Klinik gekommen ist. Sie wissen ja, daß sie ihr zweites Kind erwartet. Bis fast zuletzt hat sie in der Bäckerei gestanden und die Kunden bedient. Das war auch nötig, denn ihre zweite Verkäuferin hat einen Autounfall gehabt und ist schwer verletzt ins Krankenhaus gekommen. Jetzt waren sie in großer Verlegenheit. Die alte Frau Habkorn ist zu gebrechlich. Sie kann nicht mehr im Laden stehen. Es ist schon viel, wenn sie stundenweise auf ihren kleinen Enkel aufpaßt. Er ist etwa so alt wie Hanny. Herr Habkorn hat mit der Backstube genug zu tun. Eine Verwandte kann vormittags zwei Stunden aushelfen. Doch was sollte in der Zwischenzeit geschehen? Denken Sie nur, Frau Kranzbinder, da hat sich die Mutter der jungen Frau Habkorn — die Lehrerin Frau Spahn, die Sie doch auch schon besucht hat — aus freien Stücken angeboten, jetzt in den Ferien im Bäckerladen auszuhelfen. Was wird sie das für eine Überwindung gekostet haben. Sie soll doch eine feine Dame sein, wie man in der Stadt sagt, und man hält sie im allgemeinen für eine hochmütige Frau. Von ihrem Mann soll sie getrennt leben."

„Du bist ja genauestens orientiert, Doris", unterbrach Frau Kranzbinder den Redeschwall ihrer Haustochter.

Diese aber hatte noch mehr auf dem Herzen.

„Ich bin noch nicht fertig. Stellen Sie sich vor: Als ich in den Laden komme, steht da nicht nur Frau Spahn in einer weißen Schürze und bedient die Kunden, sondern da ist auch noch ein älterer Mann. Nachmittags zwischen vier und sechs ist im Laden immer großer Betrieb, so daß zwei Personen alle Hände voll zu tun haben. Als Martin nachher noch einmal aus der Backstube kam, um Hanny eine Brezel zu bringen, hat er mir zugeflüstert, daß der Mann Frau Habkorns Vater und der Ehegatte der Lehrerin sei, die im Laden bediene. Beide haben unabhängig voneinander ihre Hilfe angeboten und sollen mehr als erstaunt gewesen sein, als sie sich im Laden trafen."

„Das ist wirklich interessant", sagte Frau Kranzbinder, sah sich aber nicht veranlaßt, Doris ihre Gedanken mitzuteilen. Doch mit ihrem Mann würde sie heute abend darüber sprechen.

Lebhaft stieg es wieder in ihrer Erinnerung auf, wie Friedemann vor ungefähr drei Jahren eines Tages erschüttert aus der Schule heimgekommen war und ihr mitgeteilt hatte, daß eine Kollegin, die Haushaltungs- und Handarbeitslehrerin Frau Spahn, einen Selbstmordversuch unternommen habe. Nie würde sie vergessen, wie ihren Mann die Frage umgetrieben hatte, ob das Lehrerkollegium, vor allem aber er selbst, etwas an dieser Frau versäumt habe. Ihnen allen war damals aufgefallen, daß Frau Spahn sehr verschlossen und in sich gekehrt gewesen war, daß der Kontakt zu ihren Schülerinnen immer geringer wurde und die Frau von einer Art Schwermut befallen schien. Sie, Rosmarie, hatte dann auf Bitten ihres Mannes versucht, Frau Spahn in der Nervenklinik zu besuchen, war aber nicht vorgelassen worden. Bei dieser Gelegenheit hatte sie Frau Spahns Tochter kennengelernt, die an jenem Tag bereits zum zweitenmal zu ihrer Mutter wollte, die aber jeden Besuch abgelehnt hatte. Sie mußte wohl erst selbst damit fertig werden, daß man sie ins Leben zurückgezwungen hatte, nachdem sie es von sich werfen wollte. Frau Kranzbinder war dann mit der jungen Frau Habkorn ins Gespräch gekommen, hatte sich ihrer liebevoll angenommen und sie auch zu sich ins Haus eingeladen. Bei diesem ersten Besuch erfuhr sie die tragische Geschichte der Familie Spahn. Ruth Habkorn hatte von den Zerwürfnissen zwischen den Eltern gesprochen, unter denen sie schon als Kind sehr gelitten habe. Frau Spahn mußte eine sehr ehrgeizige Frau gewesen sein, die nie darüber hinwegkam, daß ihr Mann kein Akademiker, sondern nur ein einfacher Angestellter war. Sie ließ ihn ihre geistige Überlegenheit fühlen und merkte nicht, daß nicht nur ihr Mann, sondern auch Ruth sich innerlich immer mehr von ihr entfernten. Die Tochter hing viel mehr an dem Vater und verrannte sich in die Idee, selbst ebenfalls ein einfaches Leben führen zu wollen. Ja, das ging so weit, daß sie sich törichterweise weigerte, eine höhere Schule zu besuchen. Wenn die Mutter dem Vater vorhielt, daß er es im Leben zu nichts gebracht habe, dann wollte auch sie nicht studieren. Dabei gehörte sie zu den guten Schülern ihrer Klasse.

Die Verbindung zwischen den Eltern löste sich immer mehr. Eines Tages hielt Herr Spahn es nicht mehr aus. Er verließ seine Frau und zog zu seiner alten Mutter. Für Frau Spahn stand fest, daß er eine Geliebte haben mußte. Aber Ruth Habkorn hatte diese Verdächtigung abgewiesen. Nein, im Leben ihres Vaters gab es keine andere Frau. Er wehrte sich nur dagegen, in der kalten, lieblosen Atmosphäre, die seine Frau umgab, weiterzuleben. Ruth kam aus der Schule und suchte gegen den Willen ihrer Mutter eine Lehrstelle als Verkäuferin in einem Bäckerladen. Von ihrem Lehrherrn und dessen Frau war sie sehr geschätzt, besonders schien sie aber dem Sohn des Bäckermeisters zu gefallen. Wiederum gegen den Willen ihrer Mutter heiratete sie ihn nach einigen Jahren. Frau Spahn nahm nicht an der Hochzeit ihres einzigen Kindes teil. Sie lehnte diese nicht standesgemäße Heirat ab.

Ruths Vater aber hatte die Verbindung mit seiner Tochter nie aufgegeben. Als Ruth ihr erstes Kind erwartete, geschah das Furchtbare. Ihre Mutter, die in ihrem Dasein keinen Sinn mehr sehen konnte, die ihren Mann durch ihre ständige Kritik buchstäblich aus dem Haus geekelt hatte, die sich auch von ihrer Tochter verraten fühlte und die keinen Kontakt mehr zu ihren Kollegen und Schülern hatte, wünschte nicht mehr länger zu leben.

Darüber dachte Frau Kranzbinder nach. Wie ein Wunder schien es ihr, daß sie dann doch noch vor drei Jahren zu der verbitterten und unansprechbar scheinenden Frau Zugang gefunden hatte. Als sie aus der Klinik entlassen wurde, hatte sie sie zu sich eingeladen, und manches gute Gespräch war zustande gekommen. Auch innerlich fand sich Frau Spahn zurecht. Sie war wieder in den Schuldienst zurückgekehrt und wurde von den Kollegen zwar freundlich, aber eben doch so behandelt, wie man sich eines schwierigen Kranken annimmt. Als sich die Gelegenheit bot, sprach Frau Spahn bei einer Zusammenkunft der Lehrer ganz offen über ihre Sinnesänderung und machte kein Hehl daraus, daß sie diese dem Einfluß von Herrn und Frau Kranzbinder zu verdanken habe, die sich ihrer in liebevoller Weise angenommen hätten.

Durch Ruth Habkorn hatte Rosmarie einige Male gehört, daß die Mutter mit dem Gedanken umgehe, den Vater zu bitten, wieder zu ihr zurückzukehren. Ob sie dies dann doch nicht gewagt oder ob er ihr die Bitte abgeschlagen hatte, vermochte die junge Frau nicht zu sagen. Jedenfalls lebte Frau Spahn noch immer allein in ihrer sehr schönen und gepflegten Wohnung und ihr Mann bei seiner alten Mutter. „Ich wäre froh, wenn sie sich aussöhnen würden", hatte Ruth gesagt, „aber das muß von ihnen selber kommen. Sie dürfen es nicht um meinetwillen tun."

Als Frau Kranzbinder am Abend dieses Tages darüber mit ihrem Mann sprach und ihrer Verwunderung Ausdruck gab, daß die beiden getrennt lebenden Eheleute jetzt miteinander im Bäckerladen ihres Schwiegersohns als Verkäufer standen, erwiderte Friedemann: „Der Ungläubige sieht darin keine Zusammenhänge; für uns, die wir an Führungen und nicht an Zufälle glauben, ist das ein Eingreifen Gottes in den Alltag zweier Menschen, die bisher, obgleich sie sich danach sehnen, nicht den Weg zueinander gefunden haben."

„Wie oft haben wir dies nun schon in den verschiedensten Fällen erlebt", entgegnete Rosmarie. „Da tragen unscheinbare Kleinigkeiten dazu bei, schwere Steine ins Rollen zu bringen."

„Du hast recht, und doch müssen wir uns davor hüten, bei allem Dienst am andern, zu dem wir uns verpflichtet wissen, selbst solche Steine in Bewegung zu setzen. Gerade wenn es um Eheprobleme geht, ist Zurückhaltung notwendig. Man könnte sonst noch mehr zuschütten oder zerstören. Wenn es aber so ist, wie Doris es dir erzählt hat, dann scheint es mir unmöglich, daß zu diesem ersten Schritt nicht noch ein zweiter kommt."

So war es dann auch. Der Verkaufsdienst im Bäckerladen zog sich noch eine Weile hin, denn bei Ruth hatten sich nach der Geburt des zweiten Kindes Komplikationen eingestellt. So trafen sich ihre Eltern täglich im Bäckerladen des Schwiegersohnes. Dieser beobachtete mit verhaltener Freude, wie die zwei von Tag zu Tag mehr aus der zuerst bezogenen Reserve heraustraten. War es zu Anfang der Dienst am Kunden, der ein Gespräch erforderte, so sprach man bald auch über andere Dinge miteinander. Plötzlich gab es wieder gemeinsame Interessengebiete.

„Hast du gehört, wie es Ruth geht?"

„Ich habe gestern das Kleine sehen dürfen."

„Gleicht es nicht ganz dem Vater?"

„Ich meine, es hat mit dir Ähnlichkeit", behauptete Frau Spahn und errötete wie ein kleines Mädchen, weil ihr war, als habe sie damit ihrem Mann eine verhaltene Liebeserklärung gemacht.

„Wie wäre es — was hältst du davon — wenn, ob — wenn — vielleicht —"

Früher hat er nie gestottert, dachte Frau Spahn und blickte ihren Mann erstaunt an.

„Ich dachte", fuhr er fort, „ob — ob Ruth sich nicht freuen würde, wenn wir — wenn wir sie am Sonntag gemeinsam besuchen würden?"

„Dazu wärst du bereit?" Frau Spahn spürte, wie ihre Augen sich mit Tränen füllten.

„Ja", sagte Herr Spahn, „um Ruths willen."

Ein klein wenig mußte seine Frau jetzt schlucken. Also nicht um ihretwillen, um Ruths willen. Aber immerhin, es war doch ein Anfang nach den hinter ihnen liegenden Jahren.

So kam es, daß Ruth am kommenden Sonntag — sie konnte ihren Augen kaum trauen — den gemeinsamen Besuch der Eltern bekam. Beide beugten sich über das neugeborene Enkelkind, und ihre Augen trafen sich, wie dies schon lange nicht mehr der Fall gewesen war.

Inzwischen wartete Thomas von einem Tag auf den anderen, daß Sandra wieder schreiben würde. Der Arzt hatte ihm erlaubt, das Bett zu verlassen, und die Freude der Erwartung hatte ein übriges getan, ihn völlig genesen zu lassen. Auch seine Geschwister freuten sich auf den Besuch aus der Schweiz. Anita stellte jeden Tag ein neues frisches Sträußchen zum Willkommen Sandras in ihr Zimmer.

„Sagst du deiner Freundin, der Micky, etwas davon, daß Sandra uns besuchen kommt?“ fragte sie ihren Bruder.

„Was hat denn die damit zu tun?“ fuhr Thomas auf und war doch im gleichen Augenblick froh darüber, daß Micky die Herbstferien nicht zu Hause verbrachte. Zuerst hatte er sie wegen ihrer Italienreise beneidet. Aber heute war es ihm ganz recht, daß sie ihm nicht über den Weg laufen konnte, wenn Sandra da war.

Und dann kam der Anruf. Doktor Bengeli fragte, ob er mit seiner Tochter über das Wochenende zu ihnen kommen könne.

„Sie sind uns von Herzen willkommen, Herr Doktor“, erwiderte Frau Kranzbinder. „Es tut mir nur leid, daß mein Mann im Augenblick nicht zu Hause ist. Aber ich spreche ganz in seinem Sinn, wenn ich Ihnen sage, daß wir alle uns auf Ihren Besuch freuen. Mir persönlich ist es geradezu ein Bedürfnis, Ihnen einige angenehme und frohe Tage bei uns zu ermöglichen, nachdem wir Ihnen großen Dank schulden. Sie haben unsern Thomas in Ihrem Hause so freundlich aufgenommen. Er spricht immer wieder davon. Also noch einmal: Herzlich willkommen! Auf Ihre Tochter freuen sich ganz besonders unsere beiden Mädchen Anita und Berthild, aber natürlich auch Thomas und der Kleine. Dürfen wir Sie schon zum Mittagessen erwarten, Herr Doktor?“

„Ich danke Ihnen, Frau Kranzbinder. Wir nehmen Ihre Einladung gerne an. Ich denke, daß wir bis zwölf Uhr bei Ihnen sind. Also — bis morgen mittag!“

In diesem Augenblick stürmte Thomas ins Zimmer.

„Hat Sandra angerufen, Mutter?“

„Nicht sie, aber ihr Vater, Doktor Bengeli.“

„Wann kommen sie? Wie lange bleiben sie? Was unternehmen wir mit ihnen?“

Frau Kranzbinder blickte ihren Sohn erstaunt an. Er war ganz aus dem Häuschen.

„Mutti, Sandra wird dir gefallen! Ich habe noch nie ein Mädchen kennengelernt wie sie.“

Was war nur in ihren Thomas gefahren? So froh hatte sie ihn schon lange nicht mehr gesehen. Er nahm ihren verwunderten Blick wahr, wandte sich verlegen ab und verließ still das Zimmer.

Die ganze Familie stand am anderen Mittag zur festgesetzten Zeit zum Willkomm vor dem Haus. Die Sonne lachte vom Himmel. Der mächtige Kastanienbaum vor dem Haus spendete Schatten. Selbst der Großvater war von der Freude angesteckt worden und saß in froher Erwartung auf der Bank unter dem Baum. Doris, die in der Küche die letzten Handgriffe zum Mittagessen verrichtete, warf immer wieder einen neugierigen Blick aus dem Fenster. Anita hatte ihr verraten, Sandra sei nach Thomas' Aussage das schönste Mädchen, das er je gesehen habe. Nun, sie saß ja mit am Mittagstisch und hatte die Möglichkeit, sich von der Richtigkeit dieser Behauptung zu überzeugen.

Und dann kamen sie.

Kaum stand der Wagen, da sprang Sandra auch schon heraus. Mit einem Blick schien sie die neue Umgebung, das Haus, den Garten zu umfassen.

„Wie schön, wie wunderschön ist es hier!“ rief sie freudig überrascht. „Noch viel schöner, als ich es mir vorgestellt hatte.“ Dann ging sie auf Frau Kranzbinder zu und begrüßte sie herzlich. „Sie sind die Mutter von Thomas, nicht wahr? Er hat große Ähnlichkeit mit Ihnen.“

Inzwischen hatte auch Doktor Bengeli das Auto verlassen. Die beiden Männer, die sich ja nicht fremd waren, begrüßten sich wie gute, alte Bekannte.

„Herzlichen Dank, daß wir kommen durften, Herr Kranzbinder. Nicht nur Sandra hat sich unbändig gefreut, sondern auch ich habe Ihre Einladung gerne angenommen." Er wandte sich Frau Kranzbinder zu und begrüßte sie ebenso herzlich. Sandra hatte inzwischen die beiden Mädchen begrüßt und ging dann auf Herrn Schulendorf zu: „Und Sie sind der Großvater. Thomas hat mir von Ihnen erzählt, und ich freue mich, Sie jetzt persönlich kennenzulernen."

Mit Wohlgefallen betrachtete der alte Mann das frische junge Mädchen. Seine Augen waren noch nicht zu alt, um das liebliche Bild in sich aufzunehmen. Sandra trug ein hellblaues Kleid. Ihr blondes Haar war von einem blauen Samtband gehalten. Seine beiden Hände umschlossen die Rechte des Mädchens. „Ich heiße Sie herzlich willkommen, Fräulein Sandra", sagte er. „Ich meine, selbst wenn wir heute trübes Wetter hätten, würden Sie uns die Sonne ins Haus bringen."

Erst jetzt wandte Sandra sich Thomas zu. Da stand er, ein wenig verlegen, ein wenig enttäuscht, daß sie ihn als Letzten begrüßte, da er außer dem Vater doch der einzige war, der sie vorher gekannt hatte. Als sie aber in ihrer strahlenden Schönheit die blauen Augen auf ihn richtete, seine beiden Hände ergriff und in aller Natürlichkeit sagte: „Thomas, wie sehr habe ich mich auf diesen Augenblick gefreut. So oft habe ich an dich gedacht und jeden Tag —" Sie sprach nicht weiter.

Bei Thomas war aller Groll verflogen. Wenn auch als Letzten, aber so herzlich wie ihn hatte Sandra keinen anderen begrüßt.

„Und jeden Tag?" fragte er fast beklommen. „Du hast nicht zu Ende gesprochen, Sandra." Erwartungsvoll blickte er sie an. Alle Begrüßungsworte, die er sich vorgenommen hatte, waren verflogen. Sie aber antwortete auf seine Frage:

„Das sage ich dir, wenn wir allein sind. Ich glaube, deine Eltern wollen mit uns ins Haus gehen."

„Nein, wir essen heute im Garten", erklärte Anita.

Ihr war nicht entgangen, wie herzlich das Mädchen den Bruder begrüßt hatte.

„Wo ist denn euer Kleinster?" fragte jetzt Sandra und blickte sich suchend um.

„Hier bin ich!" rief eine helle Bubenstimme. William war gerade um die Ecke des Hauses gekommen. Er trug einen großen Strauß in den Händen.

„Die sind für dich. Auf den Wiesen gibt es keine mehr, die sind alle abgemäht. Aber Mutti hat mir erlaubt, für dich im Garten Blumen zu pflücken."

Sandra nahm den Strauß erfreut entgegen. „Das ist aber lieb von dir — nicht wahr, William heißt du doch? Thomas hat mir von dir erzählt. Komm, ich muß dir zum Dank einen Kuß geben!"

Es störte Sandra nicht, daß der Kleine mit seinem Handrücken über die Wange fuhr und den Kuß wieder abwischte. Er war nicht unbedingt für solche Zärtlichkeiten, während Thomas in diesem Augenblick dachte: Wäre ich doch an seiner Stelle! Doch klangen in ihm unentwegt des Mädchens letzte Worte: „Das sage ich dir, wenn wir alleine sind." Was sie ihm wohl sagen wollte?

Bald saßen sie alle an dem breiten Gartentisch, auf den Frau Kranzbinder ihre schönste, handgewebte Decke gelegt hatte. Sandra bewunderte nicht nur diese, sondern auch das schöne Eßservice mit dem breiten blauen Rand.

„Es ist wie ein Fest!" sagte Berthild beglückt, aber ihre offensichtliche Bewunderung galt Sandra. Diese hatte für jeden ein freundliches Wort, gab ihrer Freude immer wieder Ausdruck und übersah ebensowenig Doris, die, bevor sie selbst Platz nahm, die Speisen aus der Küche herantrug. Über ihrem leuchtend roten Kleid — sie hatte sich ebenfalls hübsch gemacht — trug sie eine blütenweiße Schürze. Sandra hatte sich erhoben und war auf sie zugegangen, reichte ihr in herzlicher Weise die Hand und sagte: „Sie sind Doris, nicht wahr? Thomas hat mir von allen Familiengliedern erzählt, als er bei uns war."

Das Mädchen errötete und warf dem Jungen einen dankbaren Blick zu. Wenn Thomas sie so eingeordnet hatte, dann konnte er nicht unfreundlich über sie gesprochen haben.

„Aber wo haben Sie Ihr kleines Töchterchen?" fragte Sandra.

„Hanny hat schon früher etwas zu Essen bekommen, und nun schläft sie bereits", erwiderte Doris.

„Nachher darf ich sie doch sehen, nicht wahr?"

„Hanny ist goldig", beeilte sich Berthild zu sagen. „Sie plappert schon alles nach, was man ihr vorsagt."

Sandra erzählte ein wenig von ihren Zwillingsbrüdern, die viele dumme Streiche im Kopf hätten und die Mutter vom frühen Morgen bis zum Abend in Atem hielten. Sie kämen auf die unglaublichsten Ideen, aber niemand könne ihnen ernsthaft böse sein, weil sie zu drollig wären.

Wie Sandra erzählen konnte! Stundenlang hätten ihr die Mädchen zuhören können. Nach dem Essen machten die beiden Männer einen Weg durch die Pappelallee und an den reifenden Kornfeldern entlang. Bald hatten sie herausgefunden, daß sie gleicher Gesinnung waren. Den Arzt und den Lehrer verband der Lebensauftrag, anderen zu helfen. Beide waren bewußte Christen. Ein gegenseitiger Gedankenaustausch konnte nur befruchtend sein.

Frau Kranzbinder gab den beiden Töchtern den Auftrag, Doris in der Küche zu helfen, was zwar ohne Widerspruch, aber nicht freudigen Herzens getan wurde. Natürlich würde Thomas jetzt Sandra für sich allein haben.

„Ich werd' ihr sagen, daß er die Micky als Freundin hat!" flüsterte Berthild Anita zu.

„Untersteh dich! Das wäre gemein. Ich glaube, daß er mit der Micky Schluß gemacht hat."

„Du hast gut reden", murrte die kleinere Schwester. „Du bist die ganze Nacht mit Sandra zusammen."

„Sei doch nicht albern! Als ob wir die ganze Nacht miteinander reden würden! Komm, fang endlich an abzutrocknen."

Frau Kranzbinder wollte sich zu einer kurzen Mittagsruhe hinlegen. Sie brauchte die kleine Pause am Tag. William, dem sie ebenfalls einen Mittagsschlaf anordnete, protestierte. „Die anderen dürfen aufbleiben, und ich soll schlafen."

„Komm, du darfst dich auf Vatis Bett legen. Wenn du nicht schlafen kannst, ruhst du wenigstens."

„Darf ich mein neues Buch mitnehmen?"

„Meinetwegen." Frau Kranzbinder hoffte, daß er beim Ansehen der Bilder müde werden würde. Sie sorgte sich um William, der in der letzten Zeit oft über Kopfschmerzen klagte und deswegen schon zweimal aus der Schule nach Hause geschickt worden war.

„Und du, Thomas, kümmerst dich bis zum Kaffeetrinken um Sandra. Vielleicht geht sie gerne mit dir in den Schrebergarten", sagte Rosmarie zu ihrem Ältesten.

„Fehlt nur, daß du uns den Auftrag gibst, die Beete zu gießen", sagte Thomas lachend. Aber er wäre zu allem bereit gewesen, wenn er nur Gelegenheit gehabt hätte, mit Sandra zusammen zu sein. Diese ergriff in ihrer fröhlichen, natürlichen Art seinen Gedankengang sofort auf.

„Gießen im Garten? Natürlich tun wir das, Frau Kranzbinder. Ich bin das von zu Hause gewöhnt."

„Ein geistloses Geschäft!“ stöhnte Thomas, der nicht wollte, daß die Mutter merkte, wie gerne er heute bereit war, diese sonst so verabscheute Arbeit zu tun.

„Was notwendig ist, kann man im Grunde nicht geistlos nennen. Meinst du nicht auch, Thomas?“ fragte Sandra und lächelte ihn an, daß es ihm durch und durch ging.

Er beantwortete ihre Frage nicht, sondern faßte sie bei der Hand. „Also komm, tun wir gemeinsam das Notwendige!“

Doris, Anita und Berthild blickten aus dem Küchenfenster, als sie die Stimmen der beiden hörten.

„Nun seht doch bloß den Thomas an!“ Anita machte als erste die Feststellung. „Jetzt geht er mit der Sandra schon Hand in Hand. Die beiden haben's aber eilig!“

„Das will noch gar nichts heißen!“ wurde sie von Doris belehrt.

„Verliebte gehen fest umschlungen!“ behauptete Berthild und schüttelte dabei den Kopf. „Gut, daß Micky das nicht sieht!“

„Ich hab' dir vorhin schon gesagt, daß es mit Micky aus ist.“

„Das werden wir ja sehen, wenn sie aus Italien zurückkommt und Sandra wieder in der Schweiz ist.“

„Kommt jetzt, macht weiter!“ mahnte Doris sie. Sie hatte die Hände bereits wieder im Abwaschwasser. „Im Grunde geht es uns gar nichts an. Das ist Thomas seine Angelegenheit.“

Als dieser mit Sandra im Schrebergarten angelangt war, schien es ihm zum Gießen zu heiß zu sein. „Setzen wir uns doch erst mal ein Weilchen in den Schatten“, schlug er vor und steuerte dann direkt auf sein Ziel los.

„Sandra, du hast bei deiner Begrüßung den einen Satz nicht zu Ende gesprochen. Du hast gesagt, du hättest dich auf diesen Augenblick sehr gefreut und jeden Tag —, dann brachst du ab. Was hast du sagen wollen?"

Das Mädchen blickte Thomas einen Augenblick schweigend an. Dann erwiderte es: „Ich glaube, du hast dir etwas ganz anderes vorgestellt und bist vielleicht sogar enttäuscht, wenn ich es dir sage. Seitdem du damals abgefahren warst, habe ich jeden Tag für dich gebetet."

Ja, er war enttäuscht, bitter enttäuscht. Er versuchte es zwar zu verbergen, aber es gelang ihm nicht ganz. Sandra war viel zu klug und feinfühlig, um nicht zu empfinden, was in ihm vorging.

Nein, heucheln konnte der Junge auch jetzt nicht. Er bekam es nicht fertig, zu sagen: Ich danke dir dafür! Irgendwie rührte es ihn, aber andererseits meinte er, ihr keinen Anlaß gegeben zu haben anzunehmen, daß er fromm sei. Sollte er ihr jetzt etwas vormachen?

Weil er schwieg, sprach Sandra weiter: „Du weißt, Thomas, daß ich regelmäßig einen Mädchenbibelkreis besuche, und du hast in den Tagen deines Aufenthalts bei uns auch gemerkt, daß meine Eltern bewußte Christen sind. Als ich heute in euer Haus kam, habe ich mit Freuden festgestellt, daß deine Eltern es auch sind. Ich war bei euch sofort daheim. Da ist eine Atmosphäre, in der man sich vom ersten Augenblick an wohlfühlt. Darum wird dir der Gedanke, für einen Menschen zu beten, nicht fremd sein, nicht wahr?"

„Was betest du denn für mich?" fragte Thomas und errötete gleichzeitig über seine Frage, die ihm töricht erschien, nachdem er sie ausgesprochen hatte.

„Ich bete dafür, daß du ein bewußter Christ wirst und dein Leben Gott unterstellst."

„Warum ist dir das so wichtig? Im Grunde genommen könnte dir das doch völlig gleichgültig sein." Thomas hätte es vor dem Mädchen nie zugegeben, daß er mit diesen Fragen auf ein ganz bestimmtes Ziel lossteuerte. Er wollte wissen, wie sie zu ihm stand. Tief in seinem Innern hoffte er, daß er ihr nicht gleichgültig war. Aber daß sie sich um sein Seelenheil sorgte, genügte ihm einfach nicht. Ach, sie gefiel ihm je länger desto besser. Wäre sie nur nicht so fromm!

„Ich glaube nicht an Zufälle, Thomas", fuhr sie fort. „Du magst es verneinen, aber Begegnungen, die nicht oberflächlicher Art sind, haben einen Sinn. Und so fühle ich mich einfach innerlich verpflichtet, für dich zu beten."

„Sandra, ich will nicht, daß du dir von mir ein falsches Bild machst. Was deine Beobachtungen betreffs meiner Eltern und der Atmosphäre unseres Hauses anbelangt, hast du recht. Du darfst mir glauben, ich schätze meine Eltern — aber gerade ihre Frömmigkeit ist der Anlaß, daß ich immer wieder mit ihnen zusammenstoße. Ich will mich von ihnen nicht in das Joch ihrer eigenen Lebensauffassungen spannen lassen. Ich will mich frei entscheiden. Aus diesem Grunde gehe ich auch nur noch ganz selten mit ihnen zur Kirche."

„Wie schade, Thomas. Ich glaube, du widerstehst dem Geist Gottes, der um dich wirbt."

Thomas bemühte sich, nicht unhöflich zu sein. Aber er konnte den in ihm aufsteigenden Ärger nur schwer unterdrücken.

Da saß nun ein Mädchen vor ihm, das ihn wie keines zuvor beeindruckte. Und es redete zu ihm in einer Art über Gott und das Gebet, als wäre dies das Allernatürlichste von der Welt. Wie oft hatte er seiner Mutter geantwortet, wenn sie in ähnlicher Weise geredet hatte: „Hör doch auf, in der Sprache Kanaans mit mir zu sprechen! Ich kann es nicht ausstehen." Sein Widerspruchsgeist erhob sich auch dem Mädchen gegenüber, als er fortfuhr: „Du bist nun natürlich mächtig enttäuscht, Sandra, nicht wahr? Aber du wirst hoffentlich nicht erwarten, daß ich dir zuliebe zum Heuchler werde."

„Mir zuliebe?" Sie sah ihn groß und fragend an. Dann schüttelte sie den Kopf. „Nein, Thomas, mir zuliebe wirklich nicht. Dir selbst zuliebe."

Er hätte sich auf den Mund schlagen mögen. In dieser Weise verschloß er sich jede Tür, die sich vielleicht einen winzigen Spalt weit geöffnet hatte. Wie tölpelhaft von ihm, zu sagen: Dir zuliebe. Um sie von diesem Gedanken wieder abzulenken, brachte er das Gespräch noch einmal auf seine Eltern. „Ich weiß nicht, Sandra, ob du mich verstehst, wenn ich dir sage, daß es mir manchmal geradezu auf die Nerven geht, wenn ich sehe, wie mein Vater und meine Mutter sich dauernd um andere Menschen kümmern. Immer ist da irgendein Kranker und Verlassener, ein Schwermütiger oder ein Schwachsinniger, dem sie nachgehen müssen, den sie besuchen oder gar in unser Haus bringen."

Das Mädchen sah ihn prüfend an, und dann zog ein kleines, verschmitztes Lächeln über Sandras Gesicht. „Ich habe nicht den Eindruck, als gehe dir und deinen Geschwistern deswegen etwas ab. Ihr seht alle gepflegt und gut ernährt aus."

„Du machst dich über mich lustig, Sandra!"

„Aber nein, ganz gewiß nicht. Ach Thomas, wie froh und dankbar kannst du sein, solche Eltern zu haben, und wie interessant ist doch euer Leben dadurch, daß ihr an den Geschicken anderer Menschen teilhaben könnt. Übrigens, bei meinen Eltern ist das nicht anders."

Sandra blickte auf ihre zierliche Armbanduhr. „Thomas, ich glaube, wir sollten endlich mit Gießen anfangen. Sagte deine Mutter nicht, daß sie uns um halb vier zum Kaffee zurückerwartet?"

„Ja, es ist höchste Zeit!“ bestätigte der Junge und ging, um den Schlauch an die Wasserleitung anzuschließen. Er war froh, daß dieses Gespräch damit ein Ende hatte und nahm sich vor, die kurze Zeit mit Sandra sich nicht durch ihre ihm widerstrebende Frömmigkeit trüben zu lassen.

Auf dem Heimweg entzog sie ihm jedoch ihre Hand, nach der er wieder gegriffen hatte. Sie bückte sich nach den wenigen Blumen, die noch am Wegesrand standen, nachdem die Wiesen schon zum zweitenmal gemäht worden waren.

„Schau, wie hübsch!“ rief sie nach einer Weile und hob ihm in kindlicher Freude einen bunten Strauß entgegen. „Den will ich deiner Mutter bringen!“

„Wie du das kannst!“ lobte er sie. „Ich hätte behauptet, es sei Unkraut, was du da pflücktest, aber du hast daraus etwas Schönes gemacht. Mutti wird sich darüber bestimmt freuen.“

Zu Hause war bereits die ganze Familie um den Kaffeetisch im Garten versammelt.

„Oh, wir kommen zu spät!“ stellte Sandra erschrocken fest. „Wir bitten um Entschuldigung!“

„Kommt nur, wir haben soeben erst angefangen.“ Doris schenkte Kaffee ein, und die Mädchen reichten den Kuchen herüber. Sandra hatte sogleich Hanny entdeckt und sie zu sich auf den Schoß gehoben. „Welch ein herziges kleines Ding!“ stellte sie zur Freude von Doris fest.

Es wurden Pläne für den nächsten und übernächsten Tag gemacht. Am darauffolgenden Tag mußte der Schweizer Besuch wieder abreisen.

Am Abend saß man im gemütlichen Wohnzimmer beisammen. Herr Kranzbinder spielte auf der Hausorgel. Sie sangen dazu, und selbst Thomas, der schon längst keinen Gefallen mehr an dieser Art von Musik hatte, zog sich nicht wie sonst zurück. Zur Belustigung seiner Schwestern erklärte er Sandra, die ihn zum Mitsingen aufforderte, er habe immer noch mit dem Stimmbruch zu tun.

Endlich hatte Anita Sandra für sich allein, nachdem sich alle zur Nacht zurückgezogen hatten. Obgleich Sandra einige Jahre älter war als Anita, verstanden sich beide ausgezeichnet. Sie besaß die Gabe, sich sofort auf denjenigen einzustellen, mit dem sie es im Augenblick zu tun hatte.

Am anderen Morgen wurde in aller Frühe aufgestanden. Frau Kranzbinder und Doris hatten schon am Abend begonnen, Proviant für die geplanten Wanderungen zurechtzulegen. Die Brote wurden kurz vor dem Abmarsch fertiggemacht, Eier hart gekocht, die Rucksäcke gepackt, und pünktlich um sechs Uhr brachen sie auf. Eine ausgedehnte Albwanderung war vorgesehen. Die beiden Männer hatten sich am Abend vorher noch gemeinsam über die Wanderkarte gebeugt und die Tour festgelegt. Sowohl Doktor Bengeli als auch seine Tochter zeigten sich überwältigt von den Schönheiten der Schwäbischen Alb. Ganz besonders gefiel es Sandra auf dem Messelberg, von dem man einen wunderschönen Ausblick ins Filstal genoß.

„Sieh, Sandra", erklärte Thomas, „dort drüben ist die Ruine Staufeneck. Da hinten erhebt sich der Hohenstaufen. Weiter rechts sind die beiden anderen Kaiserberge — der Rechberg und der Stuifen. Aber natürlich, so gewaltig und erhaben wie die Berge des Berner Oberlandes sind sie nicht. Da kommen wir nicht mit."

„Ich finde die Schwäbische Alb wunderschön", erwiderte Sandra. „Diese bewaldeten Höhenzüge und dazwischen die grünen Täler. Jede Landschaft hat ihre eigenen Reize. Man muß nicht immer Vergleiche ziehen."

„In Bayern haben wir auch hohe Berge", verteidigte Berthild jetzt ihr Heimatland. „Wir waren einmal mit unseren Eltern im Kleinen Walsertal. Da ist es auch sehr schön, und die Berge sind viel höher als diese hier."

„Ich möchte auch einmal die Schweizer Berge sehen", sagte Anita. „Thomas hat sie uns so verlockend geschildert, als er damals von euch nach Hause kam."

„Vielleicht kannst du uns auch einmal besuchen", tröstete Sandra das Mädchen. Während der weiteren Wanderung hängte sie sich eine kleine Strecke weit am Arm ihres Vaters ein. Die anderen hielten sich taktvoll zurück, als sie sahen, daß sie eifrig auf ihn einsprach.

Zur Mittagspause hatten die beiden Männer einen Rastplatz am Rande eines kleinen Wäldchens ausgesucht. Heideland, bewachsen mit den hier üblichen Wacholdersträuchern, Schlehenbüschen und Silberdisteln war ein vorzüglicher Ort zum Ausruhen.

„Sandra hat mir vorhin erzählt", sagte Herr Dr. Bengeli zu Thomas, „du hast eine Ferienenttäuschung hinter dir."

„Wieso weißt du das, Sandra?" fragte der Junge.

„Ich habe es ihr gesagt", erwiderte statt ihrer Anita.

„Alte Klatschbase!"

„Wieso Klatschbase?" griff Sandra ein. „Deine Schwester hat mir gestern abend von deiner Erkrankung berichtet. Sie sagte, du hattest dich sehr auf die Fahrt in die Dolomiten gefreut, und dann bekamst du eine Angina."

„Ihr habt mich gar nicht ausreden lassen", begann Doktor Bengeli aufs neue. „Sandra hat mir nun einen Vorschlag gemacht, dem ich gerne zustimme. Sie meinte, ob wir dich, Thomas, und Anita nicht noch bis zum Ferienschluß in die Schweiz mitnehmen könnten, wenn wir übermorgen reisen. Hättet ihr Lust?"

Daraufhin brach fast ein Tumult los. „In die Schweiz?"

Anita fiel Sandra um den Hals, und Thomas bedauerte, daß ihm dies nicht möglich war. Zu gerne hätte er es auch getan. Aber irgendwie mußte er seiner Freude Ausdruck geben. „Herr Doktor — ich kann es noch gar nicht fassen. Das ist einfach Klasse!"

„Wir haben allerdings noch nicht deine Eltern gefragt, ob sie ihre Einwilligung geben."

„Wie könnten wir ein so großzügiges Anerbieten verneinen", erwiderte Herr Kranzbinder, und seine Frau fügte hinzu: „Das ist allerdings eine Überraschung. Haben Sie vielen herzlichen Dank, Herr Doktor."

„Und wir? Berthild und ich?" Ganz kläglich klang Williams Stimme. Natürlich waren die beiden Jüngsten enttäuscht, wenn sich Berthild auch tapfer bemühte, dies zu verbergen.

„Ich schenke dir meine neue Handtasche, die dir so gut gefällt", sagte Anita, die verstand, wie ihrer Schwester zumute war und die sie entschädigen wollte. Auch Thomas zeigte sich großzügig. Er griff in die Tasche und holte sein Taschenmesser hervor. „Hier, William, das bekommst du zum Trost von mir."

„Was, dein gutes Messer?" fragte Anita. „Ist er dafür nicht noch zu klein?"

„Von wegen zu klein!" begehrte der Jüngste auf und nahm herablassend das kostbare Geschenk aus der Hand des Bruders.

„Und wir machen mit euch beiden in den nächsten Tagen die schon lange geplante Fahrt nach Ludwigsburg in den Märchengarten", tröstete sie nun auch der Vater.

„Da habt ihr's, und ihr beiden dürft nicht mit!" triumphierte William und warf Thomas und Anita entsprechende Blicke zu.

So war Freude und Zufriedenheit auf der ganzen Linie. Thomas aber hatte das Bedürfnis, Sandra ein besonderes Wort des Dankes zu sagen, als man nach ausgiebiger Rast zur weiteren Wanderung aufbrach.

„Ich weiß nicht, wie ich das gutmachen kann."

„Was willst du gutmachen?" fragte Sandra zurück.

„Das habe ich doch dir zu verdanken, daß wir mit euch fahren dürfen."

„Anita erzählte mir so offenherzig, daß ihr schon vor zwei Jahren eine Reise in die Schweiz geplant hattet und warum daraus nichts wurde. Und nun hast du in diesen Ferien auch noch eine Enttäuschung erlebt. Ich dachte, es würde dich freuen..."

„O Sandra, du weißt nicht, wie sehr!" Thomas mußte an sich halten, um ihr nicht zu sagen, was ihn bewegte. Wenn sie sich für ihn und Anita bei ihrem Vater eingesetzt hatte, empfand sie vielleicht doch etwas wie freundschaftliche Gefühle für ihn. Plötzlich fiel ihm wieder jener Abend ein, an dem er sie und ihren Bruder bewußt belogen hatte. Seine Freude ließ es einfach nicht zu, daß dieser Schatten zwischen ihnen stand. Er mußte noch heute darüber mit Sandra sprechen und die Sache bereinigen. Auf der Wanderung war das nicht möglich, denn die beiden Schwestern ließen ihn kaum einen Augenblick allein mit Sandra gehen. Sicher würde er nach dem Abendessen eine Gelegenheit finden, mit ihr zu sprechen.

Als sie am Abend ziemlich erschöpft, aber voller Freude über den gelungenen Tag, wieder zu Hause ankamen, stand Doris mit verweintem Gesicht vor der Tür. Es wurde bereits dunkel. Doch Frau Kranzbinder hatte sofort erkannt, daß mit Doris irgend etwas nicht stimmte.

„Was ist los, Doris?“ fragte sie und legte den Arm um die Schultern des Mädchens. „Es wird doch in unserer Abwesenheit nichts passiert sein?“

„Der Großvater ist fort. Seit mehr als zwei Stunden such' ich ihn. Ich bin sogar bis am Rand des Dorfes gewesen. Aber nirgends habe ich ihn gesehen.“

„Der Großvater ist fort?“ Herr Kranzbinder wollte die Sache nicht dramatisieren. „Doris, hast du im ganzen Haus nachgeschaut?“

„Ja, mehr als einmal.“ Sie schluckte an ihren Tränen. Es war ihr furchtbar, daß dies geschehen konnte, nachdem Kranzbinders ihr den alten Mann und das Haus anvertraut hatten. „Zuerst saß er noch auf der Bank unter der Kastanie. Als ich Hanny vom Mittagsschlaf aufgenommen hatte — sie ist heute später als sonst aufgewacht —, war er verschwunden.“

„Da bleibt nichts anderes übrig, als in den verschiedensten Richtungen nach ihm zu suchen“, ordnete Herr Kranzbinder an. „Sie, Herr Doktor Bengeli, bitte ich um Verständnis, wenn wir jetzt nicht mit Ihnen zusammensitzen können. Sie und auch Sandra werden sich nach der großen Tour auch gerne zurückziehen wollen.“

„Doris kann Ihnen gleich noch das Abendessen bereiten“, schaltete sich Frau Kranzbinder ein.

Aber Doktor Bengeli schüttelte energisch den Kopf.

„Das kommt gar nicht in Frage. Wir helfen Ihnen beim Suchen des Großvaters. Wie wäre es, wenn wir beide, Herr Kranzbinder, in einer Richtung nach ihm Ausschau halten und vielleicht Sie, Frau Kranzbinder, und —“

Anita wartete gar nicht ab, bis er ausgesprochen hatte, sondern meinte, sie und Sandra könnten in Richtung Stadt gehen. Doch Frau Kranzbinder ging darauf nicht ein.

„Anita, warte, was Herr Doktor Bengeli sagen will."

„Verzeihung!"

„Ich meine, du gehst mit mir, Anita, während Thomas und Sandra in Richtung Dorf suchen", fuhr Frau Kranzbinder fort und fand natürlich bei ihrem Ältesten lebhafte Zustimmung.

Die beiden Jüngsten waren froh, daß niemand sie aufforderte, an der Suchaktion teilzunehmen. Die Füße taten ihnen weh von dem weiten Weg, und die Augen fielen ihnen vor Müdigkeit fast zu.

Schließlich gab es doch noch eine Änderung des gefaßten Planes. Doktor Bengeli fuhr in seinem Wagen mit Frau Kranzbinder in Richtung Stadt, während Herr Kranzbinder mit Anita sein Auto zum ehemaligen Gehöft des Herrn Schulendorf steuerte. Fanden sie den alten Mann unterwegs — sie hofften es sehr —, konnten sie ihn in beiden Fällen gleich im Wagen nach Hause bringen.

Thomas und Sandra schlugen den Weg ins Dorf ein.

„Ich könnte mir denken, daß du den Großvater am ehesten findest", meinte Frau Kranzbinder zu ihrem Mann, ehe sie zu Doktor Bengeli ins Auto stieg. „Wohin sollte er sonst gegangen sein, als auf seinen Hof?"

Daß der Vater, bevor sich alle auf den Weg machten, noch kurz betete, war Thomas peinlich, obgleich er die Gesinnung von Doktor Bengeli und seiner Tochter genau kannte. Aber in deren Gegenwart wagte er keine Widerrede, zumal er sah, wie andächtig beide den Kopf senkten und die Hände falteten, als Herr Kranzbinder um Bewahrung für den alten Mann bat und daß Gott ihnen helfen möge, ihn zu finden.

Langsam fuhren die beiden Männer in ihren Wagen in die verschiedenen Richtungen davon. Alle spähten sie aufmerksam in jeden Winkel, hinter jeden Baum. Am Bach, der durch das Wiesental floß, bat Frau Kranzbinder einige Male Doktor Bengeli zu halten. Herr Schulendorf würde doch nicht vom Wege abgeirrt und in den Bach gestürzt sein! Aber nirgends fanden sie eine Spur von ihm.

„Im vergangenen Jahr ist der Großvater öfter mit dem Bus in die Stadt gefahren, um seinen kleinen Urenkel am Schulhof zu treffen", erzählte Frau Kranzbinder. „Aber das konnte er nun schon lange nicht mehr." Sie berichtete Herrn Doktor Bengeli ein wenig von Herrn Schulendorfs Vergangenheit: „Er besaß den schönsten und größten Hof in der näheren Umgebung außerhalb des Dorfes. Er und seine Frau lebten glücklich und in Harmonie mit dem Sohn und der Schwiegertochter. Dann folgten schwere Schicksalsschläge. Der Enkelsohn verunglückte tödlich. Danach wurde ein zweiter Sohn geboren — ein stilles, scheues Kind. Als dieser Junge sechzehn Jahre alt war und auf dem Hof schon fleißig mithalf, flogen seine Eltern mit einer Reihe anderer Ehepaare zu einer Landwirtschafts-Ausstellung nach Genf. Kurz nach dem Start zum Rückflug nahe dem Flughafen von Zürich stürzten sie ab. Alle waren tot."

„Ich erinnere mich an dieses furchtbare Unglück", sagte Doktor Bengeli. „Und dabei sind auch der Sohn und die Schwiegertochter des alten Mannes umgekommen?"

„Ja, es war ein schwerer Schlag. Viele Kinder im Dorf wurden durch dieses Unglück elternlos. Herr Schulendorf war schon damals nicht mehr der Jüngste. Aber er und auch seine Frau setzten weiterhin ihre ganze Kraft ein, um den Hof, die Ställe und Felder in Ordnung zu halten. Der sechzehnjährige Enkel schien seit diesem Unglück noch schweigsamer geworden zu sein, wandte aber alles daran, die alten Leute in ihrer schweren Arbeit zu unterstützen. Das ging so einige Jahre, bis der Enkel ins heiratsfähige Alter kam. In seiner scheuen Art war er wohl zu weltfremd und unerfahren geblieben und merkte nicht, daß ein Mädchen aus dem Dorf, das ihn umschwärmte und offensichtlich um seine Gunst warb, es nicht auf ihn, sondern auf den Hof abgesehen hatte. Der Großvater, lebenserfahren und auch nicht ohne Menschenkenntnis, warnte ihn, aber es schien, als ob das Mädchen den jungen Bauern in ihren Bann zog. Zum Leidwesen der Großeltern heiratete er sie. Nur kurze Zeit ging es gut. Bald hatte der Jungbauer nichts mehr zu melden. Vor allem aber wurde den beiden alten Leuten das Dasein auf ihrem eigenen Hof zur Hölle gemacht. Dennoch versuchten sie immer wieder einzulenken, auszugleichen. Als alles nicht mehr half, schlug Herr Schulendorf einen anderen Ton an. Er sah mit Bestürzung, was die Jungbäuerin aus seinem gepflegten Hof machte.

Nach einigen Jahren, in denen die Spannungen immer unerträglicher wurden, hielt es die Frau des Großvaters nicht mehr aus. Lieber wollte sie sich vom Hof trennen, der ihr so viele Jahre Heimat gewesen war, als länger die Zank- und Herrschsucht der jungen Bäuerin zu ertragen. Sie bat ihren Mann, mit ihr in das Ausgedinghaus ihrer verstorbenen Eltern zu ziehen."

„Ausgedinghaus?" fragte Doktor Bengeli. „Damit ist wohl der Alterssitz gemeint, in den die Bauern ziehen, nachdem sie ihrem Sohn den Hof vermacht haben."

„Ja, das ist gemeint. Herr Schulendorf entschloß sich nur schweren Herzens dazu, fortzuziehen. Er meinte, die Trennung von seinem Hof und alledem, was dazu gehörte, nicht überleben zu können. Noch einmal versuchte er, mit dem Enkel und seiner Frau in Güte zu reden und sie zu bitten, doch alles daran zu setzen, daß zwischen ihnen nicht ein solcher Trennungsstrich gezogen werden müsse. Voller Hohn muß ihm die Jungbäuerin geantwortet haben: ‚Ihr werdet euch noch einmal danach sehnen, auf unseren Äckern mitarbeiten und eure Beine unter unseren Tisch stecken und von unserem Brot essen zu dürfen.'

‚Von euren Äckern sprichst du?' hatte der Großvater empört ausgerufen. ‚Auf euren Äckern mitarbeiten? Unsere Beine unter euren Tisch stecken? Von eurem Brot essen? Gehört nicht alles ringsumher mir? Haben wir, meine Frau und ich, nicht alle Kraft daran gesetzt, unserem Sohn ein stattliches Erbe zu hinterlassen?'

‚Ihr vergeßt, daß ihr ihm den Hof bereits überschrieben hattet, bevor er verunglückte. Demnach ist mein Mann, euer Enkel, der rechtmäßige Erbe.'

Es nützte nichts, daß der Großvater ihr klarzumachen versuchte, daß dieser damals erst sechzehn Jahre alt, also noch nicht volljährig und auch gar nicht fähig gewesen war, einen solchen Hof zu führen. Wissen Sie, Herr Doktor Bengeli, es ist furchtbar, wenn man von einem Menschen sagen muß: Er geht über Leichen. Aber diese Frau tat und tut es. Kurzum, die alten Leute verließen den Hof. Der Enkel muß dem Großvater eine monatliche Abfindung zahlen. Sie ist sehr gering. Großvaters Frau lebte nur noch kurze Zeit im Ausgedinghaus, dem Haus, das wir vor zwei Jahren von ihm gekauft haben. Sie starb, wie Herr Schulendorf sagt, am gebrochenen Herzen. Sie hat es nie verwinden können, von ihrem Grund und Boden aus Gehässigkeit vertrieben worden zu sein. Einsam und verbittert lebte danach der Großvater allein, bis ihn mein Mann eines Tages auf eigenartige Weise kennenlernte."

„Sie sind nicht mit ihm verwandt?"

„Nein. Wir kennen uns kaum drei Jahre. Ich könnte Ihnen nun die Geschichte von der ins Wasser gefallenen Ferienreise in die Schweiz erzählen sowie die Sache mit der Eigentumswohnung, die uns fest zugesagt worden war und die wir dann doch nicht bekamen. Aber das würde alles zu weit führen. Mein Mann kam eines Tages mit Herrn Schulendorf ins Gespräch, als er ihn in seinem schönen Schrebergarten traf. Dem alten Mann war die Arbeit dort schon zu schwer. Er suchte jemanden, der wie er an diesem Stückchen Land Freude hatte. So kamen sie überein, daß mein Mann es pachtete. Für unsere Kinder sollte es eine kleine Entschädigung für die aufgegebene Schweizer Ferienreise sein. Auf diese Weise lernten wir Herrn Schulendorf kennen, der längst unser aller Großvater geworden ist. Als wir ihn, der sich auch weiterhin gerne in dem Schrebergarten aufhielt, einige Tage nicht sahen, suchten wir ihn in seinem Haus auf und fanden ihn dort krank, ohne Pflege ganz allein. Damals erfuhren wir auch seine ganze tragische Geschichte, die ich Ihnen soeben erzählt habe.

Wir suchten in jener Zeit dringend eine Wohnung. Da fragte uns Herr Schulendorf, ob wir nicht zu ihm in sein großes Haus ziehen wollten. Es war zwar alt und ziemlich renovierungsbedürftig, aber wir sagten mit Freuden zu. Später bot uns der Großvater das Haus zu einem geringen Preis zum Kauf an. Da wir die geplante Eigentumswohnung nicht hatten kaufen können, waren wir imstande, unser Geld in dieses Haus zu stecken, und was daraus geworden ist, haben Sie nun ja selbst gesehen, Herr Doktor."

„Das ist erstaunlich, Frau Kranzbinder, was Sie mir da alles erzählten."

Während des Berichtens von Frau Kranzbinder hatten sie einige ältere Männer auf der Straße gesehen, aber keiner von ihnen war Herr Schulendorf.

Inzwischen hatten Thomas und Sandra das Dorf erreicht.

Doch, wohin sie auch blickten, wen sie auch fragten, niemand hatte den alten Mann gesehen. Thomas war sogar in einige Häuser gegangen, um nach ihm zu fragen. Aber keiner konnte ihm weiterhelfen. Längst war es ganz dunkel geworden, und so machten sie sich wieder auf den Heimweg. Bei aller Sorge um den Großvater, jetzt mußte Thomas die Gelegenheit wahrnehmen und mit Sandra sprechen. Nicht aus christlichen Motiven heraus meinte er, ihr die Lüge bekennen zu müssen, sondern weil es ihm geradezu unanständig vorgekommen wäre, die Einladung in die Schweiz anzunehmen, ohne die Sache bereinigt zu haben.

Als er im Weitergehen Sandras Hand ergriff, überließ diese sie ihm.

„Sandra, ich muß dir etwas sagen, was dich sehr enttäuschen wird", begann Thomas.

Sie wandte ihm trotz der Dunkelheit ihr Gesicht zu und nahm eine gewisse Erregtheit bei ihm wahr.

„Mich enttäuschen?" fragte sie zurück.

„Ja, ich muß es dir bekennen, bevor wir übermorgen mit euch in die Schweiz fahren. Ich war zu dir und Ingo gemein. Und ich glaube, dein Vater hat die ungute Sache auch mitbekommen, denn er holte uns an jenem Abend in Interlaken nach dem Tellspiel ab. Damals fragtet ihr mich, wie mir die Aufführung gefallen habe. Ich log euch irgend etwas vor und ließ euch in dem Glauben, ich sei im Freilichttheater gewesen. Dabei habe ich einen Stadtbummel gemacht, von dem ich sehr enttäuscht zurückgekommen bin."

„Ich wußte, daß du gelogen hattest, Thomas. Ich hatte dich von der Stadt her kommen sehen."

„Darum warst du auf der Rückfahrt so schweigsam?"

„Ich war traurig über dich."

Thomas hätte jetzt gern gefragt, warum sie traurig über

ihn gewesen war, und im äußersten Winkel seines Herzens hoffte er, sie würde ihm antworten: Weil du mir nicht gleichgültig bist. Aber er fragte nicht, was ihn am stärksten bewegte, sondern wollte nur wissen, wieso sie trotz dieses häßlichen Vorfalls und seiner Lüge dennoch ihren Vater gebeten hatte, Anita und ihn einzuladen.

Sandra antwortete nicht sogleich. Nach einer Weile erwiderte sie: „Ich weiß, daß du dich in unserem Hause wohlgefühlt hast. Dazu kam deine verunglückte Fahrt in die Dolomiten. Und außerdem habe ich dir ja bereits gesagt, daß ich seit damals täglich für dich bete."

Das letzte hätte nicht kommen dürfen. In fast verletzender Art ließ Thomas die Hand des Mädchens los. Was glaubte sie eigentlich? Wollte sie ihn etwa in die Schweiz locken, um bei ihm Bekehrungsversuche anzustellen? Da sollte sie sich aber getäuscht haben. Er dachte nicht daran, um eines Mädchens willen — mochte sie ihm noch so gut gefallen — fromm zu werden. Und das sollte sie wissen.

Eine Weile gingen sie schweigend nebeneinander her.

„Warum sprichst du nicht, Thomas?" fragte Sandra endlich.

„Ich will nicht, daß du für mich betest."

„Aber du weißt doch genau, daß du in unserem Hause mit Tischgebet und Andachten rechnen mußt. Wenn dir das so unangenehm ist, dann hättest du unsere Einladung nicht annehmen dürfen."

Wieder war es zwischen den beiden eine Weile still. Dann griff Thomas erneut nach der Hand des Mädchens.

„Verzeih mir, Sandra! Meine Reaktion auf deine Worte war dumm. Es tut mir leid. Nun sage mir noch, daß du nicht mehr böse bist, daß ich dich damals an jenem Abend nach dem Festspiel angelogen habe."

„Ich war dir nie böse und bin es auch heute nicht."

Wie ruhig und überlegen dieses Mädchen war. Plötzlich mußte er an Micky denken. Nein, da gab es überhaupt nichts zu vergleichen. Dieses oberflächliche, schnippische Ding, dem es nicht schwer fiel, auch gewagte Äußerungen ohne Erröten auszusprechen, stand abgrundtief unter Sandra. Aber warum immer wieder dieser innere Zwiespalt in ihm? Oder war es gerade ihre selbstverständliche, kindliche und überzeugte Frömmigkeit, die Sandra ihm so bewundernswert erscheinen ließ? Nein, es war ihre einmalige Schönheit, ihre gute Ausdrucksweise, die aparte Art, sich zu kleiden, ihr natürliches, fröhliches und liebevolles Wesen. Nein und noch einmal nein, er wehrte sich mit voller Macht dagegen, daß ihn ihre Frömmigkeit beeindruckte.

Wie gern hätte er ihr jetzt in aller Offenheit gesagt, daß ihm noch nie ein Mädchen so viel bedeutet hatte wie sie — ja, mehr noch, daß er sie liebte. Aber er brachte es einfach nicht über die Lippen. Es war, als sei Sandra von einer unsichtbaren Schutzmauer umgeben. Ohne daß sie ein Wort darüber sagte, wies sie ihn in ihrer feinen Art in seine Schranken zurück.

Eine ganze Weile gingen sie schweigend nebeneinander her. Dann fragte Thomas fast ein wenig kleinlaut: „Und ich darf trotz allem übermorgen mit euch kommen?"

Da wandte sie ihm ihr Gesicht zu, und er meinte, darauf eine fröhliche Bejahung erkennen zu können. Sie drückte seine Hand und sagte herzlich: „Aber natürlich, Thomas! Alles ist zwischen uns in Ordnung, und ich freue mich darauf, daß du mitkommst."

Während Frau Kranzbinder mit Doktor Bengeli und Thomas mit Sandra unverrichteter Dinge den Heimweg einschlugen und traurig waren, daß sie den Großvater nicht gefunden hatten, erlebten Friedemann und seine Tochter Anita etwas, das sie zutiefst erschütterte. Nachdem sie überall aufmerksam umhergespäht und einige Male das Auto verlassen hatten, um im Gebüsch, im Straßengraben und wo immer sie eine Möglichkeit sahen, nach dem Großvater gesucht hatten, entschloß sich Friedemann, zum ehemaligen Hof des alten Mannes zu fahren.

„Nicht wahr, Vati", fragte Anita, „hier war seine eigentliche Heimat?"

„Ja", erwiderte der Vater. „Seit Generationen haben die Schulendorfs dieses stattliche Anwesen besessen und bewirtschaftet."

Der Wagen hielt vor dem noch immer ansehnlichen Haus, wenn auch nicht zu verbergen war, daß seine Pflege sehr nachgelassen hatte.

Nachdem Herr Kranzbinder an einem Glockenstrang gezogen hatte, dauerte es eine Weile, bis die große eicherne Haustür geöffnet wurde.

Man vernahm eine keifende Stimme und schließlich die Worte: „Wer kommt denn jetzt schon wieder?"

Frau Schulendorf, die jetzige Bäuerin, stand gleich darauf in der offenen Tür. „Was gibt's? Um diese Zeit kommt gewöhnlich kein Fremder mehr zu uns."

Herr Kranzbinder grüßte höflich und stellte sich vor.

„Und was wollen Sie?" fragte die Frau in unfreundlichem Ton. „Machen Sie's kurz. Ich hab' nicht viel Zeit."

Sie tat, als habe sie keine Ahnung, wer der Fremde sei. So war es aber nicht.

Da die Frau keine Anstalten machte, Herrn Kranzbinder und seine Tochter ins Haus zu bitten, blieb diesem nichts anderes übrig, als sein Anliegen hier zwischen Tür und Angel vorzubringen.

„Wir sind auf der Suche nach Herrn Schulendorf, dem alten Mann, der bei uns wohnt."

„Bei dem Sie wohnen, wollten Sie wohl sagen", keifte die Frau. Mit gehässigen Blicken maß sie den vor ihr stehenden Mann und dessen Tochter.

„Sie irren sich", widersprach Friedemann bewußt ruhig. „Wir haben das Haus Herrn Schulendorf abgekauft, und er wohnt jetzt bei uns. Aber wir sind nicht gekommen, um darüber mit Ihnen zu streiten. Wir sind in großer Sorge —"

„Abgekauft", höhnte die Bäuerin, „abgekauft für einen Pappenstiel, das ist doch bekannt! Übers Ohr gehauen haben Sie den Alten. Der Schwachkopf war natürlich nicht mehr imstande, das zu erkennen."

Sie wollte noch weiter geifern, wurde nun aber von Herrn Kranzbinder energisch unterbrochen.

„Mäßigen Sie Ihren Ton, Frau Schulendorf. Zwar können Sie mich nicht beleidigen, aber ich wünsche nicht, daß Sie in meiner Gegenwart über den alten Mann in dieser Weise sprechen, dem Sie so viel zu verdanken haben."

„Daß ich nicht lache!"

„Wir sind gekommen, Sie zu fragen, ob der Großvater vielleicht bei Ihnen ist. Seit dem frühen Nachmittag ist er verschwunden, und wir haben keine Ahnung, wohin er seine Schritte gelenkt hat."

„So, so, seit dem frühen Nachmittag, und jetzt erst kommen Sie, um nach ihm zu fragen. Ich muß schon sagen, das beweist große Besorgnis."

„Wir, meine Familie und ich, waren den ganzen Tag nicht zu Hause. Nur unsere Hausgehilfin war dort und hatte schon stundenlang nach ihm gesucht, als wir heimkehrten, leider vergeblich. Nun haben wir uns aufgemacht, um gruppenweise in verschiedenen Richtungen nach ihm zu suchen."

Die Frau versuchte die Tür zu schließen. „Und was geht mich das an? Der Alte ist jedenfalls nicht bei uns."

Herr Kranzbinder trat nun einen Schritt näher. Er war nicht gewillt, sich in dieser Weise abschieben zu lassen. „Aber vielleicht war er bei Ihnen? Ich bitte Sie, Frau Schulendorf, seien Sie doch vernünftig! Es ist schon spät. Dem alten Mann kann inzwischen doch etwas zugestoßen sein."

„Das interessiert mich alles nicht. Und nun gehen Sie, sonst zeig' ich Sie wegen Hausfriedensbruch an."

In diesem Augenblick öffnete sich im Hausgang hinter der Frau eine Tür. Der Bauer, des Großvaters Enkel, kam auf unsicheren Füßen herangeschwankt und lallte: „Wie du lügst! Wie du nur so lügen kannst!"

„Schweig, du alter Säufer!"

„Er war doch da, der Großvater!" Der Mann ließ sich nicht den Mund verbieten. „Zu mir wollte er und zum Peter, aber du hast ihn ebensowenig ins Haus gelassen wie den Herrn da! Du herzloses, gemeines Weib!"

Nur lallend und oft kaum verständlich hatte der Mann gesprochen. Die Frau aber ließ die Tür aus der Hand, drehte sich nach ihm um, hob die Faust, als wollte sie ihn schlagen, und schrie mit vor Wut fast überschnappender Stimme: „Verschwinde, oder du kannst was erleben! Als ob dir einer glaubt. Das merkt doch jeder, daß du besoffen bist."

Voller Entsetzen hörte Anita das alles mit an. Nie hätte sie es für möglich gehalten, daß es so etwas gibt. Fassungslos blickte sie auf die rasende Frau, die sich nicht scheute, ihren Mann so zu beschimpfen. Am liebsten hätte sie ihren Vater gebeten, auf der Stelle umzukehren. Dieser aber war nun ganz in den Hausflur getreten und der Frau und deren Mann gefolgt. Die Bäuerin hatte den tatsächlich betrunkenen Mann in die Küche gedrängt und schloß von außen ab.

„Sie sehen doch, daß er einen Rausch hat", schrie sie jetzt und wollte auch Herrn Kranzbinder aus dem Haus weisen.

Aber da geschah etwas, womit sie nicht gerechnet hatte. Ihr Sohn, der kleine Peter, stand plötzlich am ganzen Körper zitternd vor ihr.

„Mutter, warum sagst du, der Großvater ist nicht dagewesen? Er wollte nur ein Stündchen zu uns herein. Du hast ihn hinausgeworfen." Vor Erregung begann der Kleine zu weinen. „Ich hab' alles gehört, und nun ist er vielleicht verunglückt oder im Bach ertrunken. O Mutter, bitte, laß mich nach ihm suchen."

Wieder hatte die Frau die Hand wie zum Schlag erhoben. Doch dann mochte sie sich besinnen, packte das zarte Kind mit einem harten Griff am Oberarm, so daß der Junge einen Wehlaut von sich gab, und schob ihn in ein angrenzendes Zimmer.

„Untersteh dich nicht, hier noch einmal aufzutauchen!" An Herrn Kranzbinder gewandt, schrie sie: „Und nun zum letztenmal: raus!"

Es bedurfte in der Tat keiner weiteren Aufforderung. Friedemann legte den Arm um seine Tochter und verließ mit ihr das Haus. Draußen mußte er erst einmal einen Augenblick stehenbleiben und tief Luft holen. Welch einen Blick in den Abgrund menschlicher Schuld hatten sie getan! Nach einer Weile wandte er sich an die schluchzende Anita.

„Komm, Kind, beruhige dich! Was wir eben erlebt haben, das erschüttert auch mich. Aber jetzt dürfen wir nicht an uns selber denken. Der Großvater muß gefunden werden."

Herr Kranzbinder wollte gerade wegfahren, als er einen Mann mit eiligen Schritten auf sein Auto zukommen sah. Sofort hatte er das Gefühl, daß dieser ihm eine Nachricht zu bringen hatte.

„Ich bin Klaus Timmelmann vom Nachbarhof", sagte dieser. „Soeben habe ich telefonisch von Ihrer Frau gehört, daß Sie mit Ihrer Tochter schon längere Zeit unterwegs sind, um den alten Herrn Schulendorf zu suchen."

„Ist er inzwischen von den anderen gefunden worden?"

Friedemann schöpfte Hoffnung, war aber erneut enttäuscht, als der Mann erwiderte: „Nein, Ihre Frau sagte mir, alle seien unverrichteter Dinge nach Hause zurückgekehrt." Als er das Erschrecken auf Herrn Kranzbinders Gesicht las, beeilte er sich, fortzufahren: „Aber sorgen Sie sich nicht länger, der alte Mann ist von uns gefunden worden."

„Von Ihnen? Gott sei Dank! Und wo ist er jetzt?"

„Bei mir auf dem Hof. Kommen Sie, wir können bei mir zu Hause weitersprechen. Es wird auch nicht lange dauern, dann kommt Ihre Frau mit einem Herrn aus der Schweiz – sie sprach von einem Arzt –, um nach Herrn Schulendorf zu sehen."

Friedemann fiel ein Stein vom Herzen. Vor dem Haus des Bauern Timmelmann parkte er kurze Zeit später seinen Wagen. Dann betrat er mit Anita die hellerleuchtete große Wohnstube, in der man schon auf sie zu warten schien. Die freundliche Bäuerin nötigte sie zum Sitzen. Eine halbwüchsige Tochter flüsterte der Mutter einige Worte zu und verschwand in der daneben liegenden Küche.

„Vor allem möchte ich jetzt nach Herrn Schulendorf sehen", bat Herr Kranzbinder. „Oder sollen wir zuerst bei mir zu Hause anrufen und sagen, daß meine Frau mit unserem Gast, dem Arzt aus der Schweiz, nicht mehr kommen muß, weil ich jetzt hier bin, es sei denn, der Großvater benötigt ärztliche Hilfe."

„Wir werden sie kaum noch erreichen", erwiderte Herr Timmelmann. „Sie sind in großer Sorge sofort abgefahren.

So wenigstens hatten sie es vor, nachdem ich telefonisch mit Ihrer Frau gesprochen hatte. Um Herrn Schulendorf brauchen Sie sich im Augenblick wohl keine Sorge zu machen. Er liegt erschöpft in unserem Schlafzimmer, wo er sehr bald eingeschlafen ist.“

Herr Kranzbinder hatte sich gesetzt. Anita saß neben ihm. Auch von ihr war eine Last gewichen.

„Bitte, erzählen Sie“, bat Friedemann. „Wo und wann haben Sie den alten Mann gefunden?“

„Unsere Tochter, die auf dem Bürgermeisteramt tätig ist, fuhr mit dem Rad vom Büro nach Hause. Es war später als sonst geworden, und sie beeilte sich, weil sie heute abend noch zur Probe des Kirchenchores wollte. Als sie über die Brücke am Bach fuhr, war ihr plötzlich, als hörte sie rufen. Zuerst glaubte sie, sich getäuscht zu haben, weil es sich nicht wiederholte. Sie fuhr schon weiter, doch da kam eine seltsame Unruhe über sie. Sie stieg vom Rad, lehnte es an das Brückengeländer und spähte umher. Da war wieder das Rufen und gleich darauf schmerzhaftes Stöhnen. Sie bekam Angst. Wollte sie jemand in eine Falle locken? Weit und breit war kein Mensch zu sehen. Und wenn sich wirklich einer in Not befinden sollte, wie konnte sie allein ihm helfen? Aber schließlich faßte sie sich ein Herz. Etwas später mußte ja auch unser Sohn mit seinem Auto aus der Stadt vorbeikommen. Wenn er ihr Rad am Brückengeländer sehen sollte, würde er nach ihr Ausschau halten.

Unsere Tochter ging dem Stöhnen nach und fand an der Böschung, dicht neben dem Bach, einen alten Mann mit völlig durchnäßten Kleidern liegen. Er hatte eine blutende Wunde an der Stirn und war in einem elenden Zustand. Unsere Kinder kennen den alten Schulendorf nicht so gut wie wir, die wir jahrzehntelang neben ihm gewohnt haben. Er lebt ja auch schon lange nicht mehr hier. So wußte Renate, unsere Tochter, nicht gleich, wer das war, den sie in diesem trostlosen Zustand gefunden hatte. Sie beugte sich über den alten Mann und versuchte, ihn mit aller Kraft vom Ufer des Baches auf die Wiese unterhalb der Böschung zu ziehen. Aber es gelang ihr nicht. Voller Sorge, er könnte schließlich in den Bach zurückfallen, sprach sie ihm zu, sie werde so schnell wie möglich Hilfe holen. Er möge ganz ruhig liegen bleiben und sich nicht rühren. Der Bach ist an dieser Stelle so tief, daß der Alte darin hätte ertrinken können."

So weit war Herr Timmelmann mit seinem Bericht gekommen, als man ein Auto vorfahren hörte.

„Das sind sicher meine Frau und Doktor Bengeli", sagte Herr Kranzbinder.

„Wie sind wir froh, daß er gefunden ist!" Mit diesen Worten betrat Rosmarie das Zimmer, gefolgt von dem Arzt.

Während die beiden Männer mit dem Bauern in das Schlafzimmer der Eheleute gingen, um nach dem Großvater zu sehen, erfuhr Frau Kranzbinder den Verlauf der Geschichte von Frau Timmelmann.

Glücklicherweise war gerade in dem Augenblick, als Renate sich aufs Rad schwingen und Hilfe holen wollte, ihr Bruder aus der Stadt gekommen. Mühsam schafften es die beiden Geschwister, den völlig erschöpften Alten, der nicht imstande war, auf seinen Füßen zu stehen, die Böschung hochzuziehen und in das Auto zu heben.

Auf dem elterlichen Hof angekommen, hatten Herr und Frau Timmelmann als erstes den völlig durchnäßten Herrn Schulendorf ausgezogen, ihn mit warmen Tüchern trocken gerieben und ihn in das Bett des Bauern gesteckt. Dann hatte ihm Frau Timmelmann heißen Tee eingeflößt, und ihr Mann, der davon wußte, daß Kranzbinders das alte Haus von Herrn

Schulendorf gekauft hatten und ihn nun betreuten, hatte die telefonische Verbindung hergestellt.

Inzwischen war der Großvater von Doktor Bengeli untersucht worden. Außer der Kopfwunde konnte er keine weiteren Verletzungen feststellen. Eine Lungenentzündung könnte diesem unfreiwilligen Bad natürlich folgen, meinte er. Nun aber sollte der alte Mann so schnell wie möglich nach Hause und in sein Bett gebracht werden.

Renate, die Tochter des Hauses Timmelmann, hatte inzwischen für alle einen Glühwein gemacht und trug die Gläser auf einem Tablett in die Wohnstube. Am liebsten hätten Kranzbinders und auch der Doktor abgelehnt. Anita dankte ohnehin. Sie trank keinen Alkohol. Aber vielleicht hätten die Bauersleute, die sich so fürsorglich des alten Mannes angenommen hatten, eine Ablehnung als kränkend empfunden. So nahmen sie den Glühwein dankend an. Danach wurde der Großvater in Decken gehüllt und von den Männern in Doktor Bengelis Auto getragen, wo Frau Kranzbinder auf dem Nebensitz den Arm um ihn und seinen Kopf an ihre Schulter legte.

„Ich komme so bald wie möglich bei Ihnen vorbei", sagte Herr Kranzbinder zu den Eheleuten Timmelmann, als er sich verabschiedete. „Ich glaube, wir haben über die ganze Sache noch einiges miteinander zu reden. Zunächst ganz herzlichen Dank!"

„Morgen ist Sonntag", erwiderte der Bauer. „Da hätten wir Zeit. Würden Sie erlauben, daß meine Frau und ich am Nachmittag kurz bei Ihnen vorbeikämen, um nach Herrn Schulendorf zu sehen? Uns ist es nicht gleichgültig, wie es unserem alten, guten Nachbarn geht. Wir waren damals noch recht jung, als er den Hof bewirtschaftete. Wie durch ein Wunder sind wir an jenem Schreckenstag bei der furchtbaren

Flugzeugkatastrophe nicht dabei gewesen. Meine Frau lag damals im Wochenbett, und ich wollte sie nicht allein lassen."

„Wir erwarten Sie beide morgen", erwiderte Friedemann und drückte den Bauersleuten die Hand.

In dieser Nacht fanden die Erwachsenen im Hause Kranzbinder nur wenig Ruhe. Thomas mußte bereits wieder daran schlucken, daß die Eltern ihn zu Bett geschickt hatten.

„Schließlich haben auch wir nach dem Großvater gesucht", murmelte er verdrossen.

Anita war sogleich, nachdem sie zu Hause angekommen waren, zu Bett gegangen. Sie hatte als einzige miterlebt, was sich auf dem Hof des Jungbauern Schulendorf abgespielt hatte, und brauchte jetzt einfach eine Zeit, um mit den Eindrükken fertig zu werden. Noch nie waren ihr Haß, Lüge, Wut und Verzweiflung in einem solchen Maße begegnet wie dort. Noch jetzt, wenn sie daran dachte, kam es ihr vor, als legte sich aufs neue eine Last auf sie.

Sandra reichte Thomas die Hand. „Der Großvater ist gefunden und fürs erste versorgt. Wir können hier doch nicht mehr helfen. Der Tag war lang genug. Ehrlich gesagt, Thomas, ich bin froh, jetzt ins Bett gehen zu können. Schlafe gut! Und dann wollen wir uns auf übermorgen freuen, ja?"

Was für ein großer Junge ist er doch noch, dachte sie, als sie Anitas Zimmer betrat. Hat er wirklich angenommen, wir würden die ganze Nacht aufbleiben? Die Hälfte ist ohnehin vorbei. Es dauerte nicht lange, und sie war eingeschlafen.

Thomas aber lag noch eine ganze Weile wach. Ihm hätte es nichts ausgemacht, bis zum anderen Morgen aufzubleiben. Nur der Gedanke daran, daß er mit Sandra und ihrem Vater in die Schweiz fahren durfte, vermochte ihm ein wenig über seinen Ärger hinwegzuhelfen. Viel lieber wäre es ihm allerdings, wenn Anita nicht mitkäme. Natürlich würde Sandra sich viel um sie kümmern, und er würde wohl nur selten mit dem Mädchen allein sein können. Doch die Anwesenheit der Schwester mußte er nun einmal mit in Kauf nehmen. Wie schön war der Abend mit Sandra gewesen! Natürlich hatten sie nach dem vermißten Großvater gesucht, aber daß sie beieinander waren — sie beide allein —, daß Sandra auf seine Gedankengänge einging — ach, das Suchen hätte kein Ende zu nehmen brauchen! Wie war es nur möglich, daß man sich so sehr an einen Menschen verlor, daß man an nichts anderes mehr denken konnte als an ihn. Sah so in Wirklichkeit die Liebe aus? Dagegen waren seine Gefühle für Micky eine lächerliche Kinderei. Wieder stellte er sich vor, wie es sein würde, wenn er Sandra seine Liebe gestehen würde. Er meinte, sie antworten zu hören: „Thomas, denkst du wirklich, daß man in unserem Alter schon von Liebe sprechen kann, von einem Gefühl, das den ganzen Menschen durchdringt und erfüllt? Verliebtsein ist etwas anderes als Liebe. Meinst du nicht auch?" Er ärgerte sich über sich selbst und über diese Gedankengänge. War es nicht möglich, daß sie auf sein Bekenntnis ganz anders reagieren würde? Konnte es nicht sein, daß sie darauf sogar wartete, daß er ihr offen sagte, wie es ihm ums Herz war? Wenn sie doch nur nicht so unglaublich vernünftig wäre!

Thomas hatte sich vorgenommen, bis zum Morgen wachzubleiben. Es schien ihm schon beglückend, sich nur gedanklich mit dem auseinanderzusetzen, was ihn so stark beschäftigte. Wenn vielleicht auch noch nicht der Zeitpunkt gekommen war, darüber zu sprechen ... Keine halbe Stunde verging, da lag auch Thomas bereits in tiefem Schlaf.

Inzwischen saßen Herr und Frau Kranzbinder noch beisammen und sprachen mit Herrn Doktor Bengeli über die Ereignisse des Abends. Alle waren sich darin einig, daß mit dem Auffinden des alten Mannes das Problem noch nicht gelöst war. Der Großvater hatte, getrieben von Heimweh, den Wunsch gehabt, noch einmal seinen ehemaligen Hof zu sehen. Daß er sich in große Gefahr begab, wenn er sich allein auf den Weg machte, darüber hatte er nicht nachgedacht. Vielleicht trieb ihn auch die Sehnsucht nach dem kleinen Peter, seinem Urenkel, an dem er sehr hing. Noch im vergangenen Jahr war es ihm möglich gewesen, von Zeit zu Zeit mit dem Autobus in die Stadt zu fahren, wo Peter zur Schule ging. Wiederholt hatte er dort den Jungen am Schulhof während der großen Pause getroffen. Aber nun war ihm das schon länger nicht mehr möglich. Heimlich war daraufhin der Kleine mit seinem Fahrrad einige Male gekommen und hatte den Großvater besucht. Als Kranzbinders ihm liebevoll beibringen wollten, daß er dies ohne die Einwilligung seiner Eltern nicht tun dürfe, hatte er behauptet, der Vater wisse es, aber die Mutter dürfe davon nichts erfahren. Diese Frau hatte bereits den alten Schulendorfs das Leben zur Hölle gemacht. Nun ließ es ihre bodenlose Eifersucht nicht zu, daß ihr Sohn Peter sich zu dem alten Mann hingezogen fühlte, der ebenso eine tiefe Zuneigung für seinen kleinen Urenkel empfand.

Die Frage, was man tun könnte, um zu verhüten, daß sich der Großvater in Zukunft noch einmal heimlich auf den Weg machte, um seinen Hof aufzusuchen und den Jungen zu sehen, bewegte in dieser Nacht die drei Menschen, die da zusammensaßen. Für die Einstellung des Schweizer Arztes war es bezeichnend, daß er sich der Sorgen seiner Gastgeber annahm, als wären es die seinen.

Am anderen Tag machten die Bauersleute Timmelmann ihren angekündigten Besuch. Frau Kranzbinder hatte sie zu dem Großvater geführt, der ihnen herzlich dankte für das, was sie an ihm getan hatten. Er selbst konnte sich nur schwach an das Geschehene erinnern. Friedemann hatte ihm, als er erwacht war, Näheres erzählt. Aber sowohl Timmelmanns als auch Herr und Frau Kranzbinder ließen sich nicht täuschen – das gestrige Erlebnis hatte den Alten sichtlich geschwächt, sowohl körperlich als auch seelisch. Doktor Bengeli untersuchte ihn noch einmal. Auch ihm gefiel der Zustand des Alten nicht. Nun, an der besten Pflege würde es hier im Hause nicht fehlen, aber es gab innere Wunden, die kein Mensch heilen konnte.

Kranzbinders, die sich zu Dank verpflichtet fühlten, luden Herrn und Frau Timmelmann zum Kaffee ein. Die Jugend unternahm einen Spaziergang, und Thomas ließ sich gnädig herab, dazu auch die jüngeren Geschwister mitzunehmen.

„Wir sind in großer Sorge", begann Herr Timmelmann. „Nicht in erster Linie um den alten Herrn Schulendorf, sondern um seinen Enkel, den Karl-Heinz."

„Das ist der jetzige Jungbauer", wandte er sich erklärend an Doktor Bengeli, der dem Gespräch interessiert folgte. „Von dem Großvater werden Sie erfahren haben, was für ein stiller, bescheidener und fleißiger, aber eben sehr zurückhaltender, ja, fast menschenscheuer Junge er früher war. Ich kenne ihn von seiner Kindheit an. Er begann, die Dorfschule zu besuchen, als ich in der letzten Klasse war."

Wieder wandte er sich an Doktor Bengeli. „Sie werden gehört haben, Herr Doktor, daß der Sohn und die Schwiegertochter des alten Herrn Schulendorf mit einer ganzen Anzahl unserer Dorfbewohner nach dem Besuch einer Landwirtschaftlichen Ausstellung in Zürich mit dem Flugzeug tödlich verunglückten."

„Ja, Frau Kranzbinder hat mir gestern auf der Fahrt alles erzählt. Es erschüttert mich, wenn ich daran denke, mit welcher Niedertracht die Jungbäuerin die Großeltern ihres Mannes vom Hof geekelt hat."

„Ja, so war es in der Tat", bestätigte Frau Timmelmann. „Für uns war es dann später eine Beruhigung, als wir sahen, daß der alte Herr Schulendorf bei Kranzbinders eine zweite Heimat gefunden hatte und von ihnen versorgt wird, wie es eigene Angehörige nicht besser tun können."

„Was uns aber große Sorgen macht", fuhr Herr Timmelmann fort, „ist, daß der Jungbauer sich dem Alkohol ergeben hat. Er, der nicht mehr Herr im eigenen Hause ist, hat aus Verzweiflung zu trinken begonnen."

„Nie hat man ihn vorher in einem solchen Zustand gesehen", erklärte Frau Timmelmann. „Noch bis vor stark einem Jahr hat er kaum einmal ein Wirtshaus besucht. Der plötzliche Tod seiner Eltern hat ihn noch schweigsamer und zurückhaltender werden lassen, als er es schon vorher war. Daher konnte es auch kein Mensch verstehen, daß er die Karola heiratete, ein Mädchen, das keinen guten Ruf hatte."

„Heute kann ich ja davon sprechen", nahm der Bauer wieder das Wort. „Eine meiner Schwestern, ein fleißiges, freundliches Mädchen, hat den Karl-Heinz, der ihr Schulkamerad war, immer gern gemocht. Sie hätte ihn bestimmt geheiratet, aber er war viel zu scheu, um so etwas zu merken, und schließlich war die Annegret zu stolz, ihm nachzulaufen. Sie hat später einen Lehrer geheiratet. Es war uns allen unverständlich, daß der Karl-Heinz das aufdringliche Mädchen, die Karola, die sich ihm geradezu anbot, nicht durchschaute und sie heiratete."

„Ja, so war es", stimmte Rosmarie Kranzbinder seinen Worten bei. „Der Großvater hat uns das auch so erzählt. Alles, was er und seine Frau versuchten, ihm diesen Plan auszureden, war umsonst. Es schien, als sei er durch dieses Mädchen wie unter einen Bann gekommen. Die Karola machte den beiden Alten das Leben auf dem Hof unerträglich, und dann ging es immer mehr abwärts."

„Heulen könnte man", sagte die Bäuerin, „wenn man mit ansehen muß, was aus dem stattlichen, gepflegten Hof geworden ist. Alles verkommt — so, wie es die Frau aus ihrem Elternhaus gewohnt war. Das Schlimme aber ist, daß Karl-Heinz, der sich noch einige Jahre dagegen gewehrt hat, nun alles einfach laufen läßt. Was soll daraus nur werden?"

Eine Weile schwiegen alle. Wer hätte auch einen Rat gewußt?

„Ist denn niemand im Dorf, der sich des Mannes annehmen und auf ihn einen guten Einfluß ausüben könnte?" fragte schließlich Doktor Bengeli.

„Der Pfarrer hat ihn schon einige Male besuchen wollen", berichtete Frau Timmelmann. „Aber dem ging es jedesmal wie Ihnen gestern, Herr Kranzbinder. Er wurde an der Tür abgefertigt. Die Frau ließ ihn nicht ins Haus. Und so sitzt der Karl-Heinz Abend für Abend in der Wirtschaft und stiert in sein Glas, schweigsam, verdrossen, um nicht zu sagen, verzweifelt. Er hält es zu Hause einfach nicht mehr aus."

„Der Pfarrer hat mir erzählt", fuhr Herr Timmelmann fort, „daß er eines Abends sogar selbst ins Wirtshaus gegangen sei, um mit dem jungen Schulendorf ins Gespräch zu kommen, weil er ihn sonst nicht erreichte. Aber der Wirt habe ihn so mißtrauisch angesehen und ihn fast widerwillig bedient, daß er bald erkannt hatte, auch hier ergab sich keine Möglichkeit, mit Karl-Heinz zu reden. Ein anderes Mal war er vor dem Wirtshaus lange auf und ab gegangen, um Karl-Heinz auf dem Heimweg abzupassen. Da sei er aber so betrunken gewesen, daß der Pfarrer froh war, ihn unbeschadet vor dessen Haustür abliefern zu können. Obwohl Karl-Heinz beim Anblick des Pfarrers weinselig in Tränen ausgebrochen war und immer nur geschluchzt haben soll: ‚Auch Sie können mir nicht mehr helfen, Herr Pfarrer!', war es diesem völlig unmöglich gewesen, auch nur ein vernünftiges Wort mit ihm zu sprechen. Er hatte ihn dann dringend gebeten, in den nächsten Tagen zu ihm ins Pfarrhaus zu kommen. Aber das war nicht geschehen."

„Was soll bloß daraus werden?" fragte bekümmert Frau Kranzbinder. „Was können wir tun, um zu helfen?"

Wieder saßen die fünf Leute eine ganze Weile hilflos schweigend beieinander.

„Ich wäre bereit, die Jungbäuerin aufzusuchen, um mit ihr zu reden", nahm Rosmarie wieder das Wort.

Ihr Mann antwortete ihr mit einem frohen und dankbaren Blick. Ja, das war seine Frau — immer bemüht, sich der Nöte anderer anzunehmen. Aber er konnte sich nicht vorstellen, daß es Rosmarie anders ergehen würde wie ihm am vorhergehenden Abend.

Timmelmanns schienen seine Gedanken erraten zu haben. Die Bäuerin sagte: „Frau Kranzbinder, ich weiß nicht, ob Sie es wagen dürfen, den Hof allein zu betreten. Die Karola ist so rabiat — nicht nur, daß Sie Ihnen unflätige, gemeine Redensarten an den Kopf wirft — sie ist imstande, den Hund auf Sie zu hetzen."

„Und in einer solchen Atmosphäre wachsen die Kinder heran!" Frau Kranzbinder sah sehr bekümmert aus.

„Das Mädchen, Schulendorfs Tochter — sie wird jetzt wohl im zwölften Jahr sein —, gleicht sehr der Mutter. In der Schule ist sie bereits als zanksüchtig und gehässig bekannt. Wie soll sie auch anders werden bei einem solchen Vorbild! Grußlos geht sie an unserem Haus vorüber. Man hat auch schon beobachtet, wie unverschämt sie ihrem Vater begegnet."

„Peter, der kleine Sohn, hat mehr des Vaters Art — still, scheu, fast zu ängstlich für einen Jungen. Man hat den Eindruck, das Kind leidet unter den Verhältnissen. Seltsamerweise liebt die Frau gerade diesen Jungen abgöttisch. Was sie allerdings nicht erträgt ist, daß er so stark an seinem Vater hängt."

So berichteten die Bauersleute voller Besorgnis von ihren Beobachtungen auf dem Nachbarhof, in dessen Nähe sie lebten, nur getrennt durch einige größere, zu beiden Gehöften gehörende Gärten.

„Vor allem muß verhütet werden", sagte Friedemann Kranzbinder, „daß der Großvater noch einmal den Versuch macht, auf seinen Hof zu gelangen. Es könnte das größte Unglück geben. "

„Er würde in der Tat daran zerbrechen, wenn er einen Einblick in die jetzige Situation gewänne", meinte Herr Timmelmann besorgt.

Nun schaltete sich wieder Doktor Bengeli ein.

„Ich glaube nicht, daß ich mich täusche, wenn ich meine, Herr Schulendorf wird kaum noch so weit zu Kräften kommen, daß er noch einmal ein solches Wagnis unternehmen kann. Obgleich meine Befürchtung nicht eingetroffen ist, bis jetzt jedenfalls kann ich keine Lungenentzündung feststellen, scheint er sehr geschwächt zu sein."

„Hat man nicht schon manchmal gehört", meinte Frau Timmelmann, „daß alte Leute, wenn sie den Tod nahen fühlen, den Wunsch haben, noch einmal ihre Heimat aufzusuchen? Oft kommen sie von weit her, um es möglich zu machen. Vielleicht müssen wir es von daher verstehen, daß der alte Schulendorf sich gestern auf den Weg machte."

Herr Kranzbinder faßte nach der Hand seiner Frau. Nur zu gut kannte er ihre Gedanken.

„Rosmarie, sorge dich nicht!“ sagte er beruhigend. „Wir wollen alles auf uns zukommen lassen.“

Sie nickte ihm verstehend zu.

„Ja, Friedemann. Was uns vor die Hände kommt, das wollen wir tun.“

Einige Tage später brachte der Briefträger mehrere Postsachen aus der Schweiz. Ein Brief kam von Doktor Bengeli. Gemeinsam lasen ihn Friedemann und Rosmarie am Abend, als beide nach einem arbeitsreichen Tag endlich Zeit fanden für eine Stunde der Ruhe.

„... Nun ist es doch noch schneller gegangen, als wir alle es erwartet hatten. Der alte Herr Schulendorf lebt nicht mehr. Nachdem wir die Todesanzeige erhalten hatten, gab Anita uns Ihren ausführlichen Brief zu lesen. So konnten wir nachträglich teilnehmen an Ihren Erlebnissen in den letzten Tagen. Wie gut, daß der alte Mann ohne Schmerzen und Ängste einfach hinüberschlummern durfte in die andere Welt. Ich bin noch heute froh für ihn, daß er keine Gelegenheit mehr hatte, die augenblicklichen Zustände auf seinem ehemaligen Hof wahrzunehmen. Es hätte ihm das Herz gebrochen.

Unser Gespräch mit den netten Bauersleuten hat mich noch lange bewegt. Immer wieder muß ich auch an den Jungbauern, Karl-Heinz Schulendorf, denken. Wenn man ihm doch helfen könnte! Da sieht man es wieder einmal in krasser Deutlichkeit, was daraus werden kann, wenn ein Mensch die falsche Partnerwahl trifft. Der Tod seines Großvaters muß ihm doch sehr nahe gegangen sein. Oder hat ihn die Trunksucht schon so ruiniert, daß er nicht mehr imstande ist, solche Ereignisse klar zu erfassen?

Ich hoffe sehr, daß wir uns einmal wiedersehen. Wenn Ihr langgehegter Wunsch sich erfüllen läßt und Sie einmal mit der ganzen Familie Ihre Ferien in der Schweiz zubringen, dann hoffen wir, Sie auch bei uns zu sehen. Meine Frau freut sich schon darauf, Sie, liebe Frau Kranzbinder, kennenzulernen. Wir haben ihr natürlich ausführlich über unseren Besuch bei Ihnen berichtet. Schon gleich nach unserer Rückkehr wollte ich Ihnen schreiben und mich noch einmal bedanken für die herzliche Aufnahme, die wir in Ihrem gastfreundlichen Haus und in Ihrem fröhlichen Familienkreis erleben durften. Aber ich fand bei meiner Rückkehr soviel Arbeit vor — besonders im Krankenhaus —, daß ich alles andere zurückstellen mußte.

Es hat den Anschein, daß Anita und Thomas sich gut bei uns eingelebt haben. Thomas kannte sich ja vom Vorjahr her schon bei uns aus. Die Jugend hat einige Bergtouren unternommen, die durch gutes Wetter begünstigt wurden. Näheres werden Ihnen Ihre Kinder sicher selbst berichten.

Ich darf mich für heute verabschieden und grüße Sie herzlich, auch im Namen meiner Frau, Ihr Bernhard Bengeli."

„Und von wem ist der zweite Brief?" wollte Friedemann wissen, nachdem sie das Schreiben von dem Doktor auf die Seite gelegt hatten.

„Von Anita", erwiderte Rosmarie.

„Lies mir doch den Brief vor."

Frau Kranzbinder faltete die engbeschriebenen Bögen auseinander. Aber ihre Gedanken waren in diesem Augenblick bei Thomas. Er hatte nur einen kurzen Gruß an den Briefrand geschrieben. Nicht einmal zum Tod des Großvaters findet er ein paar Worte, dachte die Mutter. Aber vielleicht war es ihm auch nicht gegeben, seine Empfindungen so offen auszudrücken, wie es Anita tat.

Sie begann zu lesen:

„Liebe Mutti, lieber Vati!

Die Nachricht, daß der Großvater in unserer Abwesenheit gestorben ist, hat mich sehr traurig gemacht. Wir alle haben ihn von Herzen lieb gehabt. Zuerst konnte ich es nicht begreifen, daß wir nicht sofort nach Hause kommen durften, um an seiner Beerdigung teilzunehmen. Thomas hat das anders beurteilt: ‚Ob wir nun dabei sind oder nicht', meinte er. ‚Lebend treffen wir ihn doch nicht mehr an.' Er kam mir beinah herzlos vor. Ich habe dann aber doch Euren Entschluß verstanden. Ihr wolltet uns den Ferienaufenthalt hier nicht kürzen. Auch hätten wir mit dem Zug kommen müssen, und das wäre viel umständlicher gewesen. Du hast in Deinem Brief, liebe Mutti, gar nichts von dem jungen Herrn Schulendorf berichtet. Wie hat er den Tod seines Großvaters aufgenommen? War seine Frau auch bei der Beerdigung? Für den kleinen Peter ist es besonders schwer, keinen Opa mehr zu haben. Er hat wohl sehr an ihm gehangen.

Ich brauchte eine Weile, bis ich den Gedanken an den Tod des Großvaters ablegen konnte. Aber auch jetzt muß ich immer wieder daran denken. Nun sitzt er nicht mehr auf dem Bänkchen unter der Kastanie. Nun fragt er nicht mehr, wenn wir aus der Schule kommen: ‚Wie ist's dir ergangen, mein Kind?' Er wird uns allen sehr fehlen. Ich glaube, sogar dem Thomas. Er schämt sich nur, das zu zeigen. Jedenfalls hat er sich, als er merkte, wie sehr mir des Großvaters Tod zu Herzen ging, mehr um mich gekümmert als sonst. Übrigens benimmt er sich hier bei Doktors hochanständig. Er will bestimmt den besten Eindruck machen, weil — nein, das schreibe ich lieber nicht. Aber Ihr habt es sicher selbst schon gemerkt, daß er die Sandra sehr gerne hat, und da ist es ja verständlich, daß er sich ihren Eltern nur von der besten Seite zeigt.

Daß es auch mir hier im Doktorhaus ausgezeichnet gefällt,

habe ich euch ja bereits in meinen beiden vorausgegangenen Briefen mitgeteilt. Die Zwillinge sind ganz drollig. Sie stekken zwar voller dummer Streiche, so daß man sehr auf sie aufpassen muß, aber man kann nicht anders, als sie gern zu haben. Frau Bengeli findet kaum eine Ruhepause. Sie hat eine Hausgehilfin, eine sehr nette ältere Frau, die schon viele Jahre im Doktorhaus ist. Aber es gibt noch genügend Arbeit für Frau Bengeli, die keine Unordnung duldet und überall nach dem Rechten sieht.

Thomas hat mir schon einige Male ein Kompliment gemacht, weil ich mich der beiden kleinen Buben annehme. Aber ich kenne längst die eigentliche Ursache seiner Komplimente. Sonst ist das Sandras Aufgabe, wenn sie mit ihren Schularbeiten oder anderen Verpflichtungen fertig ist. Wenn ich mich nun um die Zwillinge kümmere, kann sie sich mehr mit Thomas befassen, was dem natürlich sehr lieb ist. Ihr versteht: daher Komplimente.

Schon einige Male waren wir mit Ingo und seinem Freund im Berner Oberland. Einmal sogar auf dem Jungfraujoch. Der Höhepunkt aber war die Fahrt auf das Schildhorn. Zweimal mußten wir von einer Kabinenbahn in die andere umsteigen und schwebten an einem Seil durch die Luft in schwindelnder Höhe, über Felsen und grünen, blumenbesäten Matten, auf denen Kühe weiden, die Glocken um ihren Hals tragen und deren Geläut zu uns heraufdrang. Es war so unbeschreiblich schön, daß ich gar nicht Worte finde, es Euch zu schildern. Stellt Euch vor: 2970 Meter hoch waren wir. Dort oben auf der Spitze des Berges ist ein großartiges Hotel erbaut. In seiner runden Kuppe befindet sich der Speisesaal, und dieser dreht sich innerhalb einer knappen Stunde einmal rundherum. Man sitzt an Tischen direkt an einem der breiten Fenster und hat den schönsten Rundblick. Es ist einfach überwältigend. Dieses Erlebnis ließ mich die Angst vergessen, die mich überkam, als wir in der Gondel über den Klüften und Tälern schwebten und in tiefe Abgründe blickten.

Ich wollte meine Angst nicht zeigen. Thomas hätte mich bestimmt ausgelacht. Aber Sandra hat es mir wohl angemerkt. ‚Du bist ja ganz bleich, Anita', hat sie gesagt und meine Hand ergriffen. ‚Hab keine Angst. Bald sind wir oben angelangt. Dort haben wir einen großartigen Ausblick, so daß du gar nicht mehr an deine Furcht zurückdenkst.' So war es auch. Aber nachher war ich doch froh, als wir unten im Tal wieder die Gondel verließen und festen Boden unter den Füßen hatten. Hätte ich vorher gewußt, was Ingo uns dann erzählte, ich weiß nicht, ob ich den Mut gehabt hätte, mitzufahren. Ihr müßt Euch unter der Gondel nicht so eine kleine Art Schiffsschaukel vorstellen. In diesen Kabinen, wie man sie nennt, haben hundert Personen Platz, allerdings ohne Sitzgelegenheit. Und denkt nur, vor ein paar Jahren — ich glaube, es war in einer Silvesternacht — fuhr eine fröhliche Gesellschaft von diesem Höhenrestaurant hinunter. Es soll eine sehr unruhige Nacht gewesen sein. Und dann geschah es. Irgendwie hatte sich das Seil verklemmt, wohl durch den Sturm. Die Kabine konnte plötzlich weder vorwärts noch rückwärts. Da hingen nun die Menschen — es war kalt — keine Heizung — keine sanitären Anlagen in der Kabine. Was müssen sie nur für Ängste ausgestanden haben! Erst im Morgengrauen konnten Hubschrauber eingesetzt werden, um die Passagiere herauszuholen. Sie mußten aufs Dach hinausklettern. Die Hubschrauber ließen Seile herab, an deren Enden sogenannte Rettungshosen hingen, in die die Männer und Frauen einsteigen mußten. Einzeln wurden sie dann nach oben gezogen und im Hubschrauber geborgen. Ich glaube, ich wäre vor Angst gestorben. Kein Mensch hätte mich bewegen können, solche Kabine zu besteigen und auf das Schildhorn zu fahren, wenn ich das vorher gewußt hätte. Aber nun bin ich doch sehr froh, diese Bergfahrt und das Essen in der drehbaren Kuppel des Hotels erlebt zu haben. Und vielleicht fahre ich doch noch einmal mit, wenn wir als ganze Familie in die Schweiz fahren und das Berner Oberland besuchen. Dann müßt Ihr nämlich auch unbedingt auf das Schildhorn.

Thomas hat mir eben beim Schreiben über die Schulter geguckt, wodurch es fast wieder zu einem Streit gekommen wäre. Ich finde es unverschämt von ihm und möchte wissen, was er sagen würde, wenn ich das im umgekehrten Fall getan hätte."

Bis dahin hatte Frau Kranzbinder ihrem Mann aus dem Bericht von Anita vorgelesen, und Friedemann stellte soeben fest, daß die Tochter einen recht guten Briefstil hat, da wurde die Tür des Wohnzimmers geöffnet, und Berthild kam im Schlafanzug herein.

„Hört ihr denn nichts?" fragte sie fast vorwurfsvoll mit ängstlichem Gesichtsausdruck.

„Du schläfst noch nicht?" erwiderte die Mutter.

„Was sollen wir hören?" erkundigte sich der Vater.

„Da weint doch jemand vor dem Haus und ruft immer."

„Aber Kind, du hast bestimmt geträumt."

„Nein, ich bin ganz sicher. Ich habe überhaupt noch nicht geschlafen. Ihr hört das hier im Wohnzimmer vielleicht nicht, aber von meinem Zimmer aus ist es zu verstehen."

„Dann wollen wir gleich einmal nachsehen."

Herr und Frau Kranzbinder erhoben sich und gingen mit Berthild in deren Zimmer, wo sie einen Augenblick lauschend stillstanden.

„Tatsächlich! Da weint und ruft ein Kind!"

Nun hörten es alle deutlich: „Herr Kranzbinder, bitte, machen Sie auf! Ich kann die Türglocke nicht finden."

Friedemann eilte die Treppe hinunter. Seine Frau folgte ihm. Auch Berthild kam mit. Wie erschraken sie alle, als vor dem Haus weinend Peter Schulendorf stand.

„Peter, du bist's?"

„Junge, was tust du hier so spät? Es ist doch schon gleich elf Uhr."

Frau Kranzbinder beugte sich über den Jungen, der am ganzen Körper zitterte. Mütterlich umfaßte sie ihn und führte ihn ins Haus.

„Jetzt komm erst einmal in die Küche, wo ich dir eine Tasse warme Milch und ein Butterbrot reiche."

Aber Peter wollte nichts zu sich nehmen. Nachdem er sich einigermaßen beruhigt hatte, berichtete er unter Schluchzen: „Mein Papa ist fortgegangen. Sie hatten wieder Streit, und Mama hat ihn angeschrien, er brauche überhaupt nicht mehr nach Hause zu kommen. Da hat er gesagt: ‚Das wirst du erleben! Du siehst mich jetzt zum letztenmal!'"

„Ach Kind", versuchte Frau Kranzbinder den Jungen zu beruhigen. „Bestimmt kommt dein Vater wieder zurück."

„Er ist sicher im Blauen Krug, in der Wirtschaft, wo er öfter sein Bier trinkt", redete Friedemann Peter zu.

„Nein, da ist er nicht", behauptete dieser. „Ich bin nämlich dort gewesen. Papa sah so traurig aus, als er fortging. Mama war so böse zu ihm und hat ihm schreckliche Worte nachgerufen. Ich bin dann hinter ihm her geschlichen und habe mich an ihn gehängt und gebettelt: ‚Bleib doch zu Hause, Papa! Geh heute nicht fort.' Da hat er mich ganz fest in seine Arme genommen und gesagt: ‚Es ist besser so, Peter, sonst wird es immer schlimmer, und ihr Kinder werdet noch unglücklicher.' Ich wollte ihn nicht loslassen, aber dann hörte ich Mamas

Stimme. Sie rief ganz zornig nach mir. Ich wußte nicht, was ich tun sollte, und hielt Papa noch fester. Aber er machte meine Hände von sich los und sagte: ‚Geh, geh zu deiner Mutter, sonst wird es nur noch schlimmer für dich!' Ich bekam Angst, weil Mamas Stimme immer zorniger wurde, und ging ins Haus zurück. Da hat sie mich geschlagen und geschrien: ‚Ich werde dir helfen, dem alten Saufbold nachzulaufen! Du gehörst zu mir!'"

Der Junge begann aufs neue fassungslos zu weinen. Sprachlos blickten Rosmarie und Friedemann sich an. Wie konnten sie hier helfen?

„Es muß ihm sehr nahe gegangen sein", sagte Herr Kranzbinder leise zu seiner Frau, „sonst hätte er es nicht so genau schildern können. Und wie ging es weiter?" fragte er den Jungen.

Peter berichtete: „Mama sperrte mich in mein Zimmer. ‚Geh sofort in dein Bett', schrie sie. Aber ich bin dann einfach aus dem Fenster geklettert und in den Blauen Krug gelaufen. Aber da war Papa nicht, und der Wirt sagte, er sei heute abend überhaupt noch nicht dagewesen. Dann habe ich ihn gesucht und überall nach ihm gerufen. Nirgends war er zu finden, aber nach Hause habe ich mich auch nicht mehr getraut. Darum bin ich durch die Pappelallee zu euch gelaufen. Lange habe ich vor eurer Haustür gestanden, aber niemand hat mich gehört."

Frau Kranzbinder hatte den verzweifelten Jungen inzwischen auf den Schoß genommen und streichelte ihn, um ihn zu beruhigen, aber das Kind befand sich in einem furchtbaren Erregungszustand.

Er ist so sensibel wie sein Vater, dachte Friedemann. Der geht noch an der Brutalität dieses Weibes zugrunde.

„Was soll nun mit dem Kind geschehen?" fragte Rosmarie.

„Wir können Peter doch nicht einfach hier behalten, ohne daß seine Eltern davon etwas wissen und es billigen."

„Können wir nicht zusammen den Papa suchen?" fragte der Junge und hob sein tränennasses Gesicht zu den beiden empor.

Berthild stand bleich und erschüttert daneben. Wie leid tat ihr der Junge!

Schon seinetwegen waren sie schließlich bereit, mit ihm nach dessen Vater zu suchen, obgleich dies ohne irgendeinen Anhaltspunkt sehr schwer werden würde. Vielleicht war er inzwischen schon wieder nach Hause zurückgekehrt, oder er saß noch, wie üblich, in der Dorfwirtschaft. Jedenfalls konnten sie Peter nicht ohne weiteres hier behalten. Falls sie den Vater nicht finden würden, blieb ihnen nichts anderes übrig, als ihn zu seiner Mutter nach Hause zu bringen. Friedemann stellte sich bereits vor, was sie erwartete, wenn sie dort auftauchen würden.

Aber es kam ganz anders, als sie es sich gedacht hatten. Berthild war wieder zu Bett geschickt worden. Sie erhielt noch den Auftrag, in Abwesenheit der Eltern nach der kleinen Hanny zu sehen, falls diese unruhig werden sollte, was aber kaum anzunehmen war, da das Kind für gewöhnlich durchschlief.

„Wenn ich aber nicht höre, daß sie weint?"

„Lege dich so lange auf Doris' Bett, dann kannst du es auf keinen Fall überhören, wenn Hanny nach ihrer Mutter rufen sollte."

„Ist Doris denn heute abend ausgegangen?" fragte Friedemann.

„Ja, sie hatte ihren freien Nachmittag und bat, die Kleine bei uns lassen zu dürfen, weil sie mit Martin einige Einkäufe machen wollte. Auch hatten sie vor, noch seine Mutter zu besuchen. Aber ich denke, sie wird bald nach Hause kommen."

In diesem Augenblick wurde heftig die Hausglocke geläutet.

„Nanu, wer kommt denn jetzt schon wieder, und um diese Zeit? Doris hat doch einen Hausschlüssel. Sollte sie ihn vergessen haben?"

Herr Kranzbinder beeilte sich, hinunter zu kommen. Unruhig stand Rosmarie auf dem Treppenabsatz. Peter war ihr gefolgt.

„Ist mein Junge bei Ihnen?" Der erregt fragenden Frauenstimme hörte man unverkennbar Angst an.

„Das ist Mama!" flüsterte Peter voller Schrecken und versuchte, Frau Kranzbinder zurück ins Zimmer zu ziehen. „Sie darf nicht wissen, daß ich hier bin! O bitte — bitte, wo kann ich mich verstecken?"

Rosmarie umfaßte das vor Angst am ganzen Körper bebende Kind und führte es in ein Nebenzimmer. Unterdessen wurde unten vor dem Haus folgendes Gespräch geführt.

„Wie kommen Sie auf den Gedanken, daß Peter um diese Zeit hier bei uns sein könnte?"

„Er ist auch früher schon ohne meine Erlaubnis zu Ihnen gegangen."

Friedemann wollte Zeit gewinnen. „Aber heute — jetzt zur nächtlichen Stunde?"

„Ach, reden Sie doch nicht lange drum herum! Ich will wissen, wo der Junge ist. Ich suche ihn schon wer weiß wie lange, nachdem ich gemerkt habe, daß er nicht mehr in seinem Zimmer ist, in das ich ihn eingeschlossen hatte. Er muß durchs Fenster gegangen sein."

„Haben Sie auch schon Ihren Mann gesucht?"

„Was geht denn Sie das an?" fauchte die Frau zurück. „Mischen Sie sich gefälligst nicht in meine Angelegenheiten."

„Und warum haben Sie Peter in sein Zimmer eingeschlossen?"

Einen kurzen Augenblick starrte Frau Schulendorf Herrn Kranzbinder an. Sollte der mehr wissen? Dann aber geiferte sie wieder los: „Auch das geht Sie einen Dreck an! Ich will jetzt wissen, ob der Junge bei Ihnen ist. Ein weiteres Mal frage ich nicht, dann gehe ich zur Polizei."

„Das ist gut, dann komme ich nämlich gleich mit und berichte, daß Peter voller Angst um seinen Vater, den er lange gesucht und nicht gefunden hat, zu uns geflüchtet ist. Oben versucht meine Frau schon die ganze Zeit, ihn zu beruhigen."

„Also doch, also doch!" Die Stimme der Frau überschlug sich geradezu. „Wo ist er?"

Sie versuchte, sich an Herrn Kranzbinder vorbeizudrängen, um ins Haus zu gelangen. Der aber machte ihr in aller Ruhe Platz und sagte: „Bitte, wollen Sie sich in den ersten Stock bemühen."

Ohne sich weiter um ihn zu kümmern, eilte sie nach oben und stand darauf Frau Kranzbinder gegenüber, die ihr die Tür zum hellerleuchteten Wohnzimmer bereits geöffnet hatte.

„Bitte, Frau Schulendorf, treten Sie ein."

„Ich will nicht eintreten, ich will meinen Jungen, sonst nichts. Wo haben Sie ihn?"

„Kommen Sie, nehmen Sie doch wenigstens einen Augenblick Platz. Dann können wir in Ruhe über alles sprechen."

Frau Kranzbinder bemühte sich, in aller Freundlichkeit mit der Frau zu reden, obgleich es ihr nicht ganz leicht fiel, nachdem sie von Peter gehört hatte, was auf dem Hof vorgefallen war und sie mit ansehen mußte, wie der Junge vor seiner Mutter zitterte.

„Ich will mich nicht setzen", schrie die Frau aufs neue. „Ich will wissen, wo Sie Peter versteckt halten."

„Wir halten ihn nicht versteckt", antwortete Rosmarie. „Ich habe ihn in einem unserer Zimmer auf ein Bett gelegt, weil der Junge völlig erschöpft war und vor lauter Angst am ganzen Körper zitterte."

„Sie Kindsentführer!" schrie die Frau außer sich vor Wut. „Jetzt werde ich Sie auf jeden Fall anzeigen. Das sollen Sie mir büßen!"

Auch Friedemann bemühte sich, der wutschnaubenden Frau gütig zuzureden. Es mußte doch möglich sein, sie zu beruhigen und mit ihr in ein vernünftiges Gespräch zu kommen! Aber danach sah es nicht aus. Frau Kranzbinder war in das Nebenzimmer gegangen, um nach Peter zu sehen. Vor Kummer und Erschöpfung war er eingeschlafen. An seinen Wimpern hingen noch ein paar Tränen. Mußte seine Mutter nicht gerührt werden bei diesem Anblick?

Rosmarie ging zurück ins Wohnzimmer. Sie legte den Zeigefinger auf ihre Lippen, als wollte sie Frau Schulendorf bitten, sich doch jetzt zu mäßigen und still zu sein. Mit der anderen Hand winkte sie ihr.

„Kommen Sie", bat sie leise.

Ungestüm folgte ihr die Frau, und dann mußte das Bild des schlafenden und noch von tiefem Kummer gezeichneten Kindes doch irgendwie ihr Herz bewegen. Ihre Augen weiteten sich, ihre Lippen preßten sich hart aufeinander. Was mochte in ihr vorgehen?

Diese unerwartete Reaktion nützte Frau Kranzbinder. Sie versuchte, den Arm um die Schultern der Frau zu legen und ihr gütig zuzusprechen: „Lassen Sie ihn wenigstens noch ein Weilchen schlafen. Er ist so erschöpft und voller Angst um seinen Vater."

Das genügte schon, daß Frau Schulendorf den sie umfassenden Arm zurückstieß, jedoch das Wort, das bereits auf den Lippen lag, nicht aussprach; denn im gleichen Augenblick gellte ein lauter Schreckensschrei durch das Haus.

„Frau Kranzbinder, Herr Kranzbinder, kommen Sie schnell. Es ist etwas Furchtbares passiert."

Es war Doris, die soeben von ihrem Verlobten nach Hause gebracht wurde. Die jungen Leute standen schreckensbleich im Hausgang, als Herr Kranzbinder ein drittes Mal in dieser Nacht nach unten eilte. Rosmarie blieb bei Frau Schulendorf, auf deren Angesicht sich jetzt ein merkwürdiger Ausdruck zeigte. Sie lauschte. Irgendwie war ihr in diesem Augenblick klar, daß die Schreckensnachricht sie anging. Und nun vernahmen es die beiden Frauen deutlich.

„Der Jungbauer Karl-Heinz Schulendorf hat sich vor den Zug geworfen. Er ist tot! Wir kamen gerade am Bahnhof vorbei, als man ihn blutüberströmt unter dem Zug hervorgezogen hatte", berichtete Martin, der Bäckergeselle.

Aber das hatte Frau Schulendorf schon nicht mehr gehört. Sie schrie auf, klammerte sich an Frau Kranzbinder, sah sie aus entsetzten, verstörten Augen an und schrie, von Entsetzen geschüttelt: „Nein, nein! Das kann nicht wahr sein! Wie konnte er uns das antun? So hatte ich es doch nicht gemeint!"

Ihre Reaktion mochte ehrlich sein. Vielleicht steigerte sie sich auch hinein. Sie sank plötzlich in die nach ihr greifenden Arme von Rosmarie, die sie behutsam zurück ins Wohnzimmer führte und dort in einen Sessel setzte. Aber im nächsten Augenblick sprang die Frau wieder auf. „Ich muß zu ihm! Es ist nicht wahr, daß er nicht mehr lebt! Wie soll es denn jetzt weitergehen?"

Inzwischen war Herr Kranzbinder mit den beiden jungen Leuten heraufgekommen.

„Sagt, daß es nicht wahr ist", schrie die ihrer Sinne nicht mehr mächtige Frau sie an. „Sicher hat er nur betrunken irgendwo herumgelegen. Wo haben sie ihn hingebracht? – Oh, ich wußte es ja, daß er sich noch zu Tode säuft! Kein Mensch ahnt, was ich mit ihm durchgemacht habe – Die ganze Arbeit lag auf mir. Mit ihm war ja nichts mehr anzufangen. Er hat seit dem Tod des Alten kaum noch ein Wort gesprochen! – Das könnte ihm so passen, uns jetzt allein zu lassen –"

Die Frau raste.

Rosmarie warf ihrem Mann einen fragenden Blick zu. Was, um alles in der Welt, sollte jetzt geschehen?

Herr Kranzbinder trat nun nahe an Frau Schulendorf heran. Nein, er wollte ganz gewiß nicht hart sein und keinen Augenblick vergessen, was über diese Familie hereingebrochen war, aber er konnte jetzt beim besten Willen keine Trostworte finden. So war sein Ton sehr bestimmt, als er sagte: „Frau Schulendorf, wir verstehen Ihre Verzweiflung. Aber daß Sie Ihren Mann auch jetzt noch beschuldigen, das übersteigt mein Fassungsvermögen. Ich werde Sie nun mit dem Auto nach Hause bringen. Ich nehme an, dort ist bereits die Polizei eingetroffen. Sie wird einige Auskunft von Ihnen haben wollen."

„Die Polizei?" schrie die Frau. „Wieso die Polizei? Ich hab' meinem Mann nichts angetan! Ich habe ihn auch nicht in den Tod getrieben."

„Kommen Sie jetzt, Frau Schulendorf. Wir haben keine Zeit zu verlieren."

„Und, nicht wahr", bat Frau Kranzbinder, „Sie lassen Peter diese Nacht bei uns. Am besten auch in den kommenden Tagen. Der sensible Junge zerbricht sonst an alledem, was jetzt auf ihn einstürmen würde!"

Frau Schulendorf starrte Rosmarie an, als gingen deren Worte sie überhaupt nichts an. Als Frau Kranzbinder ihre Bitte noch einmal wiederholte, stammelte sie wie geistesabwesend: „Peter? — Ja, ja — er soll vorerst hierbleiben! Oh, mein Gott, was kommt auf mich zu?“

Friedemann hätte am liebsten gesagt: „Jetzt sprechen Sie den Namen Gottes aus. Soll das etwa ein Gebet sein? Hätten Sie ihn nur früher angerufen und sich nach seinen Ordnungen gerichtet, das Furchtbare wäre wahrscheinlich nicht geschehen.“ Aber er schwieg. Eine Zurechtweisung war nicht am Platz.

Am nächsten Morgen nach dem Frühstück kam Doris zu Rosmarie.

„Frau Kranzbinder, haben Sie einen Augenblick Zeit für mich?“

„Ich nehme sie mir, Doris. Was hast du auf dem Herzen? Komm, wir setzen uns zusammen in die Küche. Dann können wir immer wieder einen Blick auf die Kochtöpfe werfen, und es brennt uns nichts an. Mein Mann ist ins Dorf zu Frau Schulendorf gegangen, um sie zu fragen, ob Peter bei uns bleiben darf, bis die Beerdigung seines Vaters vorüber ist. Das dauert gewiß noch einige Tage, denn bei einem Selbstmord muß manches geklärt werden. — Peter ist mit den Kindern unten im Garten. Wie gut, daß noch Schulferien sind. — Es steht mir noch bevor, dem Jungen beizubringen, daß sein Vater nicht mehr lebt. Er hat schon heute morgen nach ihm gefragt, aber ich war einfach noch nicht imstande, mit ihm über das Geschehene zu sprechen. Mir wäre es lieber, mein Mann ist dabei, wenn wir es ihm sagen müssen. Umgehen können wir es ja doch nicht. Außerdem will mein Mann Frau Schulendorf fragen, ob wir irgend etwas für sie tun können. Es wird jetzt allerlei über sie hereinbrechen.“

„Oh, Frau Kranzbinder“, fragte Doris verwundert, „dieser abscheulichen Frau wollen Sie auch noch Ihre Hilfe anbieten?

Wie hat sie sich Ihrem Mann gegenüber benommen, als er auf dem Hof der Schulendorfs nach dem Großvater suchte. Anita hat mir alles erzählt. Nein, ich wäre nicht fähig, mich um sie zu kümmern. Aber genauso haben Sie es ja mit Frau Purzel gemacht."

„Doris, ich glaube, ich habe es dir schon einmal gesagt. Es gibt ein inneres Gesetz, dem wir Christen folgen müssen. Das zwingt uns auch jetzt, uns um Frau Schulendorf zu kümmern."

Einen Augenblick schien Doris über etwas nachzudenken, dann sagte sie: „War es ebenfalls dieses innere Gesetz, das Sie dazu brachte, sich meiner anzunehmen, als ich damals Hanny erwartete und von allen verstoßen war?"

„Ja, genauso war es. Aber, Doris, du wolltest etwas anderes mit mir besprechen."

Das Mädchen rutschte unruhig auf dem Stuhl hin und her und stotterte schließlich: „Aber — aber — das paßt gar nicht zu dem Ernsten, was wir vorhin besprachen. Das ist nämlich etwas ganz Wunderschönes. Es ist — ein Fest."

„Ein Fest, Doris?" Bei allem, was sich seit der vergangenen Nacht wieder so schwer auf ihr Herz gelegt hatte, huschte über Rosmaries Gesicht nun doch ein kleines Lächeln. „Von welchem Fest redest du?"

„Von unserer Hochzeit, Frau Kranzbinder. Wir, Martin und ich", wieder suchte sie nach Worten, um auszudrücken, was sie bewegte, „wir meinen, ob es nicht doch besser sei, wenn wir — wenn wir schon bald heiraten würden."

Sie senkte die Augen, und ihr Gesicht rötete sich. Dann fuhr sie tapfer fort: „Als wir gestern Verschiedenes für die Aussteuer kauften, sagte Martin zu mir: ‚Findest du es nicht auch schwer, Doris, wenn wir noch monatelang warten müssen, bis wir Mann und Frau sind?'

Ich wußte gleich, was er meinte, und konnte ihn gut verstehen. Mir geht es nicht anders, Frau Kranzbinder. Sie waren in der Zeit, seitdem ich bei Ihnen bin, wie eine Mutter zu mir. Sehen Sie, Martin hat bis heute nicht einmal von mir verlangt, daß ich mich ihm hingebe. Er will nicht, daß ich, wie es verschiedene meiner Schulfreundinnen tun, die Pille nehme. Er sagt, wenn wir richtig Mann und Frau sind, dann möchte er, daß Hanny bald ein Brüderchen oder eine kleine Schwester bekommt. Aber manchmal ist es sehr schwer zu warten, wenn man sich lieb hat. Sie verstehen — nun möchten wir doch bald heiraten. — Ich weiß nicht, ob ich mich recht ausgedrückt habe, Frau Kranzbinder. Ich kann darüber nicht so gut sprechen."

„Doch, Doris, ich habe dich gut verstanden und kann euren Wunsch auch verstehen. Aber ihr habt doch noch keine Wohnung in Aussicht, oder doch?"

Doris strahlte über das ganze Gesicht, als sie antwortete: „Martin hat mit seinem Chef, dem Bäckermeister, und seiner Frau gesprochen. Weil sie ihn gern als Gesellen behalten wollen, haben sie ihm die leerstehende Dachwohnung in ihrem Haus angeboten, in der sie bis jetzt allerlei gelagert hatten. Es sind zwar nur zwei Zimmer und eine kleine Küche, aber sie wollen sie renovieren und auch ein kleines Bad einrichten lassen. Man kann später, wenn noch ein Kind kommen sollte, vom Dachboden ein Stück abzweigen und ein weiteres Zimmer ausbauen.

Oh, Frau Kranzbinder, ich kann Ihnen nicht sagen, wie sehr ich mich über diese Lösung freue! Und damit Sie nicht ohne Hilfe sind, habe ich bereits mit meiner Mutter gesprochen. Karin, meine Schwester, kommt doch jetzt aus der Schule. Sie würde gerne meine Nachfolgerin bei Ihnen werden. Wären Sie damit einverstanden? Mir selbst würde es eine große Beruhigung sein, Sie mit der vielen Arbeit nicht allein zu wissen."

Da saß nun die strahlende junge Braut vor Rosmarie und blickte sie in froher Erwartung an. Nein, Rosmarie konnte unmöglich ihre Freude dämpfen! Aber sie vermochte ihr auch nicht zu sagen, daß sie sich im Augenblick wirklich außerstande sah, Pläne für das bevorstehende Fest zu machen und mit ihr vielleicht über die Stoffart des Hochzeitskleides zu reden. Daß dies alles für Doris von größter Wichtigkeit war, begriff sie ja. Aber ihr selbst war es kaum möglich, sich von einem Augenblick zum anderen auch nur gedanklich umzustellen.

Was lag doch alles in den vergangenen Tagen! — War es nicht erst kürzlich gewesen, daß der alte Herr Schulendorf sie verlassen hatte? Nur einen Tag, nachdem Doktor Bengeli mit ihr etwa über die Stoffart des Hochzeitskleides zu reden. Daß dies alles für Doris von größter Wichtigkeit war, schlechtert. Der herbeigerufene Hausarzt stellte eine bedenkliche Herzschwäche fest und wollte ihn ins Krankenhaus überweisen. Aber der alte Mann, der sich bei vollem Bewußtsein befand, bat: „Herr Doktor, mir ist nicht mehr zu helfen. Ich spüre deutlich, es geht zu Ende. Tun Sie mir das nicht an, daß ich noch in ein fremdes Haus und Bett verlegt werde und nur fremde Menschen um mich habe. Wenn ich nun schon nicht mehr in meine alte Heimat, auf meinen ehemaligen Hof, zurückkehren durfte, dann lassen Sie mich wenigstens hier bei meinen Freunden sein, wenn für mich die letzte Stunde kommt."

Natürlich hatte er nur mühsam und mit mancher Unterbrechung sprechen können, aber Friedemann und Rosmarie, die nicht von seinem Lager wichen, hatten ihn gut verstanden. Auch sie meinten, der Großvater sei bereits vom Tode gezeichnet, und baten daher den Arzt: „Wenn irgend möglich, so erfüllen Sie ihm den Wunsch."

„Ich dachte an Sie, Herr und Frau Kranzbinder", erwiderte dieser, als er das Zimmer verlassen hatte, „und wollte Sie entlasten. Ich glaube nicht, daß er es noch länger als ein paar Tage durchhält, wenn auch die Spritze, die ich ihm gegeben habe, eine Weile Linderung schafft."

„Wir möchten ihm seinen letzten Wunsch erfüllen", sagte Herr Kranzbinder, und seine Frau fügte hinzu: „Wir sind ihm viel Dank schuldig, er ist uns lieb geworden."

„Ich komme heute abend und sehe noch einmal nach ihm." Mit diesen Worten verabschiedete sich der Arzt.

Am anderen Tag war der Großvater im Frieden eingeschlafen, ohne Angst und Unruhe.

„Ach, wenn auch ich einmal so gehen dürfte", hatte Rosmarie zu ihrem Mann gesagt. „Du weißt, wie ich mich immer ängstige im Gedanken an das Letzte."

Und wieder hatte er sie erinnert, wie schon so oft: „Wälze die Last deines Weges auf den Herrn und im Vertrauen ruhe. Er wird handeln."

„Ach, Friedemann", hatte sie kläglich geantwortet, „ich schäme mich meiner Verzagtheit. Mein Glaube sollte doch viel gefestigter sein."

Da hatte er liebevoll den Arm um ihre Schultern gelegt und geantwortet: „Ich las kürzlich ein Wort — wenn ich nicht irre, stammt es von Hans Dannenbaum: Glauben lernt man nicht auf einmal und auch nicht ein für allemal! Hab mit dir selbst Geduld, Liebste. Gott kennt dein ängstliches Herz und wird dir im rechten Augenblick seine Hilfe nicht versagen."

Ach, wie gut wußte Friedemann zu trösten und aufzurichten!

Und dann waren all die Vorbereitungen zur Beerdigung

des Großvaters zu treffen gewesen. Es kamen viele Menschen zur Trauerfeier. Der alte Herr Schulendorf war weithin bekannt und sehr geachtet. Das ganze Dorf, an dessen Ausgang sein ehemaliger Hof stand, wollte ihm die letzte Ehre erweisen. Hinter dem Sarg ging in einem schäbigen, abgetragenen schwarzen Anzug Karl-Heinz, der Enkel des alten Mannes, den kleinen Peter an der Hand. Wenn er schwankte, dann war es dieses Mal gewiß nicht, weil er wieder getrunken hatte. Nein, Kummer und Schmerz um den Tod des Großvaters, den er geliebt und verehrt hatte, zerriß ihm fast das Herz. Bleich und mit tränennassen Augen ging das Kind neben ihm her, in den Händen ein paar Blumen. Fassungslos starrte es in das offene Grab und konnte nicht begreifen, daß sein Opa, an dem sein kleines Herz ebenfalls in inniger Liebe hing, da unten liegen sollte.

Wie gern hätte Rosmarie in jenen Augenblicken den Arm um das Kind gelegt und gesagt: „Peter, suche den Großvater nicht da unten in dem dunklen Loch. Er ist bei Gott, in der Heimat, nach der er sich schon lange gesehnt hat."

Das Herz tat Frau Kranzbinder weh, wenn sie daran dachte, daß da keiner war, der je mit dem Kleinen betete und ihm von Gott erzählte.

Mehr als einer der Leidtragenden blickte suchend um sich. Die Schwiegertochter, Frau Karola, hatte nicht an der Beerdigung teilgenommen und auch nicht ihrer Tochter erlaubt, mitzugehen. Seit diesem Tag sah Rosmarie immer wieder dieses trostlose Bild vor sich: Der von Leid und Lebensenttäuschung gezeichnete Jungbauer mit dem schmächtigen Kind an der Hand. Ach, was sollte nur aus ihnen werden!

Und nun war neben dem Grab des alten Mannes bereits ein zweites geschaufelt, und dort würde man den Selbstmörder, den armen, unglückseligen Karl-Heinz, neben seinem

Großvater bestatten. Es hatten sich zwar Stimmen erhoben, die sich dagegen wehrten. Es gehöre sich nicht, daß man einen Selbstmörder zwischen anderen Verstorbenen bestatte. In früheren Zeiten hätte man ihm außerhalb der Gräberreihen an der Friedhofsmauer einen Platz gegeben. Aber die anderen Stimmen, die sich für den unglücklichen Karl-Heinz Schulendorf einsetzten, hatten mehr Gewicht.

„Gönnt dem armen Menschen wenigstens jetzt im Tod die Nähe seines Großvaters. Zu Lebzeiten hat es seine Frau zu vereiteln gewußt. Das weiß doch jeder, wie eifersüchtig und gehässig sie gewesen ist. Kein Zweifel — sie hat ihn in den Tod getrieben!"

Noch war der, über den sie in dieser Weise sprachen, nicht unter der Erde, aber das Dorf war von Gerüchten voll...

Doris blickte erschrocken auf Frau Kranzbinder. Hatte sie zuletzt überhaupt noch auf das geachtet, was sie sagte? Oder war ihr nicht gut? Erst jetzt nahm das Mädchen wahr, daß Rosmarie bleich und sehr ermattet aussah. Sie erhob sich und trat näher an sie heran.

„Ist Ihnen schlecht, Frau Kranzbinder? Haben Sie wieder einen Migräneanfall? Wollen Sie sich nicht hinlegen? Wie konnte ich nur so einen Wortschwall auf Sie loslassen! Es ist einfach alles zuviel für Sie! In der letzten Nacht haben Sie fast gar nicht geschlafen. Kommen Sie, ich bringe Sie in Ihr Schlafzimmer."

Rosmarie kam tatsächlich wie aus weiter Ferne zu sich.

„Entschuldige, Doris! Doch, ich habe alles gehört, was du mir gesagt hast. Nur — ich fürchte —", sie griff sich an die Stirn, „die Migräne!"

Doris hatte Frau Kranzbinder bereits umfaßt und war ihr beim Aufstehen behilflich. „Reden Sie jetzt nicht! Sie müssen sich gleich hinlegen. Ich lasse die Rolläden in Ihrem Schlafzimmer herunter. Ich weiß ja, daß Sie in diesem Zustand kein Licht vertragen. Und dann mache ich Ihnen kalte Umschläge auf die Stirn."

„Danke, Doris! Danke, und hab keine Bange. Du sollst mit deinem Martin ein schönes Hochzeitsfest haben — wir sorgen dafür."

Als Friedemann nach einiger Zeit in der Pappelallee sichtbar wurde, stürmten ihm die drei Kinder entgegen: Berthild, William und Peter. Schon von weitem rief Peter: „Herr Kranzbinder, ist der Papa nach Hause gekommen? Wo war er so lange? Ich muß jetzt wieder heim, sonst weiß er nicht, wo ich so lange bleibe."

Schwer fiel es Friedemann aufs Herz. Es gab kein weiteres Ausweichen. Der Junge mußte erfahren, daß er keinen Vater mehr hatte. Aber er wollte ihm die Schreckensbotschaft nur in Gegenwart Rosmaries überbringen. Ihr mütterliches Herz würde Worte des Trostes und der Hilfe finden.

„Nun gehen wir erst einmal nach Hause, Peter, zum Mittagessen. Und nachher haben meine Frau und ich dir etwas zu sagen."

Er war nicht wenig beunruhigt, als Doris ihm mitteilte, daß seine Frau mit einem Migräneanfall im Bett liege. Zu gut kannte er diese Zustände, die immer ein Zeichen von Überforderung waren.

Es war an dem Tag, als Karl-Heinz Schulendorf beerdigt wurde. Auf dem Bahnhof in Interlaken stand eine kleine Gruppe von Menschen und wartete auf den Zug, mit dem Thomas und Anita Kranzbinder nach Luzern, von dort nach Zürich und dann über Schaffhausen nach Stuttgart fahren sollten. Eigentlich hatte der Vater die beiden mit dem Auto abholen wollen, und diesmal hätte ihn Berthild in die Schweiz begleiten dürfen. Aber alles war so ganz anders gekommen.

„Mutter hat einen besonders schweren Migräneanfall gehabt", hatte Friedemann telefoniert. „Es war in den letzten Tagen einfach alles zuviel für sie. Zuerst der Tod und die Beerdigung des Großvaters, dann hat sich sein Enkel, der Jungbauer, aus Verzweiflung das Leben genommen. Wir haben den kleinen Peter bis nach der Beerdigung bei uns im Haus. Es ist mir einfach nicht möglich, euch zu holen. Ich kann Mutti jetzt nicht allein lassen. Ihr werdet verstehen, daß ich an der Beerdigung des unglücklichen Karl-Heinz teilnehmen möchte. Wenn ihr kommt, werden wir über alles reden. Thomas, ihr fahrt also mit dem Zug. Du bist ja mit Frau Burgenwald schon einmal diese Strecke gefahren. Gib auf Anita acht!"

„Du kannst dich auf mich verlassen, Vater", antwortete Thomas. „Grüße Mutti! Wir wünschen ihr gute Besserung!"

Doktor Bengeli konnte sich für eine Stunde freimachen. Er selbst fuhr seine jungen Gäste aus Deutschland nach Interlaken. Seine Frau mit den Zwillingen, Ingo und Sandra, alle waren mitgekommen. Und nun stand man auf dem Bahnsteig. Die Erwachsenen waren betroffen von der Nachricht des Selbstmordes von Karl-Heinz Schulendorf. Doktor Bengeli und Sandra hatten ja erst vor wenigen Tagen bei ihrem Besuch im Hause Kranzbinder an dem traurigen Schicksal des Mannes teilgenommen und waren erschüttert gewesen. Und nun die Flucht in den Tod.

Die Abschiedsstunde war überschattet von diesem Geschehen. Nur die beiden Zwillinge ahnten nichts von dem, was die anderen bewegte. Sie hängten sich links und rechts an Anita, und einer überschrie den anderen: „Chumm bald widder, Anita!"

So viel Schwyzerdütsch hatte das Mädchen in diesen Tagen gelernt, daß es die beiden verstehen konnte.

„Ich würde gern einmal wiederkommen", antwortete sie, mehr an Frau Bengeli gewandt. „Es hat mir so gut gefallen. Aber jetzt müßten Sie uns erst einmal besuchen."

„Vielleicht wird das auch einmal möglich", ging die Arztfrau freundlich darauf ein. Grüße deine Mutter von mir, Anita, wenn ich sie auch noch nicht persönlich kenne. Ich glaube, sie ist eine tapfere Frau."

Thomas hätte soviel zu sagen gehabt. Aber da er doch nicht aussprechen konnte, was ihn am meisten bewegte, schwieg er lieber. Es war ihm, als sei jedes Wort, das nicht aussagte, was er empfand, eine lächerliche Komödie. Er war froh, als der Zug einfuhr.

Sandra drückte seine Hand. „Chumm bald widder, Thomas! Ich warte auf dich."

„Und ich darf dir schreiben?"

„Aber natürlich. Ich freue mich darauf."

Nur noch Sekunden, und der Zug setzte sich in Bewegung. Noch ein letztes Winken, und alles war vorbei.

Nein, nein, nein! hieß es aufbegehrend in Thomas. Nein, es darf nicht alles vorbei sein. Und Sandras „Ich warte auf dich!" war nicht nur der Gedanke an eine Wiederholung solcher unvergeßlich schöner Ferientage, wie sie jetzt hinter ihnen lagen. Nein, es bedeutete mehr — es mußte mehr bedeuten. „Ich warte auf dich!" Oh, Sandra, Sandra!

„Wollen wir uns nicht setzen?" fragte Anita und blickte ihren Bruder fragend an. Noch immer stand er an der Tür und starrte zum Fenster hinaus, obgleich von Bengelis längst nichts mehr zu sehen war. Sie glaubte zu wissen, was in ihm vorging. Ihr selbst standen Tränen in den Augen. Der Abschied von der ihr so lieb gewordenen Arztfamilie fiel ihr nicht leicht, und wie eine Last wollte es sich ihr aufs Herz legen, wenn sie daran dachte, was sie zu Hause antreffen würde.

„Schau, dort sind noch zwei gegenüberliegende Fensterplätze frei und gerade auf der Seeseite." Irgendwie hatte Anita das Bedürfnis, jetzt besonders nett zu ihrem Bruder zu sein.

Es war ein strahlender Herbstmorgen. Beide hätten die Schönheit des Tages genossen, aber ihre Gedanken gaben den erfreulichen Eindrücken kaum Raum. Thomas vermochte nur eines zu denken: Sandra! Ich darf sie nicht verlieren! Verlieren? Sie gehörte ihm doch gar nicht — noch nicht. Und verlieren konnte man doch nur, was man besaß. — „Ich warte auf dich!" Immer würde er ihre Stimme hören, immer den warmherzigen Blick ihrer Augen sehen, den Druck ihrer Hand fühlen ...

Spiegelglatt war der Brienzersee. Vom anderen Ufer grüßten die wenigen Ortschaften, kleine Ferienorte, besonders Iseltwald, wo sie mit Ingo und Sandra einen herrlichen Tag verlebt hatten. Unvergeßlich die Schiffahrt auf dem See, die von den Ufern herüber leuchtende Pracht der herbstlich gefärbten Bäume, die von den Höhen herabstürzenden Wasserfälle und die strahlende Schönheit der sich majestätisch von dem blauen Himmel abhebenden Schneeberge.

Wie hatte Anita dies alles genossen, doch heute machte es sie eher traurig als froh. Sie verstand die Empfindungen ihres Innern selbst nicht. Wie ein unbeschreiblich schönes Fest war dem jungen Mädchen ein jeder der hier verlebten Tage vorgekommen. Jetzt tat ihr das Herz weh beim Anblick dessen, was sich noch einmal ihren Augen bot. Sie hätte die Hände danach ausstrecken und sich daran festklammern mögen. Warum mußte all das Schöne ein Ende nehmen? In ihrem Inneren sagte sie sich: Sei doch froh und dankbar für das Erlebte! Die Zeit ist nun einmal vorbei. Die Schule ruft, Pflichten warten auf dich. Aber sie empfand nichts als eine grenzenlose Traurigkeit. Dabei freute sie sich auch wieder auf zu Hause, auf Vater, Mutter und die Geschwister. Doch dann erinnerte Anita sich daran, was sich in den wenigen Tagen ihrer Abwesenheit daheim zugetragen hatte. Der Tod war in ihrem Hause eingekehrt. War es da ein Wunder, daß sie sich nur schweren Herzens von den sonnendurchfluteten Tagen hier in der Schweiz losreißen konnte?

Wäre wenigstens Thomas ein wenig gesprächiger gewesen. Der aber schien weder den Brienzersee noch die Berge zu sehen. Er starrte vor sich hin, als habe dieser Tag ihm nicht das geringste zu bieten, was ihn erfreuen könnte. Nicht, daß er zu seiner Schwester unfreundlich gewesen wäre, aber er schwieg beharrlich. Sie wußte, es gab nur eines, was seine Gedanken erfüllte: Sandra!

Die Brünigbahn trug sie immer weiter hinauf. Mit welcher Leichtigkeit sie die Höhe erklomm. Mit dem Auto von Doktor Bengeli waren sie auch schon auf den Paß hinaufgefahren. Sandra hatte sie auf so manche Schönheit aufmerksam gemacht: „Sieh dort unten den Sarner See! Der Berg, der sich darüber erhebt, ist der Pilatus. Vielleicht fahren wir in den Tagen eures Hierseins einmal mit der Bahn auf seine Höhe. Dort hinten, weit über der Waldgruppe, ist St. Niklausen. Dort haben die Dominikanerinnen ihr herrlich gelegenes Kloster und ein Erholungsheim, in dem auch viele Gäste aus Deutschland einkehren. Bei ihnen sind nicht nur Katholiken, sondern ebenso Evangelische willkommen. Nicht weit davon liegt ein kleiner Wallfahrtsort, eingebettet in eine märchenhaft schöne Landschaft."

Jetzt entriß der weiterstrebende Zug Anita all diesen Erinnerungen. Fast machte sie sich Vorwürfe, daß der Gedanke an zu Hause in ihr keinerlei Freude wachrief. Zu groß schienen ihr die Gegensätze.

Gegen Mittag fragte sie ihren Bruder: „Wollen wir nicht etwas essen? Frau Bengeli hat uns Schnitten von ihrem selbstgebackenen Brot mitgegeben. Und Obst ist auch dabei. Sandra hat noch für jeden von uns eine Tafel Schokolade dazugelegt."

Wie aus weiter Ferne kommend, hatte Thomas den Blick erhoben. Für solche Genüsse war er noch zu haben, trotz seines Herzenskummers.

„Ja, ich habe wirklich Hunger."

Anita breitete eine Serviette über den Klapptisch unter dem Fenster, an dessen beiden Seiten sie ihre Plätze hatten. In fast mütterlicher Art legte sie alles zurecht und war froh, daß Thomas nicht völlig in seinem Weltschmerz versank, sondern herzhaft zugriff.

In Luzern sahen sie eine Weile dem Treiben auf dem Bahnhof zu. Vielerlei Sprachen drangen an ihr Ohr. In Zürich, wo sie umsteigen mußten, hatte Thomas Angst, seine Schwester in dem Menschengewühl des Bahnhofs zu verlieren. Schließlich saßen sie in dem Zug nach Deutschland und atmeten auf. Jetzt konnte nichts mehr schiefgehen. Mitreisende machten sie auf den Rheinfall bei Schaffhausen aufmerksam. Die Geschwister standen nebeneinander am Fenster und blickten hinaus.

„Du, das ist gewaltig!" rief Anita bewundernd aus, und da kam dann plötzlich der alte Thomas doch wieder zum Vorschein, was seine Schwester mit Genugtuung feststellte. Als sie den Rheinfall bezaubernd fand, höhnte er: „Das ist doch noch gar nichts gegenüber den Niagara-Fällen in Kanada."

„Was du nicht sagst.“ Sie ging auf seinen Ton ein. „Es ist mir völlig entgangen, daß du schon einmal dort warst.“

Sie wartete geradezu darauf, daß er sie wie schon oft „alberne Schneegans“ nannte. Aber er lächelte sie nur an, und sie erwiderte sein Lächeln. Irgendwie schienen sie wieder ins rechte Geleis zu kommen.

„Freust du dich auf zu Hause?“ fragte Anita. „Mir ist ein bißchen Angst.“

„Wieso? Vor was?“

„Ach weißt du, inzwischen ist doch allerlei Trauriges geschehen. Der Großvater lebt nicht mehr — und der Selbstmord von seinem Enkel. Findest du das nicht auch alles schrecklich?“

„Das Leben geht weiter!“ erwiderte Thomas, und Anita glaubte zu wissen, daß er bereits wieder an Sandra dachte.

Zu ihrer großen Freude war ihnen der Vater mit dem Auto bis Stuttgart entgegengekommen. Nun hatten sie noch eine Stunde zurückzulegen, und dann waren sie zu Hause. Beim Anblick des Vaters und Berthild, die ihn begleiten durfte, spürte Anita mit Erleichterung, daß die Freude über die Heimkehr trotz allem Besitz von ihr ergriff. Sie war schon ganz unglücklich gewesen über den Zwiespalt der Gefühle in ihrem Innern.

Die Mutter hatte sich von ihrem Migräneanfall einigermaßen erholt und den Abendbrottisch zur Heimkehr ihrer Kinder festlich geschmückt. Zur Feier des Tages durfte William heute länger aufbleiben, obwohl Frau Kranzbinders Augen des öfteren sorgenvoll auf ihm ruhten. In der Tat, der Kleine sah blaß aus. Das fiel sogar Thomas auf. Anita und Thomas wollten nun natürlich ausführlich über die Geschehnisse während ihrer Abwesenheit berichtet haben. Sie konnten nicht anders als den Eltern zustimmen, daß es dem Großvater gut gegangen sei. „Er ist einfach hinübergeschlafen in die andere Welt", berichtete die Mutter, „ohne Angst und ohne Schmerzen."

Anita wollte vor allem wissen, wie der kleine Peter die Nachricht vom Tode seines Vaters aufgenommen habe.

„Das war mehr als erschütternd", antwortete Friedemann. „Nachdem Mutti am Tag darauf, als das Furchtbare passiert war, mit starken Kopfschmerzen zu Bett lag, verschob ich es noch einmal, Peter die traurige Nachricht mitzuteilen. Ich wollte, daß Mutti dabei ist und wir gemeinsam mit ihm sprechen. Und dann geschah es, daß am anderen Morgen, als Berthild mit William und Peter beim Bäcker Brot kaufte, einer seiner Schulkameraden Peter ansprach: ‚Nun hast du auch keinen Vater mehr — so wie ich. Nur, mein Vater ist richtig gestorben. Der hat sich nicht vor den Zug geworfen.' Dem Jungen war natürlich nicht klar, was er damit anrichtete."

„Wie entsetzlich!" entfuhr es Anita, und auch auf Thomas' Gesicht zeigte sich ein Ausdruck von Betroffenheit.

„Und wie ging es weiter?"

„Berthild war so vernünftig, Peter bei der Hand zu nehmen und den verzweifelt weinenden Jungen so schnell wie möglich zu uns zu bringen, wo wir, Mutti und ich, dem armen kleinen Kerl klarzumachen versuchten, was geschehen war."

„Und wie habt ihr das getan?" fragte Anita. „Das muß ja unsagbar schwer für euch gewesen sein."

„Das war es auch", erwiderte die Mutter. „Ich weiß nicht, ob ich richtig gehandelt habe, aber ich wußte mir keinen anderen Rat. Ich sagte zu Peter, sein Vater habe gemeint, das Schwere nicht mehr ertragen zu können, und darum wollte er dorthin, wohin wenige Tage vorher auch sein Großvater gegangen war. Nun dürfe er auf dem Friedhof wenigstens neben ihm liegen. Ich habe mir schon heftige Vorwürfe gemacht, ob ich in Peter nicht ein völlig falsches Bild wachgerufen habe."

„Wenn es falsch war", sagte daraufhin Friedemann, „so hast du aber aus Liebe gehandelt, und Gott ist in der Lage, auch das, was wir verkehrt gemacht haben, in Ordnung zu bringen."

Alle schwiegen jetzt, erschüttert von dem Gehörten.

William aber spann an seinem eigenen Gedankenfaden weiter: „Also, daß der Großvater im Himmel ist, das weiß ich ganz gewiß. Aber Peters Vater, der ist doch ein Selbstmörder! Man darf sich doch nicht das Leben nehmen. Das ist eine große Sünde. Ist Peters Vater nun in der Hölle oder auch im Himmel?"

Betroffen blickte einer zum anderen. Dann aber richteten sich alle Blicke auf den Vater. Jeder erwartete von ihm ein erlösendes Wort.

Schließlich antwortete er: „In der Bibel steht etwas, was in diese Situation paßt: ‚Richtet nicht, auf daß ihr nicht gerichtet werdet.' Du hast schon recht, William, man darf sich nicht selbst das Leben nehmen. Aber wir dürfen fest daran glauben, daß Gott in jedem einzelnen Fall gerecht urteilen wird. Peters Vater sollen wir Gott überlassen. Was wir aber aus alledem zu lernen haben ist, daß wir es nie an der Liebe fehlen lassen dürfen, um uns nie vorwerfen zu müssen, einen Menschen durch Herzenshärte und Lieblosigkeit in den Tod getrieben zu haben, wie es aller Wahrscheinlichkeit nach in diesem Fall geschehen ist."

„Peter wäre natürlich am liebsten nach der Beerdigung wieder mit uns nach Hause gegangen", berichtete Frau Kranzbinder. „‚Laßt mich doch bei euch bleiben!‘ hatte er vorher flehentlich gebeten, aber ich versuchte ihm klarzumachen, daß dies nicht möglich sei. ‚Deine Mama braucht dich!‘ sagte ich und hoffte, ihm dadurch die Trennung von uns zu erleichtern. — Einen Augenblick blickte er sinnend vor sich hin, als erwäge er ernstlich, welche Aufgabe daheim auf ihn warten könnte. Dann sagte er: ‚Gut, dann gehe ich zurück! Aber, nicht wahr, ich darf jeden Tag in der großen Pause rasch zu Herrn Kranzbinder gehen. Dann sehe ich ihn wenigstens in der Schule — und auch William und Berthild.‘

‚Berthild wohl nicht‘, erklärte ich ihm, ‚denn die besucht nach den Sommerferien die erste Klasse des Gymnasiums, aber William wird sich sicher freuen, auf dem Schulhof mit dir zusammensein zu können.‘ So war es mir möglich, den armen kleinen Peter ein wenig zu trösten.“

„Ja, ich will mich seiner annehmen“, bestätigte Herr Kranzbinder, „und vielleicht wird es in Zukunft doch möglich sein, mit seiner Mutter Verbindung aufzunehmen. Ich hätte mir nie vorgestellt, daß diese robuste, um nicht zu sagen rabiate Frau so hilflos sein könnte, wie ich sie jetzt gesehen habe. Vielleicht ist sie durch den erlittenen Schock etwas zugänglicher geworden.“

„Wie konnte Karl-Heinz nur so jemand heiraten?“ Anita stellte diese Frage.

„Oft erlebt man da Unbegreifliches“, erwiderte der Vater, „und ich möchte es euch Kindern sehr ans Herz legen: Trefft später nie eine Partnerwahl, durch die ihr todunglücklich werden könnt.“

Am kommenden Sonntag hatte Friedemann in einem auswärtigen Dorf als Lektor den Predigtdienst in der Kirche zu übernehmen. Nur zögernd hatte er damals zugesagt, als ihn der Dekan um einen solchen Dienst gebeten hatte. Hatte er in der Schule nicht genug Aufgaben zu erfüllen, und wurden sie nicht immer schwieriger? Obgleich er zu den Lehrern gehörte, denen es trotz mancher Widerstände der Schüler immer wieder gelang, seine Klassen „in den Griff zu bekommen", spürte er deutlich, wie diese Anforderungen oft bis an die Grenze seiner Kraft gingen. Manchmal war es ihm, als habe er gegen dämonische Mächte anzugehen. Kein Wunder, wenn er bedachte, in welchem häuslichen Milieu manche seiner Schüler lebten. Viele von ihnen kannten überhaupt kein Familienleben. Der einzige Platz, der Eltern und Geschwister noch vereinte, war der vor dem Fernsehgerät, wo man Bier trinkend und Zigaretten rauchend die Abendstunden zubrachte. Ein vernünftiges Gespräch kam bei den meisten nicht mehr zustande, und hatte man sich etwas zu sagen, geriet man gewöhnlich in Streit, schrie sich an und wurde nicht selten handgreiflich. Natürlich gab es auch Ausnahmen, doch wußte Friedemann mit Sicherheit, daß ein großer Teil seiner dreizehn- und vierzehnjährigen Schüler in ungeordneten Verhältnissen lebten. Konnte es da anders sein, als daß sie auch gegen ihren Mitschülern und manchmal sogar den Lehrern aggressiv wurden? Unbewußt prägte sich ihr Lebensbild an den „Vorbildern" im Elternhaus sowie an den Leitbildern, die ihnen Krimis und Sexfilme boten.

Noch vor einigen Tagen hatte in der Tageszeitung ein besorgniserregender Artikel gestanden, der die Überschrift trug: „Was wird aus unserer Jugend?" Da konnte man unter anderem lesen: Die Lehrer müßten heute froh sein, wenn sie nicht von ihren Schülern verprügelt würden...

Zu derartigen oder ähnlichen Ausschreitungen war es in dieser Schule allerdings nicht gekommen. Die meisten von Friedemanns Schülern empfanden eben doch, daß er es gut mit ihnen meinte und sich um sie bemühte. Wenn er aber nicht aus den Kräften leben würde, die Gott ihm gab, hätte er längst resigniert. So versuchte er auch auf seine Kollegen einzuwirken, die vielfach allen Idealismus verloren hatten und der Ansicht waren, daß man den „Karren" einfach laufen lassen sollte.

„Ich unterrichte so gut oder so schlecht, wie es bei einer solchen Horde möglich ist. Aber ich denke nicht daran, mich völlig aufzureiben oder wegen der Bande einen Herzinfarkt zu bekommen."

Die Lehrer, die so dachten, wußten, daß Friedemann Kranzbinder ihre Auffassung nicht teilte. Friedemann ging seinen Weg unbeirrt trotz ihrer Kritik, die manchmal nicht vor Hohn und Spott gegenüber seinen Methoden zurückschreckte. Jeder von ihnen wußte, daß er aus Überzeugung Christ war.

Als ihn nun damals der Dekan bat, als Lektor im Gemeindebezirk Predigtdienste zu übernehmen, hatte er gesagt: „Sie müssen sich nicht unbedingt an die ausgearbeiteten Texte halten, die wir für die Lektoren herausgeben. Ich kenne Sie zu genau und weiß, daß Sie aufgrund Ihrer inneren Überzeugung ein klares Evangelium verkündigen. Auch verfügen Sie über eine freie Redegabe. Ich wäre Ihnen dankbar, wenn ich mit Ihrem Einsatz rechnen könnte."

Obgleich es Friedemann oft nur schwer gelingen wollte, die notwendige Zeit für die Predigtvorbereitungen zu finden, freute er sich doch darüber, daß er dem Dekan eine Zusage gegeben hatte. Längst hatte er erkannt, daß der intensive Umgang mit dem Wort Gottes ihm selbst den größten Gewinn brachte. Er konnte ja nur weitergeben, was er selbst besaß. Auch durfte er immer wieder erleben, daß die Gottesdienstbesucher seinen Worten sehr aufmerksam zuhörten. Manches persönliche Gespräch, das sich daraus ergab, gewährte ihm Einblick in Nöte, Zweifel und Glaubensunsicherheit.

Nicht immer konnte Rosmarie ihn begleiten, wenn er hinaus in die Gemeinden fuhr. Manchmal aber nahm er sogar die ganze Familie mit. Allerdings hatte sich Thomas davon in den letzten Monaten immer mehr zurückgezogen. Wie staunte daher Friedemann, als sein Ältester ihn am nächsten Sonntag fragte: „Ist es dir recht, Vater, wenn ich dich begleite? Du hast doch heute auswärts zu predigen?"

Erfreut erwiderte der Vater: „Aber gern, Thomas. Ich bin oben auf der Alb."

Er hütete sich aber, sein Erstaunen zu zeigen oder gar eine Frage nach der Ursache dieses Wunsches zu stellen.

Der Kirchenbesuch war in den Dörfern besser als in der Stadt. Erfreut stellte Friedemann fest, daß er bei seinen Gottesdiensten immer wieder auch neue Gesichter sah.

Erst kürzlich hatte ein Bauer zu ihm gesagt: „Daß Sie, der nicht aus Berufsgründen predigt, mit solcher Freudigkeit und Überzeugungskraft auf der Kanzel stehen, das imponiert uns."

Friedemann wollte nicht, daß er auch nur gedanklich bevorzugt würde, und setzte sich sogleich für den Gemeindepfarrer ein, von dem er wußte, daß dieser, im Vergleich zu manchen modern ausgerichteten Theologen, noch ein evangeliumstreuer Mann war.

„Ich freue mich für Sie und Ihre Gemeinde, daß Sie einen Seelsorger haben, der sein Amt nicht nur aus Berufsgründen ausübt, sondern um eine innere Berufung weiß. Das ist nämlich ein Unterschied."

„Ja", bestätigte der Bauer, „das wissen wir und sind auch ganz zufrieden mit ihm. Nur freut es uns besonders, daß Sie als Laie ebenfalls von diesem inneren Auftrag wissen. Es gibt in unserer Zeit leider nicht wenige, die anstatt Brot Steine weitergeben."

Diesmal also saß auch Thomas unter der Kanzel, auf der sein Vater zu predigen hatte. Friedemann vermied es bewußt, dem Sohn während seiner Predigt ins Gesicht zu sehen. Er wollte nicht, daß sich der Junge beobachtet fühlte. Nur ein- oder zweimal streifte ihn sein Blick flüchtig. Er hatte nicht den Eindruck, daß Thomas sehr bei der Sache war, und für einen kurzen Augenblick bewegte ihn die Frage, was ihn wohl bewogen habe, mitzukommen. Als sie dann im Wagen zurückfuhren, begann Thomas ein Gespräch, das dem Vater bald deutlich machte, welche Absicht der Junge verfolgte.

„Du hast kürzlich etwas gesagt, worüber ich seitdem immer wieder nachgedacht habe. Es war an dem Abend unserer Rückkehr aus der Schweiz. Wir sprachen über die unglückliche Ehe von Karl-Heinz Schulendorf und seiner Frau."

Thomas zögerte einen Augenblick, weiterzusprechen.

„Wollen wir ein Stück durch den Wald gehen?" fragte Friedemann, dem klar war, daß seinen Ältesten eine ernsthafte Frage bewegte. „Wir sind früh dran. Bis zum Mittagessen dauert es ohnehin noch mehr als eine Stunde."

Thomas willigte sofort ein. Auch heute schien die Sonne von einem fast wolkenlosen Himmel. Der Buchenwald glänzte in seinem schönsten Herbstgewand. Ein Eichhörnchen sprang über den Weg. Auf den Wiesen blühten die Herbstzeitlosen. Die Heckenrosen, die den Weg säumten, hatten purpurroten Hagebutten Platz gemacht. Nur von ferne und gedämpft vernahm man das Geräusch fahrender Autos. Sonst umgab die beiden wohltuende Stille.

Thomas fuhr fort: „Du hast an dem Abend gesagt: ‚Trefft später nie eine Partnerwahl, durch die ihr todunglücklich werden könntet.'"

Herr Kranzbinder unterbrach die nun folgende Pause weder durch eine Zustimmung noch durch eine Frage. Wenn überhaupt, so hatte Thomas gewöhnlich seiner Mutter Einblick in seine persönlichen Angelegenheiten gegeben. Heute nun schien es ihm wichtig, die Ansicht des Vaters zu hören. Dieser empfand eigentlich zum erstenmal, daß sein Sohn, der hier neben ihm ging und nach Worten suchte, kein Kind mehr war. Als habe Thomas die Gedankengänge des Vaters erkannt, fuhr er fort: „Ich weiß, du und Mutter, ihr habt mich bisher immer noch als einen unreifen Jungen angesehen. Wahrscheinlich auch mit Recht — ich weiß zu genau, daß ich noch weit davon entfernt bin, fertig zu sein."

Friedemann blickte zur Seite, als interessiere ihn ein verkrüppelter Baum. Es war aber nur, damit der Junge das winzige Lächeln, das über sein Gesicht huschte, nicht sah und es schließlich falsch deutete. Nein, Thomas hatte ein Recht darauf, ernst genommen zu werden.

„Und doch habe ich etwas erlebt", sagte Thomas, „was mich mehr bewegt als irgend etwas je vorher."

„Sprich nur weiter", ermutigte ihn nun der Vater. „Du bist dabei, das merke ich schon einige Zeit, aus den Kinderschuhen herauszuwachsen. Und was das Fertigsein anbetrifft, mein Junge, so bin ich es heute noch nicht. Solange wir leben, haben wir zu lernen."

Thomas ging nun direkt auf sein Ziel los. „Wie kann man wissen, Vater, ob man die rechte Partnerwahl getroffen hat? Geht man nicht mit jeder Ehe ein Risiko ein? Und stellt es sich oft nicht erst viel später heraus, ob man die rechte oder die verkehrte Wahl getroffen hat?"

„Das stimmt, Thomas. Jede Ehe ist ein Wagnis. Aber meiner Meinung nach gehört zu diesem Wagnis nicht nur Mut, sondern vor allem die Erkenntnis, daß man geführt worden ist. Wenn ich dieses Risiko, wie du es nennst, mit Gott wage, so glaube ich, daß ich vor mancher Enttäuschung bewahrt bleiben kann."

„Aber Vater, ich habe trotzdem schon beobachtet, daß auch nicht alle Ehen christlicher Leute glücklich sind. Kommt es nicht vielfach daher, daß die beiden Partner sich vorher einfach nicht genug kannten? Nach eurer, deiner und Muttis Ansicht, die wir Jungen heute veraltet nennen, war es früher gar nicht möglich oder besser gesagt üblich, daß man sich vor der Ehe richtig kennenlernte, besonders auf sexuellem Gebiet. Du wunderst dich vielleicht, daß ich so offen darüber rede."

„Sprich nur weiter, Thomas. Ich freue mich über dein Vertrauen."

„Ich muß dir gestehen, Vater, daß ich bis vor den Ferien der Meinung meiner Klassenkameraden war, die behaupten: Ehe auf Probe ist das allein Richtige."

„Waren tatsächlich alle dieser Meinung?"

„Nur wenige dachten anders."

„Du sagtest eben, Thomas, daß du bis vor den Ferien dieser Ansicht deiner Schulkameraden warst. Ist das jetzt anders?"

„Eigentlich wollte ich noch nicht darüber sprechen, weil ich fürchtete, du und Mutti, ihr würdet mich nicht ernstnehmen. Für euch bin ich ja immer noch das Kind."

„Unser Kind wirst du auch bleiben, Thomas, selbst wenn du ein Mann geworden bist. Aber vielleicht habe ich bisher noch nie so erkannt wie in diesem Augenblick, daß du in Wirklichkeit kein Kind mehr bist, und diese Erkenntnis verpflichtet mich, mit dir jetzt von Mann zu Mann zu reden."

Thomas errötete und wandte sein Gesicht dem Vater zu. „Ich danke dir! Das hilft mir, dir in dieser Stunde anzuvertrauen, was mich bewegt. Ich liebe Sandra. Alles, was bisher mit Mädchen war — etwa die Freundschaft mit meiner Schulkameradin Micky oder zu einigen anderen — kann ich dagegen nur eine Kinderei nennen. Es gehört einfach dazu, eine Freundin zu haben. Aber das, was ich für Sandra empfinde, ist etwas völlig anderes. Ich habe es schon gewußt, als ich mit Frau Burgenwald in der Schweiz war und bei Bengelis wohnte. Das heißt, Sandra hat mir schon damals außerordentlich gut gefallen. Aber vertieft hat sich dieses Gefühl, als sie mit ihrem Vater bei uns war und vor allem in den Ferientagen dort."

„Sandra gefällt auch Mutter und mir sehr gut."

„Aber Vater, eigentlich müßte ich doch nun sehr glücklich sein, da sie mich wissen ließ, daß ich ihr ebenfalls nicht gleichgültig bin. Sie ist das wunderbarste Mädchen, das mir je begegnet ist — wenn sie nur nicht fromm wäre. Aber richtig froh bin ich nicht."

Wieder huschte ein kleines Lächeln über Herrn Kranzbinders Gesicht.

„Die Tatsache, daß sie fromm ist, stört dich also?"

„Es ist eigenartig, ich möchte im Grunde genommen gar nicht, daß sie anders wäre. Aber weil ich selbst ihre Meinung nicht teile, jedenfalls bisher kein entschiedener Christ bin, komme ich mir verachtungswürdig vor, wenn ich um eines Mädchens willen, selbst wenn ich es liebe, meiner Überzeugung untreu werde."

„Deiner Überzeugung, Thomas? Bist du wirklich so überzeugt, wie du es zu sein glaubst? Lehnst du nicht aus einer gewissen Opposition heraus das ab, was du ja auch in deinem Elternhaus kennengelernt hast, bewußtes Christentum?"

„Sandra hat mir gesagt, sie würde nie einen Mann heiraten, der nicht ein echter Christ ist. Wäre es nicht charakterlos, um eines Mädchens willen vorzugeben, ein Christ zu sein und sie damit zu täuschen? Ich bin kein Christ und habe bisher auch nicht das Bedürfnis, einer zu sein. Deine und Muttis Ansichten sind mir zu eng. Eure Meinung kommt mir teilweise überholt und veraltet vor — gerade auch in bezug auf das Zusammenleben von zwei Menschen, die nicht verheiratet sind. Ich habe das Empfinden, ich würde mich rückwärts entwickeln, wenn ich eure Auffassung teile. Begreifst du nun, in welchem Zwiespalt ich mich befinde?"

„Gut begreife ich das, Thomas. Aber ich möchte noch einmal auf deine Äußerung zurückkommen. Du sagst: Ich bin kein Christ! Wenn ich dich nun daran erinnere, daß du getauft und konfirmiert bist?"

„Du selbst hast oft genug gesagt, Vater, daß dies nicht ausreiche. Als ich ein kleines Kind war, wurde ich nicht gefragt, ob ich getauft werden will, und auf die Konfirmation hätte ich ebenfalls verzichten können. ‚Auf die persönliche Entscheidung kommt es an', wie oft habe ich das aus deinem Mund gehört. ‚Wo die fehlt', sagtest du, ‚verlieren auch die Taufe und die Konfirmation ihren tiefen Sinn.' Diese Entscheidung, Vater, habe ich bisher nicht getroffen und kann sie nun nicht einfach um Sandras willen treffen."

„Thomas, du hast jetzt zweimal das Wort ‚bisher' gebraucht. Du sagtest, du bist bisher kein entschiedener Christ, und soeben fährst du fort: ‚Diese Entscheidung habe ich bisher nicht getroffen.' Das ist mir ein deutlicher Beweis dafür, daß du das letzte Wort zu einer solchen Entscheidung noch nicht gesprochen hast. Das läßt mich für dich hoffen. Glaube mir, es ist mir lieber, du erkennst, daß der Augenblick noch kommen kann, an dem du deine jetzige Meinung korrigierst. Mutti und ich beten täglich dafür, daß du den Weg in die Nachfolge Jesu einschlagen mögest. Aber uns ist auch klar, daß wir dir Zeit lassen müssen. Ich bin froh darüber, daß du nicht etwa Sandra zuliebe einen Entschluß faßt, der in Wirklichkeit nicht echt ist. So beten wir weiter für dich!"

Nun wurde Thomas fast heftig. „Das ist es ja gerade. Ihr umzingelt mich mit euren Gebeten. Sandra hat mir dasselbe gesagt, und wer weiß, vielleicht beten noch andere dafür, daß ich ein Christ werde."

„Warum erregst du dich darüber?"

Thomas schwieg einen Augenblick. Dann fuhr er fort: „Ich werde einfach nicht damit fertig! Es ist bestimmt nur, weil ich Sandra nicht verlieren möchte. Andererseits werde ich sie auch nie besitzen, wenn ich nicht ihre innere Überzeugung teile, das weiß ich auch. Wenn ich nur wüßte, wie ich mich zu verhalten habe!"

„Der Tag wird kommen, an dem du klar deinen Weg erkennst. Nicht um Sandras willen sollst du ein Christ werden, sondern weil Gott dir zu stark geworden ist. Und ich glaube daran, daß dies eines Tages der Fall sein wird."

„Du hast vorhin in deiner Predigt ein Wort zitiert, Vater; viel habe ich von dem, was du sagtest, nicht mitbekommen. Meine Gedanken irrten immer wieder ab. Ich denke Tag und Nacht an Sandra. Aber dieser eine Ausspruch, ich glaube, er ist von Bezzel, wie du sagtest, der nahm mich wenigstens für eine kurze Zeit gefangen. Kannst du dich noch daran erinnern?"

„Ja, ich weiß, was du meinst. ‚Frömmigkeit ist der Entschluß, die Abhängigkeit von Gott als Glück zu bezeichnen.'"

„Die Abhängigkeit von Gott als Glück zu bezeichnen", wiederholte Thomas nachdenklich. „Bisher sehe ich darin kein Glück, sondern eher die Vergewaltigung meines Willens."

Friedemann Kranzbinder blickte auf seine Armbanduhr.

„Ich fürchte, wenn wir jetzt nicht nach Hause fahren, sorgt Mutti sich um uns. Das Mittagessen ist bestimmt schon längst fertig. Von einem Entschluß ist in diesem Ausspruch von Bezzel die Rede. Dieser Entschluß muß aus dir kommen, Thomas, aus deinem Innern. Mit anderen Worten: Du mußt deinen Willen dazu hergeben. Wenn du das aufrichtig tust, wird es dir auch nicht schwerfallen, die Abhängigkeit von Gott als Glück zu bezeichnen. Noch bist du auf der Flucht vor ihm. Wenn du dahin kommst, deinen eigenen Willen dem Willen Gottes zu unterstellen, verändert sich dein Leben, und du wirst freudig bejahen, was dir jetzt noch als rückständig oder längst überholt vorkommt. Hab' Geduld mit dir selbst, Thomas. Wir wollen sie auch mit dir haben. Und wenn Sandra dich liebt, dann wird sie ebenfalls warten können und wollen. Aber jetzt müssen wir zum Wagen zurückgehn."

„Ich hätte dir gern noch etwas von einem Vortrag gesagt, den Doktor Bengeli mit Ingo, Sandra und mir in Interlaken besuchte, der mir sehr zu denken gab."

„Gern nehme ich mir die Zeit, dich anzuhören, Thomas. Vielleicht ist es heute abend noch möglich, aber spätestens in den nächsten Tagen."

Frau Kranzbinder blickte bereits ein wenig besorgt nach ihren beiden Männern aus.

„Ich fürchtete schon, euch sei unterwegs etwas passiert", sagte sie.

„Ich erzähle dir später, warum wir erst jetzt kommen", gab ihr Mann zur Antwort.

Die beiden Mädchen konnten es sich aber nicht versagen, einen Vorwurf anzubringen. „Wegen euch kann Mutti jetzt noch einmal die Suppe aufwärmen, und der Braten ist beinahe verbrannt", tadelte Berthild.

„Das ist ja furchtbar!" erwiderte der Vater lachend. „Dann wollen wir uns nur gleich zu Tisch begeben."

Anita aber wandte sich direkt an Thomas und stichelte halblaut: „Ich möchte nur wissen, warum du plötzlich Neigung verspürst, mit Vati zur Kirche zu gehen. Es ist schon länger her, daß du uns die Ehre gabst, mitzukommen. Ich bin überzeugt, daß du es nur Sandras wegen tust."

Da zeigte sich sofort wieder der alte Thomas. „Ich habe schließlich nicht dir Rechenschaft über mein Tun zu geben, du alte Meckerliese. Kümmere dich lieber um deine eigenen Angelegenheiten."

„Anita, komm mit in die Küche und hilf mir, das Essen aufzutragen. Du weißt, Doris hat heute ihren freien Sonntag." Draußen gab Rosmarie ihrer Tochter einen Verweis: „Es wird langsam Zeit, daß du dein Mundwerk ein wenig in Zaum hältst, Anita. Was du vorgebracht hast, war mehr als unklug, um nicht zu sagen taktlos."

Anita senkte die Augen. Sie empfand deutlich, daß die Mutter recht hatte. Wieviel mehr freute sich diese, als sie gleich darauf ihre große Tochter leise zu ihrem Bruder sagen hörte: „Entschuldige, Thomas! Mein Geschwätz eben war blöde."

„Wenn du es nur einsiehst!" grollte er, aber es war zu spüren, daß zwischen ihnen wieder alles in Ordnung war.

Am Nachmittag wollte Thomas einen Freund besuchen. Die Mädchen hatten sich zwei Schulkameradinnen eingeladen, und zu aller Freude und Überraschung stellte sich unverhofft Peter Schulendorf ein.

„Meine Mama hat mir erlaubt, euch zu besuchen", berichtete er mit strahlenden Augen. „Zum Nachtessen muß ich wieder daheim sein."

William zog ihn gleich in sein Zimmer und verschwand

bald mit ihm im Garten. Friedemann nahm das ungestörte Zusammensein mit seiner Frau wahr, um ihr von dem Gespräch mit Thomas zu berichten.

Aufmerksam, aber nicht weniger froh und bewegt hörte Rosmarie ihrem Mann zu.

„Daß Thomas von Sandra stark beeindruckt war, zeigte sich ja bereits bei ihrem Hiersein, und das ist nicht verwunderlich. Sie ist ein ganz entzückendes Mädchen. Man könnte nur wünschen, daß die beiden Herzen einmal zusammenfinden. Aber was mich verwundert ist, daß der Junge mit dir so offen darüber gesprochen hat. Ich kann dir nicht sagen, wie froh ich darüber bin. Bereits nach seinem ersten Besuch in der Schweiz hatte ich den Eindruck, daß er irgendwie verändert zurückgekommen ist. Diesmal fällt es mir noch stärker auf. Er scheint mir ruhiger und nachdenklicher zu sein. Ob es nun Sandra oder überhaupt die Atmosphäre im Doktorhaus ist, der Aufenthalt dort hat ihm sichtlich gut getan. Aber ist es nicht seltsam, Friedemann, Bengelis vertreten doch dieselbe Lebensauffassung wie wir. Das hat mir das kurze Beisammensein mit dem Doktor bewiesen. Warum wohl stört es Thomas bei Bengelis nicht, wie es scheint? Fast tut mir das weh. Er bejaht vielleicht sogar dort, was er hier bisher ablehnte."

Friedemann zog seine Frau auf die Couch an seine Seite. „Ich glaube, Rosmarie, du mußt das anders sehen. Beten wir nicht seit Jahren dafür, daß Gott sich auf irgendeine Weise unserem Thomas offenbart. Er hat verschiedene Mittel und Wege, dies zu tun. Wenn es uns bisher nicht möglich war, den Jungen zu überzeugen, sollten wir uns dann nicht von Herzen freuen, daß es durch das Beispiel anderer Christen dahin kommt?"

„Sicher, aber mir bleibt die Sorge, daß er nicht aus Überzeugung, sondern um Sandras willen seine Einstellung ändert."

„Nein, Rosmarie, gerade so ist es nicht. Das Mädchen hat ganz klar gesagt, daß es nie einen Mann heiraten würde, der kein bewußter Christ ist. Und nun hat er zu mir von dem Zwiespalt gesprochen, der in ihm aufgebrochen ist. Er ist keineswegs soweit, daß er eine Entscheidung für Christus getroffen hat. Noch immer scheint er eher ablehnend zu sein, und gerade das macht ihm zu schaffen: ‚Ich kann doch nicht, um Sandra für mich zu gewinnen, so tun, als sei ich ein Christ, obwohl ich es nicht bin.' So ist er innerlich hin- und hergerissen. ‚Vater, ich liebe Sandra', hat er mir gestanden, ‚aber weil ich ihre innere Einstellung nicht teilen kann, sieht diese Liebe hoffnungslos aus.'"

„Tatsächlich? So offen hat er mit dir gesprochen? Ist er nicht noch reichlich jung für solche Gedankengänge? Denke, er ist kaum siebzehn Jahre alt."

„Rosmarie, wir müssen uns wohl oder übel damit abfinden, daß wir einen erwachsenen Sohn haben. Das ist mir heute vormittag ganz klar geworden. Vielleicht gehört es zu den notwendigen, wenn auch schmerzlichen Erfahrungen unseres Lebens, daß der Einfluß anderer Menschen an unseren Kindern unter Umständen mehr bewirkt als unser eigener. Wenn es sich um einen guten Einfluß handelt, wie hier im Falle Sandras oder ihres Elternhauses, dann wollen wir dafür von Herzen dankbar sein. Vor den negativen Beeinflussungen können wir sie, so sehr wir uns auch darum bemühen, ohnehin kaum bewahren."

Thomas kam früher nach Hause, als ihn die Eltern erwartet hatten.

Er hatte seinen Freund nicht angetroffen.

„Wolltest du mir nicht von einem Vortrag erzählen, den

du in der Schweiz gehört hast?“ fragte Friedemann, nachdem der Junge sich zu den Eltern gesetzt hatte.

„Möchtest du lieber mit Vater allein sprechen?“ fragte Rosmarie, die in keiner Weise störend wirken wollte. Ihr war längst klar geworden, daß Thomas den Kirchgang mit dem Vater als Vorschub genommen hatte, um ihn nach dem Gottesdienst für sich allein zu haben. Doch Thomas verneinte. Vielleicht empfand er auch, daß es die Mutter schmerzen könne, wenn er ihr nicht dasselbe Vertrauen entgegenbrachte wie dem Vater.

„Nein, bleib nur hier“, erwiderte der Junge. „Warum solltest du nicht hören können, was ich Vati sage. Ich nehme ohnehin an, daß er dir bereits von unserem Gespräch heute morgen erzählt hat.“

„Ja, das stimmt. Mutti und ich haben keine Geheimnisse voreinander, und ich meine, wo es um unser Kind geht, gibt es nichts, was sie nicht wissen dürfte.“

Frau Kranzbinder nahm den Gedankengang ihres Mannes auf und sagte: „Um unser Kind . . ., das schon eine Weile die Kinderschuhe abgestreift hat. Manchmal fällt es Eltern schwer, dies zu bejahen.“

„Und doch ist es der Gang der Dinge“, fuhr Thomas fort. „Irgendwann bleibt das aus dem Ei geschlüpfte Hühnchen eben kein Küken mehr, das unter den Flügeln der Henne Zuflucht sucht.“

Es tat Rosmarie wohl, daß ihr Ältester bei diesen Worten für einen kurzen Augenblick den Arm um ihre Schultern legte.

Sie streifte sein Gesicht mit einem herzlichen Blick. Nein, schlecht war ihr Großer wirklich nicht, wenn auch manchmal ruppig und voller Widerspruch.

„Ob es vielleicht nicht doch so ist“, fuhr Thomas fort und

blickte dabei den Vater an, „daß wir Jungen heute früher reif sind, als ihr es zu eurer Zeit wart?"

„Doch, so ist es", bestätigte Friedemann. „Das bringen die Umstände und Verhältnisse mit sich, wie zum Beispiel Fernsehen, Film, Illustrierte und das allgemeine freie Sprechen über Geschehnisse, die früher tabu waren. Das heißt aber nicht, daß die freie Auffassung, wie sie sich heute breitmacht, unbedingt immer richtig ist. Ich gebe zu, wir Älteren müssen uns auf manchen Gebieten der Zeit anpassen und dürfen nicht meinen, alles sei früher besser gewesen als heute. Aber es gibt Ordnungen, die von Gott gegeben und daher unumstößlich sind."

„Woran denkst du jetzt, Vater?"

„Ich will dir ein Erlebnis erzählen, Thomas, und möchte dich bitten, mir zu sagen, was du in meinem Fall geantwortet hättest. Dir, Rosmarie, habe ich die Sache ja schon berichtet. Ich begehe damit keinen Vertrauensbruch, denn im ganzen Ort, in dem dies geschehen ist, weiß man davon."

Irgendwie fühlte Thomas sich bestätigt, weil der Vater seine Meinung hören wollte.

„Es war in einer der Gemeinden, in der ich kürzlich zu predigen hatte", begann Herr Kranzbinder. „Nach dem Gottesdienst bat mich ein angesehener und von allen geachteter Mann um eine Unterredung. Ich ging mit ihm in die Sakristei, und dort erzählte er mir in großer Sorge von seiner einzigen Tochter, die siebzehn Jahre alt und als Lehrling bei einem Rechtsanwalt tätig ist. Sie hat ihren Eltern mitgeteilt, daß sie gemeinsam mit ihrem Freund, der noch studiert, eine Wohnung mieten wolle. Der Student bekommt von seinem wohlhabenden Vater ein gutes Taschengeld. Zusammen mit dem, was das Mädchen verdient, glauben sie durchkommen zu können. Die Frage des Mannes, der übrigens Kirchengemeinderat ist, lautete: ‚Bin ich als Vater nicht berechtigt, meiner Tochter zu verbieten, zu ihrem Freund zu ziehen? Meine Frau grämt sich schier zu Tode und meint, sie könne sich nicht mehr auf die Straße wagen, wenn das herauskommen sollte!"

Thomas konnte nicht an sich halten: „Ja, genauso reagieren solche Eltern: Ich muß mich zu Tode schämen — was sagen die Leute?"

„Was hättest du dem Mann geantwortet, Thomas?"

„Rechtlich hat er sowieso nur noch kurze Zeit die Möglichkeit, der Tochter Vorschriften zu machen, denn mit achtzehn Jahren ist sie mündig", erwiderte der Junge. „Und selbst, wenn er es bis dahin verbietet, wird er meines Erachtens kaum etwas ausrichten. Das Mädchen wird nicht von ihrem Freund lassen. Wahrscheinlich leben sie heimlich längst zusammen. Warum sollen sie es dann nicht auch offiziell tun?"

„So findest du also nichts dabei, wenn zwei junge Menschen schon vor der Ehe in dieser Weise zusammen sind?" fragte Rosmarie, und in ihren Augen war die bange Sorge zu lesen, ihr Sohn habe sich ebenfalls diese Ansicht zu eigen gemacht.

„Schau mich doch nicht so entsetzt an", lachte Thomas. „Wirklich, Mutti, manchmal habe ich den Eindruck, ihr lebt hinter dem Mond. Was dich so erschreckt, ist für uns junge Leute völlig problemlos. Wir leben nun einmal nicht mehr im vorigen Jahrhundert, und man kann das Rad der Zeit nicht einfach zurückdrehen. Was vor zehn, zwanzig Jahren noch undenkbar war, ist heute an der Tagesordnung. Junge Leute leben zusammen, ohne verheiratet zu sein. Es ist nicht einmal eine Ehe auf Probe, sondern sie haben zum großen Teil gar nicht vor, sich zu verheiraten. Viele Studenten halten es heute so. Die Angst, ein Kind zu bekommen, ist ihnen durch die Pille genommen. Alles ist viel einfacher, und die vorige Generation tut gut daran, sich damit abzufinden."

„So ist dies also auch deine Meinung?" fragte die Mutter fast tonlos. In ihren Augen standen Tränen.

Thomas, der in lässigem Ton gesprochen hatte, wurde jetzt ernst. „Ich habe nicht gesagt, Mutti, daß dies auch meine Überzeugung ist. Ich wollte dir nur erklären, wie viele junge Leute das heute sehen. Daß ich persönlich ihnen nur mit Vorbehalt zustimme, liegt wohl auch daran, daß noch ein Teil der Eierschalen meines Elternhauses an meinen Federn kleben geblieben ist. Ich kann mich eben doch nicht völlig von eurer Lebensauffassung lösen. Wahrscheinlich habe ich zu große Achtung vor euch. Aber irgendwann muß ich mich ja doch frei machen von eurem Gedankengut und meinen eigenen Weg gehen. Jeder hat das Recht, sein Leben nach eigenen Vorstellungen zu gestalten."

„Mich würde interessieren", fragte nun der Vater, „was Sandra zu alledem sagt."

„Das ist es ja gerade", erwiderte lebhaft Thomas. „Vielleicht würde ich mich, wie ich es auf manchen Gebieten schon getan habe, über eure Meinung hinwegsetzen. Vieles, was meine Schulfreunde sagen, leuchtet mir ein. Warum zum Beispiel erst standesamtliche oder gar kirchliche Trauung? Wenn ich ein Mädchen liebe, dann benötige ich keine Traupapiere oder den Segen eines Pfarrers. Aber es ist merkwürdig, je länger ich Sandra kenne und mir vorstelle, daß sie einmal meine Frau werden könnte, desto klarer wird mir, daß sie ganz eindeutige Grundsätze auf diesem Gebiet hat. Nie würde sie einwilligen, mit mir zusammenzuleben, ohne daß wir verheiratet wären. Und aus Liebe zu ihr könnte ich warten. Manchmal kann ich es selbst nicht fassen, daß sie schon einen solchen Einfluß auf mich ausübt, ohne daß wir darüber gesprochen haben."

„Aber Junge, du bist in Wirklichkeit doch noch fast ein Kind", hätte Frau Kranzbinder jetzt gern gesagt. Aber sie wußte im gleichen Augenblick, daß sie kein Recht mehr hatte, dies zu behaupten.

„Vater", wandte sich Thomas jetzt an Herrn Kranzbinder, „was hast du denn diesem Mann gesagt?"

„Ich habe ihm geantwortet, daß ich seine und seiner Frau Sorge gut verstehe, daß ich aber der Meinung bin, mit Gewalt und Verbot kommt er hier nicht weiter. Ganz abgesehen davon, daß die Ehe von Gott eingesetzt sei, müßten wir als Eltern uns doch verpflichtet fühlen, unseren heranwachsenden Kindern die Problematik eines ehelosen Zusammenlebens klarzumachen. Es mag sein, daß es siebzehnjährige Mädchen und Burschen gibt, die für die Ehe körperlich reif sind. Aber das allein genügt nicht. Niemals bleiben bei einem solchen Zusammenleben Spannungen aus. Ob sich dann beide Partner innerlich verpflichtet fühlen, trotzdem beisammen zu bleiben, einander zu tragen und zu ertragen und immer wieder neu mit Geduld und wachsender Liebe anzufangen? Die Gefahr, dann einfach auseinanderzulaufen, ist doch viel größer als in der Ehe. Und wird sich eine junge Frau auf die Dauer nicht erniedrigt fühlen, wenn sie nichts anderes ist als die Geliebte ihres Mannes, die er verlassen kann, wann er will? Wird sie nicht wünschen, mit ihm fürs ganze Leben verbunden zu sein, und zwar als seine rechtmäßige Ehefrau?"

„Dann meinst also auch du, Vater, daß es eine Ehe auf Probe überhaupt nicht geben kann? So sagte nämlich der Redner des Vortrages, den ich in der Schweiz gehört habe."

„Du wolltest uns davon erzählen, Thomas."

„Doktor Bengeli fragte Ingo, Sandra und mich, ob wir Lust

hätten, an einem Vortrag teilzunehmen, den ein Prediger hielt. Das Thema lautete: Ein Krebsgeschwür am Volkskörper — ist es heilbar? Ihr seht, Bengelis hielten mich für reif genug, diesen Vortrag zu besuchen. Ingos Vater meinte, gegenüber vergangenen Jahrzehnten ist die Reifezeit unserer Jugend um Jahre früher. Junge Leute werden vor Probleme gestellt, mit denen sie oft nicht fertig werden. Fachkundige Beratung und Hilfe sei daher unerläßlich. Deshalb müssen in Elternhaus und Schule oder in der Kirche solche Fragen angesprochen werden, um die jungen Menschen bei dem Wirrwarr von Meinungen und oftmals falschen Informationen nicht allein zu lassen. So ungefähr hat Doktor Bengeli gesagt.

Wir fuhren also nach Interlaken, wo der Vortrag gehalten wurde. Ich habe noch ein Merkblatt, das an alle Anwesenden ausgeteilt wurde."

Thomas entnahm es seiner Seitentasche und las vor:

„Ein Krebsgeschwür am Volkskörper —
ist es heilbar?

1. Eheanbruch (Zusammenleben als Mann und Frau vor der Ehe)
2. Eheeinbruch (Möglichkeit auch für ledige Leute)
3. Eheausbruch (Gefahr für unglücklich Verheiratete)
4. Eheabbruch (um größere Katastrophen zu vermeiden)

Heilbarkeit?

Ja, wenn man das Übel zu dem bringt, der nicht verdammt, sondern vergibt und den Weg zu neuem Eheglück in seiner, aber auch in der gegenseitigen Vergebung zeigt — Christus."

„Das ist ja höchst interessant", erwiderte Herr Kranzbinder. „Kannst du uns in kurzen Worten deine Eindrücke sagen, Thomas?"

„Vom Standpunkt des Redners war alles klar. Er sprach eben als Christ und von der Bibel her. Aber er kann doch nicht erwarten, daß alle Zuhörer seine Meinung teilen. Manches allerdings regte mich zum Nachdenken an. Wie schon erwähnt, war er der Ansicht, Ehe auf Probe gäbe es überhaupt nicht. Für junge Menschen sei es mehr ein Abenteuer, das man beenden könne, wenn es einem nicht länger behage, aber Ehe sei es eben nicht. Ehe bedeute, zusammengehören in guten und in bösen Tagen, wie du, Vater, es vorhin schon sagtest, einander tragen und aus der gegenseitigen Vergebung leben. Da hätte ich ihn gern gefragt, ob es nicht doch besser sei, es erst einmal miteinander zu versuchen, ohne verheiratet zu sein. Wenn man dann erkennen muß, daß es zu einem harmonischen Zusammenleben auf die Dauer nicht kommen kann, solle man sich lieber wieder trennen, ohne erst die Scheidungsklage einreichen zu müssen. Aber ich wagte dann doch nicht, mich zu Wort zu melden, weil ich den Eindruck hatte, einer der jüngsten Zuhörer zu sein. Als wir nach dem Vortrag im Doktorhaus noch zusammensaßen, habe ich meine Ansicht gesagt. Doktor Bengeli ging darauf freundlich ein und nahm mich, trotz meiner Jugend, ganz ernst. So meinte er unter anderem: ‚Es gibt natürlich Fälle, da ist eine Ehe so sehr gestört, daß man zur Scheidung raten sollte. Aber als Christ muß ich die ganze Problematik noch anders sehen. Es kommt nämlich darauf an, daß ein Mensch sich vor der Partnerwahl entschließt, nach dem Willen Gottes zu fragen. Wenn er das tut, wird er die Ordnung der Ehe genauso achten wie Gottes Gebot: Du sollst nicht ehebrechen.‘ Schon das körperliche Begehren nach einer verheirateten Frau durch einen Mann oder umgekehrt bezeichne die Bibel als Ehebruch, meinte Doktor Bengeli. Er hat an diesem Abend noch viel gesagt. Ich weiß nicht mehr alles. Eines vielleicht noch: Er meinte, selbst wenn eine Ehe völlig zerrüttet sei, könne sie durch Gottes Hilfe wieder in Ordnung kommen."

„Wie froh bin ich, daß wir Bengelis kennengelernt haben und du solche wertvollen Anregungen durch den Doktor erhalten hast", sagte Herr Kranzbinder.

„Aber es ist nicht so", wehrte sich nun Thomas in seinem alten Widerspruchsgeist, „daß ich alles bejahe, was er sagte. Ich muß einfach Zeit haben, durch die verschiedenen Meinungen hindurchzufinden. Was glaubt ihr, wie meine Mitschüler reagieren würden, wenn ich ihnen von diesem Vortrag und von Doktor Bengelis Meinung sagen würde?"

„Und wie hat Sandra sich dazu geäußert?" fragte Frau Kranzbinder, der es wichtig war, aus dem Munde ihres Sohnes eine Bestätigung dafür zu hören, was sie von diesem Mädchen erwartete.

„Das ist es ja gerade", erwiderte Thomas. „Sandra hat nur wenig gesagt. Als sei dies ganz selbstverständlich, meinte sie: ‚Vielleicht bin ich noch zu jung, um alle in diesem Vortrag aufgeworfenen Probleme verstehen zu können. Aber ich meine, wo ein Mensch sich darin übt, auf allen Lebensgebieten nach dem Willen Gottes zu fragen, da erhält er auch Antwort.' Und damit weiß ich", schloß Thomas seine Rede, „woran ich bin. Nie würde ich Sandra bewegen können, gegen ihr Gewissen zu handeln. Aber, Vater, noch ein Letztes: Verständnis für die Meinung Andersgesinnter sollte man doch haben, meinst du nicht auch?"

Herr Kranzbinder blickte seinen Sohn ernst an und erwiderte: „Thomas, man kann nur einer Meinung sein und nicht zwei Herren dienen. Der Augenblick wird auch für dich kommen, wo du dich entscheiden mußt — so oder so. Über die anderen zu urteilen, das steht uns nicht zu. Ich habe auch jenem Kirchengemeinderat gesagt: ‚Selbst wenn Ihre Tochter nicht auf Ihre Warnung hört und mit ihrem Freund zusammenzieht — immer muß sie wissen, daß sie ein Elternhaus hat, in das sie zurückkehren kann. Nie sollte sie an Ihrer und Ihrer Gattin Liebe zweifeln dürfen. Begegnen Sie ihr im Geiste und in der Liebe dessen, der denen sagte, die eine Ehebrecherin zu ihm gebracht hatten, die sie nach dem damaligen Gesetz steinigen wollten: ‚Wer unter euch ohne Sünde ist, der werfe den ersten Stein.' Zu der Ehebrecherin aber sagte er, ohne ihr Vorhaltungen zu machen: ‚Du aber gehe hin und sündige nicht mehr.'

Thomas, wir leben alle aus der Vergebung. Wer jedoch Christus begegnet ist, der will nicht mehr sündigen. Er bekommt einen völlig neuen Blick für das Leben und alles, was es mit sich bringt. Gottes Gebote sind Lebenshilfen und nicht tyrannische Forderungen. Gewiß gibt es heute viele Menschen, die sich darüber hinwegsetzen. Aber glaube mir, Thomas, es sind auch in unseren Tagen nicht wenige — vielleicht mehr, als du meinst —, die nicht mit der Masse ziehen, sondern es wagen, gegen den Strom zu schwimmen.

Du hast recht, es gibt viele unglückliche Ehen. Die immer größer werdende Zahl der Scheidungen ist dafür ein deutlicher Beweis. Aber deswegen kann man die Ehe als solche doch nicht einfach ablehnen. Ich hörte dazu einmal eine Auslegung, die mir gut gefiel.

Nach dem Sündenfall wurden Adam und Eva aus dem Paradies gewiesen. Sie durften nichts mitnehmen außer der Möglichkeit, auch danach noch mit Gott Verbindung zu halten, und darüber hinaus ihre Zweisamkeit, die Ehe. Da, wo zwei einander gehörende Menschen bewußt die Verbindung mit Gott pflegen, wird ihre Ehe immer ein Stück Paradies sein."

Thomas blickte nachdenklich von seinem Vater zu seiner Mutter. Dann sagte er: „Daß zwei Menschen so glücklich miteinander leben wir ihr, das ist eine große Seltenheit."

„Vati hat recht", fügte Rosmarie hinzu. Ihre Augen suchten die ihres Mannes.

Da stürmten die übrigen Geschwister ins Zimmer. „Gibt es heute am Sonntag überhaupt keinen Kaffee, nachdem Mutti einen so guten Kuchen gebacken hat?"

„Doch, Kinder", erwiderte Frau Kranzbinder. „Wir haben uns durch unser Gespräch nur etwas verspätet. Du, Berthild, deckst in der Diele den Tisch. Natürlich sind eure Freundinnen zu Kaffee und Kuchen eingeladen. Und Peter bleibt auch da. Nachher bringen wir ihn alle nach Hause zurück. Anita, du gehst bitte in die Küche und brühst den Kaffee auf."

„Ich fahre nachher schnell noch einmal mit dem Rad in die Stadt", sagte Thomas. „Vielleicht treffe ich meinen Freund dann zu Hause an."

„Sobald du achtzehn bist, machst du deine Fahrprüfung", versprach Herr Kranzbinder seinem Ältesten. „Ich glaube, so langsam wird es Zeit."

Über das Gesicht des Jungen huschte ein Lächeln. „Ja, nicht wahr — wenn der Vater merkt, daß der Sohn aus den Kinderschuhen herausgewachsen ist. Ich habe mich vorsorglich bereits in der Fahrschule angemeldet. Es sind so viele Interessenten, daß man sich nicht früh genug anmelden kann, um rechtzeitig einen Platz zu bekommen."

Rosmarie mußte noch einen Augenblick neben ihrem Mann sitzen bleiben. Sie lehnte den Kopf an seine Schulter. Ihr war es nicht möglich, so schnell zu verkraften, was das Gespräch an sie herangetragen hatte. Fast hilflos blickte sie ihn an.

„Oh, Friedemann, wie wahr ist es: Kleine Kinder, kleine Sorgen — große Kinder, große Sorgen."

„Aber doch ebenso große Freuden, findest du nicht auch, Rosmarie?" Er legte den Arm um sie. „Gottes Augen blicken Tag und Nacht auf sie, mehr, als unsere es je können. Aber nun dürfen wir die Kinder nicht länger warten lassen."

Es folgte ein früher Winter. Dahin war die herbstliche Farbenpracht. Wie mit roher, brutaler Hand hatte der Sturm zerstörend in die bunte Schönheit hineingegriffen. Fast hilflos wirkten die kahlen Bäume mit ihren entlaubten Zweigen, und doch war dieses Sterben nötig, um im Frühjahr neues Leben hervorzubringen.

Karin, Doris' jüngere Schwester, kam nach ihrer Schulentlassung täglich für einige Stunden in das Landhaus, um von ihrer Schwester angelernt zu werden. Diese hatte sich von Frau Kranzbinder erbeten, das tun zu dürfen.

„Ich bin jetzt so lange bei Ihnen", sagte das Mädchen, „daß ich genau weiß, wie alles laufen muß. Wenn Sie Karin bis in die kleinsten Pflichten anlernen müssen, ist das für Sie viel zu anstrengend."

Manchmal ging ein belustigtes Lächeln über Rosmaries Gesicht, wenn sie hörte, wie Doris ihrer Schwester Anordnungen für die Hausarbeit gab. Sie gebrauchte dieselben Redewendungen, wie sie sie von Frau Kranzbinder gehört hatte. Karin war nicht so robust wie ihre Schwester. Sie wirkte zart und sensibel, war aber ebenso guten Willens und besaß wohl ein feineres Fingerspitzengefühl als Doris. Frau Kranzbinder zweifelte keinen Augenblick daran, daß sie sich in Kürze gut zurechtfinden würde. Für Anita, die seit der Volksschule mit Karin befreundet war, bedeutete deren Hiersein eine besondere Freude. Am glücklichsten aber schien die kleine Hanny über Karins Kommen zu sein. Jeden Morgen stand sie am Fenster und schaute nach ihr aus. Wurde dann das Mädchen, das mit seinem Rad angefahren kam, am Ende der Pappelallee sichtbar, dann jauchzte die Kleine: „Karin kommt!"

Sie lief ihr entgegen und wußte ihr immer etwas zu berichten. Seit einiger Zeit sprach sie den Erwachsenen alles nach und besaß schon einen recht erstaunlichen Wortschatz. Die neueste Nachricht war: „Wir haben Hochzeit!"

„Hochzeit?" wiederholte Karin lachend und nahm die Kleine auf ihren Arm, nachdem sie vom Rad gestiegen war. „Hanny, was ist denn das, Hochzeit?"

Natürlich hatte das Kind keine klare Vorstellung, aber daß es irgend etwas Schönes war, das wußte es, seitdem Doris mit ihm von dem bevorstehenden Fest gesprochen hatte. Es hing auf jeden Fall mit einem neuen Kleid, einem Blumenkränzchen und einem Papi zusammen.

Kurz vor Weihnachten sollte Doris' großer Festtag sein. Ihre Ersparnisse und die des Bäckergesellen Martin hatten gereicht, daß sie zusätzlich zu den Einrichtungsgegenständen, mit denen Kranzbinders ihre kleine Wohnung ausstaffierten, Geschirr, Bettwäsche und noch anderes kaufen konnten. Ihre Eltern waren nicht imstande, ihr eine Aussteuer zu geben. Das Brautkleid, das die Mutter ihr genäht hatte, hing schon einige Zeit im Schrank. Mehr als eine Träne war darauf gefallen. Aber es waren Freudentränen gewesen. Wie hatte Frau Goswig damals um ihre Tochter gebangt, als sie erfuhr, daß die damals Fünfzehnjährige ein Kind erwartete. Und nun war aus ihrem Sorgenkind Doris eine junge Frau geworden, die im Haushalt so viel gelernt hatte, daß es ihr nicht schwerfallen würde, ihren Mann und die Kleine zu versorgen. Und was für einen fleißigen, netten Schwiegersohn sie mit Martin bekam!

Frau Goswig fiel plötzlich der Vers ein, den sie einmal im

Konfirmandenunterricht gelernt hatte. In ihm hieß es: „In wieviel Not hat nicht der gnädige Gott über dir Flügel gebreitet." Ja, das hatte sie erfahren. Und dabei waren ihr Kranzbinders eine so große Hilfe geworden. Nun wollten diese lieben Menschen auch noch die Ausrichtung der Hochzeit ihrer Tochter übernehmen. Sie konnte es kaum fassen. Das größte Wunder aber schien ihr, daß ihr Mann völlig vom Trinken losgekommen war. Wenn sie daran dachte, welche leidvollen Stunden sie in der Zeit erlebt hatte, als er Abend für Abend betrunken nach Hause gekommen war, dann konnte sie nur danken.

Doris ahnte natürlich nicht, was ihre Mutter bewegt hatte, als sie ihr Hochzeitskleid nähte. Sie zählte die Tage bis zu ihrem großen Fest. Was machte es schon, daß es vom Morgen bis zum Abend fast unaufhörlich schneite, daß die Hochzeitsgäste bis über die Knöchel im Schnee versanken, daß sich auch nicht der kleinste Sonnenstrahl durch die Kirchenfenster verirrte und dem jungen Paar, das vor dem Altar kniete, wenigstens einen winzigen Goldschimmer gab. Doris und Martin waren am Ziel ihrer Wünsche. Trotz Schneegestöber und völlig verhangenem Himmel — für sie war es dennoch der schönste, der glücklichste Tag, den sie bisher erlebt hatten.

Daß Kranzbinders die ganze Hochzeitsgesellschaft in ihr Haus eingeladen und dort ein regelrechtes Fest bereitet hatten, das war mehr, als sie zu erwarten gewagt hätten. Es war nur ein kleiner Kreis, der an der mit Tannengrün und Mimosen geschmückten Tafel saß: Doris Eltern und Geschwister, Martins Mutter, Herr Habkorn, sein Chef, und dessen Frau und natürlich alle Kranzbinders. Frau Kranzbinder hatte sogar Zeit, sich ausgiebig um ihre Gäste zu kümmern, da Frau Seestern, die frühere Bettnachbarin von Frau Purzel im Krankenhaus, wieder ganz hergestellt war und sich angeboten hatte, das Kochen und Backen zu übernehmen. Doris' Mutter konnte es nicht verhindern, daß immer wieder einmal eine Freudenträne über ihr Gesicht rann. Nein, das hätte sie sich nicht träumen lassen, daß ihre Tochter ein solches Hochzeitsfest erleben würde.

Herr Kranzbinder musizierte mit seiner Familie. Flötenspielend standen Anita und Berthild neben ihm an der Orgel. Es wurde auch viel gesungen und gespielt. William trat als Hausierer auf und hatte für jeden Teilnehmer des Festes in seinem Bauchladen ein kleines Geschenk. Herr Habkorn zeigte Lichtbilder von seinen Ferienreisen. Zu schnell war die Zeit vergangen. Herr Goswig war so bewegt, daß er zum Schluß eine kleine Dankesrede hielt. Er sagte, früher habe er es nie für möglich gehalten, daß ein Fest ohne Alkohol so fröhlich sein kann. Er könne für alles nur ein ganz herzliches Dankeschön sagen.

Herrn Kranzbinders Augen trafen sich mit denen des Bräutigams. Martin war es nicht so recht gewesen, daß ohne Wein gefeiert werden sollte. Aber Herr Kranzbinder hatte ihm klarmachen können, daß man mit Rücksicht auf seinen Schwiegervater davon absehen wolle, um ihn nicht in Versuchung zu bringen. „Willige deiner jungen Frau und deiner Schwiegermutter zuliebe ein", hatte er den jungen Mann gebeten. Und dieser sah schließlich ein, daß es so richtig war. Nun mußte er dem Schwiegervater recht geben. Es hätte nicht schöner sein können. Zum Schluß hielt Herr Kranzbinder noch eine Andacht.

Die kleine Hanny hatte das Ende des Festes nicht mehr wachend erlebt. Bevor Karin sie zu Bett brachte, flüsterte sie noch einmal schlaftrunken: „Wir haben Hochzeit."

Weihnachten ging vorüber. Das neue Jahr begann. Es war ein strenger Winter mit viel Schnee und Sturm. Manchmal ächzte es unheimlich im Gebälk des Landhauses, aber die Mauern hielten stand.

Karin hatte sich längst an ihrem Arbeitsplatz eingewöhnt und war Frau Kranzbinder bald eine unentbehrliche Hilfe. Der Alltag nahm seinen Gang, ohne daß außergewöhnliche Ereignisse ihn besonders beschattet oder erhellt hätten.

Friedemann Kranzbinder kam öfter mit sorgenvollem Gesicht aus der Schule.

„Es wird immer schlimmer", berichtete er eines Tages seiner Frau. „Stell dir vor, gestern habe ich einigen Burschen der neunten Klasse ein paar pornographische Hefte weggenommen, die von Hand zu Hand gingen. Sie wollten aufbegehren und behaupteten, ich hätte kein Recht, über diese Schriften zu verfügen. Ich gab sie ihnen jedoch nicht zurück und erklärte, den Rektor holen zu wollen, damit dieser bestimmen könne, was mit den Broschüren geschehen soll. Nun schienen sie wohl doch Folgen zu befürchten und blieben still. Nach Schulschluß kamen zwei Jungen zu mir. Der eine erklärte mir in sichtlicher Aufregung, er habe die Hefte seinem Vater aus der Nachttischschublade entwendet und müsse sie dort unbedingt wieder zurücklegen, ohne daß sein Vater etwas merke. Ich weigerte mich, die Hefte herauszugeben und sagte: ‚Bitte deinen Vater, zu mir zu kommen.' Da fing doch der große Junge tatsächlich an zu heulen. ‚Ich darf mich ohne die Hefte nicht mehr nach Hause wagen!' Sein Freund fügte hinzu: ‚Wirklich, Herr Kranzbinder, sein Vater schlägt ihn tot, wenn er erfährt, daß Günter die Broschüren mit in die Schule genommen hat. Der ist so rabiat.'

‚Hast du schon oft solche Hefte mitgebracht?' fragte ich. Günter nickte. Weil er kein Taschentuch hatte und nicht nur für seine Tränen ein solches gebraucht hätte — die Nase lief nämlich auch —, gab ich ihm meines. ‚Herr Kranzbinder', jammerte er. ‚Ich verspreche es Ihnen. Ich bringe nie mehr solche Hefte mit in die Schule, wenn Sie mich jetzt nicht im Stich lassen.'

Was sollte ich tun? Der Junge war imstande und ging wirklich aus lauter Angst vor dem Vater nicht nach Hause. So gab ich ihm die Hefte zurück. Bis auf wenige, die sich bewußt von den Schweinereien der anderen absondern, hatten ja schon alle die schamlosen Bilder gesehen. Ich habe mir vorgenommen, morgen eine entsprechende Unterrichtsstunde einzulegen. Im Grunde sind sie ja alle zutiefst zu bedauern. Durch diese gemeinen Aufnahmen bekommen sie ein grundverkehrtes Lebensbild."

Frau Kranzbinder war ganz bleich geworden. „Friedemann, das ist ja schrecklich! Daß so etwas überhaupt gedruckt wird!"

Während Herr Kranzbinder mit seiner Frau sprach, war Thomas hinzugekommen und hatte den Bericht des Vaters gehört.

„Glaube nur nicht, Mutti", schaltete er sich ein, „daß es bei uns im Gymnasium anders ist. Einige meiner Klassenkameraden halten sich da natürlich auch bewußt zurück und äußern ihre Abscheu vor solchen Bildern und Broschüren."

„Ich hoffe, daß du zu diesen gehörst", erwiderte Rosmarie.

„Da kann ich dich beruhigen", sagte Thomas. „Man hat mir auch schon solche Hefte gezeigt, aber ich finde diese Bilder so widerlich, daß es mich geradezu anekelt. Nie wollte ich später etwas mit einer Frau zu tun haben, wenn das wirkliche Leben so wäre, wie es in solchen Broschüren gezeigt wird."

„So ist es selbstverständlich nicht", antwortete Herr Kranzbinder. „Gott hat nichts Unsauberes, Ekelerregendes erschaffen. Das gilt auch für das Zusammenleben von Mann und Frau. Der haltlose Mensch, der nicht Herr seiner Triebe ist, zieht alles in den Schmutz, und die jungen Menschen, die solche Vorbilder haben, sind zu bedauern. Vergiß nicht, Thomas, was ich dir von dem gesagt habe, was Adam und Eva bei der Vertreibung aus dem Paradies mitnehmen durften. Wenn Menschen in der rechten Beziehung mit Gott leben, wird ihre Ehe immer ein Stück Paradies sein. Das hat nicht das Geringste mit Schmutz zu tun."

„Heute hat uns unser Lehrer einen Zeitungsartikel vorgelesen", fuhr Thomas fort. „Ein amerikanischer Psychologe soll nach komplizierten Erhebungen zu dem Ergebnis gelangt sein, daß es Schüler von siebzehn Jahren gibt, die bereits fünfzehntausend Stunden Fernsehprogramm betrachtet haben und dabei achtzehntausend Morde serviert bekamen."

„Aber das ist doch kaum möglich", entfuhr es voller Entsetzen Frau Kranzbinder.

„Doch, der Lehrer bestätigte es."

„Ist es da ein Wunder, wenn unter der Jugend die Kriminalität immer mehr um sich greift? Erinnere dich daran, Rosmarie, daß wir erst kürzlich in der Zeitung lasen, wie ein Fünfzehnjähriger ein kleines Mädchen getötet hat, nur um zu sehen, wie es ist, wenn einer stirbt."

Frau Kranzbinder wandte sich wieder an ihren Sohn. „Es ist nun schon länger her, da hast du dich heftig darüber erregt, daß Vater dir nicht erlaubte, jede Fernseh-Sendung einzuschalten. Weißt du das noch?"

„Ich verstehe heute Vaters Verbote besser als damals."

„Unser Gespräch hat es mir bewiesen, Thomas, und ich bin froh darüber. Noch eins: Ich plane in den nächsten Wochen einen Elternabend, zu dem ich alle Väter und Mütter meiner Schüler einladen will. Als Thema möchte ich wählen:

Unsere Kinder in größter Gefahr! Vielleicht zieht das ein wenig. An diesem Abend werde ich auch über die pornographischen Broschüren sprechen, die meine Schüler mit in die Schule gebracht haben, ohne natürlich den Namen des Jungen zu nennen."

„Ich möchte nicht in deiner Haut stecken, Vater", sagte Thomas. „Kannst du dich noch erinnern, wie ich vor ein paar Jahren einmal zu dir oder zu Mutti gesagt habe: Ich wollte immer einen Vater, der berühmt ist, der irgend etwas Besonderes leistet, so daß er von allen bewundert wird. Jetzt wird mir langsam bewußt, was du leistest. Es ist wirklich nicht leicht, täglich mit solchen Schülern fertig zu werden, die im Grunde keine Kinder mehr sind. Ich glaube kaum, daß ich das fertig brächte."

„Auch du wirst mit Schwierigkeiten zu rechnen haben, ganz gleich, zu welchem Beruf oder Studium du dich entschließt, Thomas. Sie bleiben keinem erspart. Es gibt Lebensweisheiten, die einem helfen, mit den Problemen des Alltags fertigzuwerden. Laß dir ein solches Wort mit auf den Weg geben: Wer das Kleine tut, als wäre es etwas Großes, dem gibt Gott die Gnade, das Große zu tun, als wäre es etwas Kleines."

„Das ist gut, Friedemann", bestätigte Frau Kranzbinder die Worte ihres Mannes.

Thomas bejahte zwar nicht, was der Vater gesagt hatte, aber er widersprach ihm auch nicht, und das war immerhin schon ein Fortschritt.

Inzwischen hatte der Frühling wieder seinen Einzug gehalten. Immer wieder bemühten Friedemann Kranzbinder und seine Frau sich, Verbindung mit Frau Schulendorf, Peters Mutter, aufzunehmen. Aber bisher war es vergeblich gewesen. An einem Sonntagnachmittag machten sie gemeinsam mit den beiden jüngsten Kindern einen Spaziergang zu des Großvaters früherem Hof, nachdem sie auf dem Friedhof sein Grab aufgesucht hatten. Sie taten es nie, ohne auch für das Grab seines Enkels einige Blumen mitzunehmen, dem keine liebevolle Pflege anzusehen war. Jetzt im Frühling stand einmal ein dürftiges Sträußchen Schlüsselblumen in einem Marmeladenglas darauf.

„Das hat sicher der Peter dahin gestellt", meinte Berthild.

William wußte zu berichten, daß Peter schon ein paarmal zu ihm gesagt hatte, er will auf den Friedhof gehen, um seinen Papa zu besuchen.

„Armer kleiner Kerl!" stellte Frau Kranzbinder bedauernd fest.

Dieser Eindruck vertiefte sich noch mehr, als sie an jenem Sonntagnachmittag von den Gräbern zu Schulendorfs Hof gingen. Heute würde die Bäuerin ihren Besuch wohl kaum mit der Begründung abweisen, sie habe keine Zeit, wie dies schon einige Male der Fall gewesen war. Zu Kranzbinders Verwunderung hing sie auf der Wiese hinter dem Haus Wäsche auf. Unwillig blickte sie zum Hoftor, durch das soeben Kranzbinders mit ihren Kindern kamen.

Alle grüßten freundlich, und Friedemann fügte hinzu: „Wir wollten Sie kurz besuchen, Frau Schulendorf, um zu hören, wie es Ihnen geht. Weil es Sonntag ist, waren wir der Meinung, Sie könnten sich vielleicht doch ein halbes Stündchen zu uns setzen."

In diesem Augenblick kam Peter um die Ecke der Scheune. Er mußte seine Freunde entdeckt haben. In jedem Arm trug er eine kleine Katze.

„William, Berthild!" rief er schon von weitem. „Seht nur, was für hübsche Kätzchen wir bekommen haben. Sieben

Stück waren es. Aber fünf hat die Mutter schon er..." Mit einem Blick auf Frau Schulendorf hielt er betroffen inne. Kranzbinders Kinder waren bereits zu Peter geeilt und bewunderten die kleinen Tierchen.

Rosmarie aber hatte sich Frau Schulendorf genähert, die auf die Worte Friedemanns schon aufgebracht antwortete: „Sie haben Nerven! Als ob ich Zeit hätte, mich eine halbe Stunde zu Ihnen zu setzen! Wer soll denn hier die Arbeit tun? Wenn ich nicht Tag und Nacht schufte, verkommt hier alles. Kein Mensch hilft mir. Vorgestern ist mir auch noch ein Knecht davongelaufen. Jetzt beginnt die Frühjahrsarbeit auf den Feldern und im Garten." Fast höhnisch fuhr sie fort: „Ich weiß schon, was Sie sagen wollen: Heute ist Sonntag, und du sollst den Feiertag heiligen! Geradezu lächerlich, als ob es bei mir einen Feiertag gäbe! Würden Sie vielleicht auf den Gedanken kommen, Frau Kranzbinder, mir bei der großen Wäsche zu helfen? Mit frommen Redensarten kommt man bei mir nicht an."

„Doch, Frau Schulendorf, ich wäre gern bereit, an einem Wochentag zu kommen, um Ihnen zu helfen. Aber der Sonntag ist uns zum Ausruhen gegeben, und außerdem ist er der Tag des Herrn, an dem wir uns Zeit nehmen sollten, unter Gottes Wort zu gehen."

Sie wollte noch weiter sprechen, wurde aber von Frau Schulendorf unterbrochen. „Ich habe Ihnen schon gesagt, daß man bei mir mit frommen Redensarten nichts ausrichtet. Es wäre mir recht, wenn Sie mich jetzt nicht länger von der Arbeit abhalten würden." Sie rief nach ihrer Tochter: „Kommst du bald mit dem nächsten Korb Wäsche?"

Es blieb Kranzbinders nichts anderes übrig, als sich zu verabschieden. Die Bäuerin war und blieb unnahbar. Ein einziges Zugeständnis hatte sie seit dem Tod ihres Mannes gemacht: Sie erlaubte Peter von Zeit zu Zeit, einen Besuch bei ihnen zu machen. Vielleicht hing es damit zusammen, daß Peter in jener Schreckensnacht, als er seinen Vater vergeblich suchte, zu Kranzbinders geflüchtet war und sie ihn dort schlafend unter der liebevollen Obhut Rosmaries gefunden hatte.

Auch jetzt kam der Junge mit William angelaufen. „Mama, darf ich noch ein bißchen mit Kranzbinders gehen? Zum Abendessen bin ich wieder zurück."

Frau Schulendorf wandte den Kopf nicht von ihren Wäschestücken, die sie auf die Leine hängte. Über die Schulter hinweg erwiderte sie unwillig: „So geh halt, aber sei ja pünktlich! Warte nicht, bis es dunkel ist."

„Ich bringe Peter im Auto zurück", versprach Herr Kranzbinder.

Die beiden kleinen Jungen liefen fröhlich voraus. Berthild blieb bei den Eltern.

„Warum kümmert ihr euch eigentlich immer wieder um Frau Schulendorf?" fragte sie und hängte sich bei der Mutter ein. „Ihr seid nach dem Tod Großvaters und ihres Mannes schon mehrere Male bei ihr gewesen, aber noch nie hat sie euch in ihre Wohnung gelassen. Sie ist unfreundlich zu euch, so ähnlich wie Frau Purzel. Die hast du auch bis zu ihrem Tod besucht, Mutti, aber geändert hat sie sich nicht. Alles, was du für sie getan hast, war umsonst."

„Ich weiß nicht, ob man das so sagen kann", erwiderte der Vater. „Wir können es wahrscheinlich nie richtig beurteilen, ob wir durch das, was wir für einen Menschen tun, etwas ausrichten oder nicht. Danach haben wir auch nicht zu fragen. Wo es uns möglich ist, einem bedauernswerten Menschen beizustehen, gehört es einfach zu unserer Pflicht als Christen, es zu tun."

„Besonders, wenn es sich um einen unglücklichen Menschen handelt."

„Aber, Mutti, unglücklich ist diese Frau Schulendorf bestimmt nicht, nur böse und gehässig."

„Sind böse und gehässige Menschen im Grunde ihres Herzens nicht auch sehr unglücklich? Sie haben keinen Frieden, und gerade aus diesem Grund reagieren sie oft so boshaft."

„Immer entschuldigt ihr solche Leute. Auch bei Frau Purzel habt ihr es getan."

„Du nennst es entschuldigen, Berthild", fuhr Frau Kranzbinder fort. „Ich würde sagen, wir versuchen, sie zu verstehen."

„Wo dazu die Bereitschaft fehlt, ist jeder Versuch, solchen Menschen zu helfen, leider umsonst", schloß Herr Kranzbinder das Gespräch. Er hatte entdeckt, daß vor ihrem Haus einige Leute standen und nach ihnen Ausschau hielten.

Berthild klagte: „Nun sind schon wieder Fremde da, die etwas von euch wollen. Ich hatte mich so darauf gefreut, daß ihr heute abend noch Zeit habt, mit uns zu musizieren und einige Spiele zu machen."

„Das wird trotzdem möglich sein", tröstete die Mutter. „Der Besuch wird bestimmt nicht allzu lange bleiben."

In diesem Augenblick näherte sich in sichtlicher Freude eine Frau, die bei der Gruppe gestanden hatte. Jetzt erkannte sie Frau Kranzbinder.

„Frau Spahn", rief sie erfreut, „das ist allerdings eine Überraschung."

Nach der Begrüßung erklärte die Angesprochene: „Und dort stehen mein Mann und unsere Tochter und ebenso unser Schwiegersohn. Sie sind mit den Kindern hier."

Tatsächlich, neben einem unbekannten Herrn stand das Bäckermeisterspaar mit seinem Kinderwagen, in dem das

Jüngste lag. Die kleine Tochter hatte sich bereits mit William und Peter angefreundet.

Berthilds Befürchtung traf ein. Die Fremden wurden ins Haus gebeten. Anita und Karin, die inzwischen ebenfalls von einem Spaziergang zurückgekehrt waren, bekamen den Auftrag, ein einfaches Abendessen vorzubereiten. Berthild hatte den Tisch zu decken. Friedemann und Rosmarie nahmen mit ihrem Besuch im Wohnzimmer Platz.

„Normalerweise fällt man einem nicht so ins Haus, wie wir das jetzt tun", begann Herr Habkorn, der Bäckermeister, „aber meine Schwiegermutter meinte unbedingt, Sie an der großen Freude teilnehmen lassen zu müssen, die uns alle erfüllt."

Herr und Frau Kranzbinder blickten fragend von einem zum anderen.

Frau Spahn sagte zögernd: „Sie hatten meinen Mann noch nicht kennengelernt, nicht wahr. Wir lebten, wie Sie wissen, getrennt." Es fiel ihr sehr schwer, weiterzusprechen.

„Kurzum", nahm nun Herr Spahn das Wort, der verhüten wollte, daß auf die unliebsamen Geschehnisse der Vergangenheit eingegangen wurde, „ich bin wieder zu meiner Frau gezogen. Aber nicht nur das — sie hat sogar den Vorschlag gemacht, daß meine Mutter, bei der ich in den letzten Jahren gewohnt habe und die seit einiger Zeit leidend ist, zu uns zieht."

„In der letzten Woche war nun der Umzug", berichtete jetzt Frau Spahn weiter. „Unsere Wohnung ist groß genug für uns drei. Ich kann Ihnen nicht sagen, wie glücklich ich bin. Wenn ich jetzt aus der Schule komme, gähnt mich nicht mehr die Leere meiner Wohnung an. In kurzer Zeit werde ich mich pensionieren lassen. Mir ist, als sei mir mein Leben neu geschenkt worden. Ich habe gar nicht gewußt, was für eine liebe und verständige Mutter mein Mann hat. Sie wirkt wie der gute Geist in unserer Familie."

„Jedenfalls sind wir alle sehr glücklich über diese wunderbare Führung", sagte Frau Spahns Tochter, des Bäckermeisters Frau, und blickte aus frohen Augen von einem zum anderen.

Frau Kranzbinder war tief bewegt.

Die Mädchen riefen zu Tisch. Während Rosmarie die Plätze anwies und sich alle in der gemütlichen Diele an der großen Tafel niederließen, brachte Friedemann Peter nach Hause. Mit dem Auto war es ein Weg von wenigen Minuten. Dem Jungen fiel es wieder einmal nicht leicht, sich von seinen Freunden zu trennen. Aber Frau Kranzbinder machte ihm klar, daß seine Mutter es ihm das nächste Mal nicht erlauben würde, zu ihnen zu kommen, wenn er nicht pünktlich zurück sei. Ein großes Stück Kuchen, das Anita ihm in die Hand gab, tröstete ihn ein wenig über seinen Kummer hinweg.

„Du weißt ja, daß wir uns morgen in der Schule sehen." Mit diesen Worten verabschiedete sich William von seinem Freund und winkte dem davonfahrenden Auto nach.

Der Tag klang in schöner Harmonie aus. Herr Kranzbinder erfreute die Gäste noch durch sein Orgelspiel. Selbstverständlich wurde anschließend noch gemeinsam gesungen, und zum Schluß gaben Kranzbinders, begleitet von ihren Kindern, dem Besuch noch eine Wegstrecke ihr Geleit. Nur William wollte, zur Verwunderung seiner Eltern, zu Hause bleiben. Er sei müde und habe Kopfschmerzen. Besorgt blickte Rosmarie ihren Jüngsten an. Der Junge klagte in letzter Zeit öfter über Kopfschmerzen, ermüdete leicht und war sogar schon aus der Schule wegen solcher Unpäßlichkeiten nach Hause geschickt worden. Frau Kranzbinder wollte nun lieber ebenfalls zu Hause bleiben und bat um Verständnis dafür.

Zu ihrer Verwunderung schaltete sich Thomas ein. „Mutti, geh nur mit. Ein kleiner Abendspaziergang tut dir gut. Ich bleibe bei William, bringe ihn zu Bett und setze mich nachher ein wenig zu ihm. Ich wollte später sowieso eine Sendung im Fernsehen einschalten, die mich interessiert."

Friedemann nickte seiner Frau zu. „Thomas hat recht, die frische Luft tut dir gut."

Kranzbinders hatten sich von Spahns und Habkorns verabschiedet. Die drei Mädchen liefen voraus. Karin gehörte wie ihre Schwester Doris wie selbstverständlich zur Familie.

Rosmarie fragte ihren Mann: „Was sagst du zu Thomas? Wann ist das schon vorgekommen, daß er sich so hilfsbereit gezeigt hat?"

„Ich habe immer stärker den Eindruck, daß er sich ändert. Der Briefwechsel mit Sandra wird dafür ausschlaggebend sein. Aber wir tun gut daran, es mit keinem Wort vor ihm zu erwähnen. Ich glaube, darauf könnte er sehr empfindlich reagieren."

Und dann kam einige Zeit später ein Sommerabend, an dem alle Bewohner des Landhauses wie unter einem Druck standen und nichts von der Schönheit des Tages in sich aufnahmen. In verschwenderischer Pracht blühten die Rosen im Garten. Schon am frühen Morgen hatte das Zwitschern der Vögel sogar die Langschläfer in Kranzbinders Familie geweckt. Alles hatte wie sonst seinen Anfang genommen. Thomas war mit dem Rad ins Gymnasium gefahren. Der Vater hatte William und die Mädchen in seinem Wagen zur Schule mitgenommen. Die kurze Strecke zum Gymnasium, das nun auch Berthild besuchte, konnten sie gut zu Fuß zurücklegen. Der Kleine hatte dem Vater noch einmal fröhlich zugewinkt, bevor dieser hinter der Tür seines Klassenzimmers verschwand. Herr Kranzbinder konnte aber nicht den Eindruck loswerden, daß William heute besonders bleich und müde aussah.

In der zweiten Stunde wurde einer seiner Klassenkameraden von der Lehrerin geschickt. „Herr Kranzbinder, Sie möchten bitte sofort kommen. William ist umgefallen."

Friedemann gab seinen Schülern eine schriftliche Arbeit und eilte in Williams Klassenzimmer. Dort kauerte die junge Lehrerin auf dem Boden und hatte den Kopf seines Jüngsten in ihren Schoß gelegt. William war besinnungslos. Voller Sorge blickte sie in das totenbleiche Gesicht des Jungen. Die übrigen Schüler umstanden die beiden und schauten in einem Gemisch von Neugier und Schrecken auf ihren Kameraden.

„Ist er tot?" fragte ein kleines zartes Mädchen und konnte es nicht verhindern, daß ein paar Tränen über ihr Gesicht liefen.

„Aber nein", sagte die Lehrerin. „Es ist ohnehin gleich Pause. Wenn ihr ganz leise das Klassenzimmer verlaßt, dürft ihr schon jetzt auf den Schulhof gehen."

Das überwog die Neugierde. Im Nu war das Klassenzimmer leer. Friedemann hatte sich zu seinem Jungen niedergebeugt und warf der Lehrerin einen fragenden Blick zu.

„Wie ist es geschehen?"

„William machte mir schon zu Anfang des Unterrichts einen apathischen Eindruck. Ich ließ ihn nicht aus den Augen, auch als ich der Klasse ein Diktat diktierte. Plötzlich wurde Ihr Junge totenbleich. Ich eilte zu ihm und konnte ihn gerade noch auffangen, während er besinnungslos von der Bank glitt."

Wenig später war William auf den Hintersitz des Autos seines Vaters gebettet. Friedemann fuhr ihn in das naheliegende Städtische Krankenhaus. Während einer der Ärzte den

Jungen untersuchte, telefonierte Herr Kranzbinder mit seiner Frau.

„Kannst du sofort kommen, Rosmarie? William ist in der Schule ohnmächtig geworden. Ich erwarte dich im Krankenhaus."

Zu Mittag waren die Kranzbinders noch nicht zurück. Bedrückt und voller Sorge um ihren Bruder saßen die Geschwister über ihren Schularbeiten. Endlich fuhr das Auto vor. Alle drei, Thomas, Anita und Berthild, eilten den Eltern entgegen.

„Was ist mit William?" Sie fragten es zu gleicher Zeit.

„Mutti muß sich zuerst einmal legen", erklärte Herr Kranzbinder. „Sie ist völlig erschöpft. Ich bringe sie ins Schlafzimmer, dann komme ich zu euch, um zu berichten."

Kurz danach saß Herr Kranzbinder mit seinen dreien im Wohnzimmer. Auch er machte einen müden Eindruck, als er berichtete: „Der Chefarzt, der damals vor drei Jahren William behandelt hat, ist verreist, aber der Arzt, der ihn vertritt, macht einen sehr zuverlässigen Eindruck. Er befürchtet aber —"

„Was befürchtet er?" Beinahe tonlos fragte es Thomas.

„Er fragte, ob William einmal schwer gestürzt sei und eine Kopfverletzung gehabt habe. Ich erwiderte ihm, von einer Kopfverletzung wisse ich nichts, aber gestürzt sei er vor drei Jahren und habe damals lange besinnungslos gelegen und sich einen Wirbelsäulenschaden zugezogen, so daß er etliche Wochen nicht auf den Füßen stehen und noch länger nicht gehen konnte. Nach Monaten hätte er es dann wieder mit Hilfe von Krücken gelernt. Er habe aber schon lange keine Beschwerden mehr gehabt, nur in letzter Zeit sei er oft bleich und sehr ermattet gewesen, klage über Kopfschmerzen und wolle nicht recht essen.

Der Arzt hat William lange beobachtet. Dann meinte er: ‚Es ist bisher nur eine Vermutung, aber es könnte sein, daß es sich bei Ihrem Jungen nach dem schweren Sturz um eine erworbene Epilepsie handelt. Um dies festzustellen, müssen wir ihn zur Beobachtung und einigen entsprechenden Untersuchungen hierbehalten.'

Ich erlaubte mir, ihm zu widersprechen: ‚Aber Herr Doktor, sieht ein epileptischer Anfall nicht anders aus? William hat doch keine Krämpfe.'

‚Das muß nicht immer sein', sagte der Arzt. ‚Es gibt auch solche, die sich nur in tiefer Besinnungslosigkeit äußern. Haben Sie Fälle von Epilepsie in Ihrer Familie?'

Ich sagte, daß mir davon nichts bekannt sei. Auf jeden Fall handele es sich hier, meinte der Arzt, nicht um eine angeborene, sondern um eine erworbene Epilepsie."

Soweit hatte Herr Kranzbinder gesprochen, als Thomas, ohne ein Wort zu sagen, aufstand und das Zimmer verließ.

„Wo ist er hingegangen?" fragte Herr Kranzbinder die Mädchen.

„Er wird sicher gleich wiederkommen", meinte Anita.

„Hat Mutti da nicht eben gerufen?" fragte sie gleich darauf.

Der Vater erhob sich, um nach seiner Frau zu sehen. Voller Sorge blickte sie ihm entgegen.

„Du hast doch nicht etwa in Thomas' Gegenwart alles erzählt, was uns der Arzt gesagt hat?"

„Doch, Rosmarie, warum sollte ich nicht?"

„O Friedemann, denkst du nicht mehr daran, wie nah ihm damals die Sache gegangen war, als der Kleine durch seine Schuld von dem hohen Klettergerüst stürzte und wie tot unten liegenblieb?"

„Natürlich erinnere ich mich daran."

„Du weißt doch, daß er in seiner Angst auf und davon ging und wir in großer Sorge bis in die Nacht hinein auf ihn warteten, bis uns die Polizei anrief, die ihn gefunden hatte."

„Ja, das weiß ich alles noch sehr genau. Aber was hat das mit heute zu tun?"

„Wenn er sich das nun wieder so zu Herzen nimmt und meint, er sei schuld daran, daß William —" Rosmarie konnte plötzlich nicht mehr weitersprechen. Tränen erstickten ihre Stimme. „Wenn es sich um epileptische Anfälle handeln würde."

„Ich glaube es nicht, Rosmarie. Irgend etwas in meinem Innern sagt mir, daß die Vermutung des Arztes nicht zutrifft."

„Wenn du nur recht hast", schluchzte Frau Kranzbinder, deren nervliche Spannung sich erst einmal durch einen Tränenstrom lösen mußte. „Aber wo ist Thomas?"

Die beiden Mädchen betraten in diesem Augenblick das Schlafzimmer der Eltern.

„Wir haben ihn im ganzen Haus gesucht und nicht gefunden", sagten sie auf die besorgte Frage der Mutter.

„Er wird nicht wie damals handeln", des Vaters Stimme klang überzeugt. „Vergiß nicht, Rosmarie, wir haben nun einen erwachsenen Sohn."

„Wenigstens hätte er sagen können, wo er hingeht!" äußerte Berthild ihre Meinung.

Anita aber half den Eltern unbewußt über die schwere Belastung dieser Augenblicke hinweg, indem sie sagte: „Könnten wir jetzt nicht miteinander für William beten? Gott kann doch das Schlimmste verhüten."

„Aber auch für Thomas", fügte Frau Kranzbinder hinzu, die ahnte, was in diesen Augenblicken in ihrem Ältesten vorging.

Und dann falteten alle vier die Hände, und Friedemann Kranzbinder stellte die neue große Sorge, die sie überfallen hatte, dem anheim, der ihre Zuflucht war. Diesmal handelte es sich nicht um die Not anderer, sondern um eigene Sorgen. Dem Gebet ihres Mannes ließ Rosmarie sich und den anderen zum Trost das Wort folgen, das Friedemann ihr schon manchmal gesagt hatte, wenn sie mutlos und voller Bangigkeit gewesen war: „Wälze die Last deines Weges auf den Herrn, und im Vertrauen auf ihn ruhe. Er wird handeln!"

Wo aber befand sich Thomas?

Frau Kranzbinder hatte ganz richtig erkannt, daß die Befürchtung des Arztes, es könne sich bei William um eine Art epileptischer Anfälle handeln, dem großen Bruder einen Schock versetzt hatte. Irgendwie verband sich dieser Gedanke mit einem ihm unvergeßlichen Erlebnis. Der Pfarrer, der ihn konfirmiert hatte, war einmal mit seinen Konfirmanden in einer Schwachsinnigen-Anstalt gewesen. Nie würde Thomas vergessen, wie es ihn erschüttert hatte, als sie durch die Räume geführt wurden, in denen die behinderten Kinder untergebracht waren: da waren solche, die man sofort als kleine Idioten erkannte, aber auch die typisch Mongoloiden, die mehr einen gutmütigen Eindruck machten, aber zum großen Teil völlig bildungsunfähig blieben. In einem Bett war ein erbarmungswürdiges Geschöpf festgebunden, das unaufhörlich den Kopf hin und her bewegte, unartikulierte Laute von sich gab und in den Händen eine Stoffpuppe hielt, die es immer wieder liebevoll an seine Wange drückte. Ein Krankenwärter, der die Konfirmanden führte, erklärte, daß dies arme Wesen ein Mann von dreißig Jahren sei, der sich aber nicht weiter entwickelt hatte. Seine geistigen und körperlichen Fähigkeiten entsprachen denen eines Kindes von zwei Jahren.

Er konnte weder sitzen noch stehen, mußte gefüttert, gebadet und gesäubert werden wie ein Säugling.

Während der Pfarrer an jenem Tag mit den Jungen und Mädchen am Bett dieses hilflosen Geschöpfes stand, stürzte plötzlich ein Junge im Alter von William mit einem gellenden Schrei zu Boden, verrenkte die Glieder, verdrehte die Augen und schlug um sich. Schaum stand vor seinem Mund. Ein erschütternder Anblick. Der Pfleger schien solche Zwischenfälle nicht tragisch zu nehmen. Er nahm ein kleines Kissen, legte es dem sich in Krämpfen windenden Kind unter den Kopf und sagte zu den verstörten Konfirmanden: „Das geht bald vorüber."

Die sonst so lauten und ungebärdeten Jungen und Mädchen verließen sehr still und zutiefst betroffen die Anstalt der Inneren Mission. Und nun hörte Thomas immer wieder diese Worte in sich: „William, unter Umständen ein Epileptiker." Hieße das nicht, daß er eines Tages in einer solchen Anstalt landen würde? Er meinte, seinen kleinen Bruder inmitten dieser bedauernswerten Kranken zu sehen, mit zukkenden Gliedern, Schaum vor dem Mund —

Und dies alles durch seine Schuld! Oh, er wußte es noch genau, wie er den Kleinen voller Ungeduld an den Beinen gepackt hatte, damit er schneller von dem Klettergerüst herunterkäme. Und dann war William von oben herabgestürzt. Thomas hatte damals gemeint, nie mehr in seinem Leben froh werden zu können. Er dachte, der Kleine sei tot, und so war er auf und davon gegangen — hinein in die Nacht, mit dem furchtbaren Selbstvorwurf: Ich habe ihn auf dem Gewissen! Ich bin der Mörder meines Bruders! Er war nahe daran, sich unter ein Auto oder vor einen Zug zu werfen. Aber irgend etwas hielt ihn davon zurück.

Nie würde er vergessen, wie er aufgeatmet hatte, als die

Eltern ihm nach seiner Rückkehr unter Tränen gesagt hatten: „William lebt, er ist zwar noch nicht bei Besinnung, aber es besteht doch Hoffnung für ihn." Wochenlang hatte man nicht gewußt, wie es mit dem kleinen Bruder werden würde. In seiner Verzweiflung hatte er damals gebetet und Gott gelobt: „Ich will mich bessern, ich will anders werden, ich will als Christ leben, so wie meine Eltern es tun! Aber laß es nicht zu, daß William gelähmt bleibt. Ich verspreche dir ..." Oh, was hatte er nicht alles Gott gelobt!

Und nun brach nach drei Jahren alles wieder in ihm auf. William sollte für sein Leben gezeichnet und durch seine Schuld in ein solches Elend gestürzt werden! Und wieder betete Thomas, während er auch in dieser Nacht umherirrte. „Laß es nicht zu, Gott! Laß es nicht zu. Lieber strafe mich ..." Mitten in seinem verzweifelten Stammeln hielt er inne. Was fiel ihm ein, Gott anzurufen, ihn, dem er damals gelobt hatte, ein anderer Mensch zu werden, als Christ zu leben. Wie konnte er erwarten, daß Gott sein Gebet erhörte, da er doch nichts von alledem, was er ihm einmal versprach, gehalten hatte. Ihm war plötzlich klar: All sein Beten war sinnlos, hatte keine Wirkung, denn er hatte sein Versprechen Gott gegenüber nicht eingehalten. Du bist an dem Elend deines kleinen Bruders schuld, hieß es anklagend in ihm. Was jetzt über William hereinbricht, ist die Folge deines Handelns, deines Ungehorsams und deines Wortbruches.

Von irgendwoher hörte er die Glockenschläge einer Turmuhr. Inzwischen war es spät geworden. Er hätte umkehren und nach Hause gehen müssen. „Tu uns das nie wieder an!" hatte ihn die Mutter damals gebeten, als er von daheim fortgelaufen war und in seiner Verzweiflung sich vorgenommen hatte, nie wieder zurückzukehren. Nein, er durfte die Eltern nicht aufs neue solcher Sorgen aussetzen! Aber heute, mit diesem Aufruhr in seinem Innern, konnte er doch nicht ohne weiteres heimkommen! Ratlos stand er einen Augenblick auf der Straße, als ihn jemand ansprach: „Hallo, Thomas! Was tust du denn hier zu solch nächtlicher Stunde?“ Es war Hans-Ulrich Burgenwald, der von einem evangelistischen Gottesdienst nach Hause wollte.

Wie ein Aufatmen ging es durch Thomas. „Oh, Hans-Ulrich, wie gut, daß ich dir begegne! Ich brauche jetzt einen Menschen, der mir hilft. Ich bin verzweifelt.“ Thomas konnte kaum weitersprechen.

„Willst du mit mir nach Hause kommen? Es ist nicht weit bis dorthin.“

„Gern, aber ich müßte vorher meine Eltern benachrichtigen. Sie wissen nicht, wo ich bin und ängstigen sich bestimmt um mich.“

„Du kannst von uns aus telefonieren. Und dann setzen wir uns in mein Zimmer. Meine Eltern schlafen um diese Zeit schon. Komm nur! Was dich auch beschweren mag — Gott weiß einen Weg für dich!“

„Das Telefon!“ rief Anita und eilte ins Schlafzimmer der Eltern, wo Friedemann am Bett seiner Frau saß, die nicht zur Ruhe kommen konnte. „Vati, das Telefon hat geläutet!“

Als Herr Kranzbinder sich meldete, vernahm er die Stimme seines Sohnes. „Vater, ich rufe an, damit ihr euch nicht um mich ängstigt. Ich bin bei Hans-Ulrich, den ich zufällig auf der Straße traf — nein, Vater“, korrigierte Thomas sich selbst, „ich glaube, Gott hat ihn mir zur rechten Zeit geschickt. Ich bin so verzweifelt über das, was du von William sagtest, daß ich nicht mehr aus noch ein weiß.“ Es folgte eine kurze Pause. Tatsächlich, der erwachsene Sohn kämpfte mit den Tränen. „Ich mache mir entsetzliche Vorwürfe, weil ich doch an dem Sturz von William vor drei Jahren schuld bin. Wenn ich mir vorstelle, daß William als Epileptiker weiterleben muß — o Vater!" Ein Stöhnen, das aus tiefster Herzensnot zu kommen schien, folgte seinen Worten.

„Thomas!" Herr Kranzbinder sprach zu seinem Sohn in gütiger und beruhigender Weise. „Es ist doch noch gar nicht gesagt, daß William einen epileptischen Anfall hatte. Nur eines ist sicher — es geschieht nichts ohne den Willen Gottes. Wir sind froh, daß du angerufen hast. Mutti ist schon fast krank vor Sorge um dich. Und es ist gut, daß du Hans-Ulrich getroffen hast und jetzt bei ihm bist. Sprich offen mit ihm über das, was dich bedrückt. Wann soll ich kommen, um dich mit dem Auto abzuholen?"

„Hans-Ulrich hat mir versprochen, daß er mich nach Hause begleitet. Danke, Vater! Danke für alles!"

Zwei Tage vergingen, in denen alle in großer Sorge waren. Dann kam der Chefarzt zurück und bat Friedemann zu sich. Friedemann hatte mit Rosmarie in diesen Tagen mehrfach William besucht, den sie erstaunlich munter in seinem Bett fanden.

„Wann darf ich nach Hause, Mutti?" war seine erste Frage. „Ich bin doch gar nicht krank. Mein Kopfweh ist auch schon viel besser."

„Sicher läßt dich der Doktor bald wieder heim", beruhigte ihn der Vater. „Wir müssen dich nur noch zur Beobachtung etwas hier lassen. Aber einer von uns kommt jeden Tag zu dir."

Der Chefarzt konnte Herrn und Frau Kranzbinder beruhigen. „Es ist kein Grund zur Besorgnis! Ich habe meinem jungen Kollegen einen Vorwurf nicht ersparen können. Er hätte mit der Diagnose warten müssen, bis die verschiedenen Untersuchungen abgeschlossen waren. Eine Vermutung ist noch keine Feststellung, und er hätte sich sagen müssen, daß er Sie furchtbar erschrecken und belasten würde."

„Der Herr Doktor hat seine Äußerungen auch nicht als Feststellung weitergegeben. Aber wir sind wie von einer Last befreit, wenn Sie uns sagen, daß mit Epilepsie nicht zu rechnen ist."

Rosmarie mußte sich abwenden, damit der Chefarzt ihre Bewegung nicht sah, die aus überfließendem Herzen, aus tiefster Dankbarkeit kam.

Der Chefarzt fuhr fort: „William ist nur sehr zart, äußerst blutarm und sollte unbedingt für einige Wochen oder gar ein Vierteljahr Luftveränderung haben. Wollen Sie, daß wir eine Verschickung beantragen, oder haben Sie selbst eine Möglichkeit, dafür zu sorgen, daß der Junge ins Gebirge kommt?"

Einen kurzen Augenblick besann sich Herr Kranzbinder. Dann antwortete er: „Ja, wir haben eine Möglichkeit, und zwar wird meine Frau mit dem Jungen voraussichtlich in die Schweiz fahren. Sie hat es nämlich selbst sehr nötig, sich zu erholen. Wir haben Freunde im Berner Oberland, ein Arztehepaar. Sie werden uns sicher eine Pension nennen können, in der meine Frau mit dem Jungen unterkommen kann."

„Gut, lassen Sie uns den kleinen Bleichschnabel noch ein paar Tage hier. Wir wollen ihn beobachten. Aber ich kann Ihnen die Versicherung geben, daß nichts Besorgniserregendes vorliegt." Damit verabschiedete sich der Chefarzt von Kranzbinders.

Vor dem Krankenhaus blieb Rosmarie kurz stehen. „Friedemann, am liebsten möchte ich hier auf der Straße Gott danken. Wie gut ist er!"

„Warum solltest du das in deinem Herzen nicht tun können! Er kennt unsere Gedanken von ferne. Und du weißt: ‚Ehe sie rufen, will ich antworten', heißt es in der Schrift."

„Aber, Friedemann, du hast mit solcher Sicherheit davon gesprochen, daß ich mit William in die Schweiz reise. Bist du dessen so gewiß?"

„Ja, das bin ich! Gott wird auch da eine Tür öffnen."

„Und wer versorgt euch in meiner Abwesenheit?"

„Das machen wir alle gemeinsam. Karin kann zumindest Pellkartoffeln und Quark kochen — und heiße Würstchen bringe ich auch noch fertig."

Herr Kranzbinder war übermütig wie ein großer Junge. Sie stiegen miteinander ins Auto.

„Komm, Friedemann, laß uns schnell heimfahren, damit die anderen die gute Nachricht erfahren. Besonders Thomas wird überglücklich sein."

Der Briefträger gab im Arzthaus einen Brief ab, adressiert an Fräulein Sandra Bengeli. Ihre Augen leuchteten.

„Thomas hat geschrieben", erklärte sie ihrer Mutter. „Diesmal scheint es ein langer Brief zu sein."

„Geh in dein Zimmer und lies ihn in Ruhe", erwiderte Frau Bengeli. „Ich werde mit dem Eindünsten der Aprikosen schon allein fertig."

„Ich komme so rasch wie möglich zurück und helfe dir, Mutti."

Sandra schloß die Tür ihres Stübchens ab. Jetzt wollte sie nicht gestört werden, vor allem nicht von den beiden Zwillingsbrüdern. Das Mädchen öffnete den Brief und las:

Liebe Sandra!

In den letzten Tagen habe ich so viel erlebt, daß ich fast nicht weiß, wo ich mit Erzählen beginnen soll. Am besten ist, ich sage Dir das Wichtigste zuerst.

Erinnerst Du Dich, daß ich damals, als Du und Dein Vater bei uns wart, zu Dir sagte, ich will nicht, daß Du für mich betest? Ich hielt davon nichts und hätte mich am liebsten von den veralteten Ansichten meiner Eltern gelöst. Ich wollte mich nicht in das Joch ihrer überholten Lebensauffassung einspannen lassen. Ach Sandra, wie überheblich war ich doch, richtig blind! Und nun gehöre ich selbst zu denen, die beten. Wie recht hattest Du, als Du mir sagtest, ich widerstehe dem Geist Gottes. Damals wäre es mir direkt peinlich gewesen, solches auszusprechen oder niederzuschreiben. Ich bin auch noch nicht so weit, daß ich meine Sinnesänderung vor meinen Schulkameraden bekennen könnte. Aber Dir kann und darf ich es sagen. Ich weiß, Du verstehst mich und freust Dich darüber.

Wie das gekommen ist? Zuerst bin ich mit dem Gedanken umgegangen, Deinetwegen Christ zu werden. Ich wußte, unsere Freundschaft würde eines Tages zu Ende sein, wenn ich nicht den Weg einschlagen würde, auf dem Du und auch Deine Eltern sich befinden. Aber dann kam ich mir richtig falsch vor. Ich fing an, mit meinen Eltern wieder in die Kirche zu gehen. Aber in mir war es immer wie ein Hohngelächter: „Du tust es ja nur um Sandras willen, damit du sie nicht verlierst." Dagegen wehrte sich irgendwie mein Stolz. Doch dann geschah etwas, was in mir die Wende bewirkte.

Unser kleiner William, an dem wir alle sehr hängen, kam ins Krankenhaus, nachdem er in der Schule ohnmächtig geworden war. Da der Chefarzt, der William vor drei Jahren nach seinem schweren Sturz behandelt hatte, verreist war, bemühte sich ein noch junger Stationsarzt um ihn und sprach vor meinen Eltern die furchtbare Vermutung aus, es könne sich bei William um Epilepsie handeln. Sandra, ich kann Dir nicht sagen, was in mir vorging, als ich das hörte. Der Arzt stellte meinem Vater die Frage, ob der Junge einmal schwer gestürzt sei, was dieser bejahen mußte. An diesem verhängnisvollen Sturz vor drei Jahren war ich schuld. Ich muß Dir das später einmal alles erzählen. Um mich irgendwie von dem Schrecken abzureagieren und innerlich zur Ruhe zu kommen, lief ich an jenem Abend, an dem William ins Krankenhaus gekommen war, ziellos durch die Straßen. Ich erinnerte mich daran, daß ich damals, als William durch meine Schuld verunglückte, zu Gott geschrien und ihm allerlei Versprechen gemacht hatte. Nichts von alledem habe ich gehalten. Als ich nun so herumlief und mich mit furchtbaren Selbstvorwürfen quälte, begegnete mir Hans-Ulrich Burgenwald. Ich erzählte Dir von ihm, als ich mit Anita bei Euch war. Er hat einmal zu mir gesagt: Thomas, du bist auf der Flucht vor Gott, aber er holt dich ein, sei überzeugt!

Sandra, nun ist es Wirklichkeit geworden. Gott hat mich eingeholt. Dieser Hans-Ulrich wurde mir in jener Stunde meiner Verzweiflung von Gott in den Weg geschickt, das weiß ich heute genau. Er nahm mich mit in das Haus seiner Eltern und hörte mir eine ganze Weile zu, ohne mich mit einem Wort zu unterbrechen. Ich sagte ihm, daß ich schuldig sei, wenn William als Epileptiker weiterleben müsse und daß es völlig sinnlos wäre, jetzt noch Gott um Hilfe anzurufen, weil ich keines von meinen Versprechen gehalten habe, die ich vor drei Jahren aus ebensolcher Angst Gott gemacht hatte. Zum erstenmal, Sandra, kam ein vorher nicht gekanntes Schuldgefühl über mich.

Hans-Ulrich machte mir mit einfachen Worten klar, wie ich von dieser und aller Schuld frei werden kann. Ja, Sandra, ich erfuhr, was Vergebung heißt. Noch ist das alles so neu, daß ich fast nicht wage, davon zu sprechen. Hans-Ulrich und ich haben gebetet, und ich bin so froh geworden, weil ich dessen gewiß wurde, daß Gott mein Leben auf einen neuen Weg lenkte.

So, Sandra, das war das erste und Wichtigste, was ich Dir mitteilen mußte. Inzwischen habt Ihr ja Vaters Brief bekommen, in dem er Euch alles über William schrieb. Wie glücklich wir alle sind, daß die Befürchtung des Arztes eine Fehldiagnose war, brauche ich Dir nicht zu sagen. Ob nun Deine Eltern für meine Mutter und William eine Pension ausfindig machen können, wo sie einige Monate bleiben und sich erholen können? Vater will, sobald er von Euch Antwort hat, Mutti und William in die Schweiz bringen. Weißt Du, was er mich gefragt hat? „Thomas, möchtest Du mitkommen?" — Sandra, darf ich kommen?

Wieder saß Familie Kranzbinder im gemütlichen Wohnzimmer beieinander. Des Tages Last war untergegangen im Schwinden der Stunden. Wie üblich hatte man noch gemeinsam ein Abendlied gesungen. Dann hatte die Mutter William zu Bett gebracht. Der Vater spielte noch ein Präludium auf der Hausorgel, da klingelte das Telefon.

Anita ging, um das Gespräch anzunehmen.

Sie kam sichtlich erregt zurück. „Thomas, du wirst gewünscht."

„Von wem?"

„Geh nur hin!"

Die Schwester lächelte vielsagend. Thomas vernahm die Stimme Sandras.

„Ich soll dir von meinen Eltern ausrichten, daß wir euch am kommenden Samstag erwarten. Wir haben im eigenen Haus Platz für deine Mutter und William und können auch dich und deinen Vater bis zu eurer Abreise bei uns aufnehmen. Und vielen Dank für deinen Brief, Thomas! Er hat mich sehr glücklich gemacht. Ich warte auf dich, Thomas, und freue mich!"

„Oh, ich freue mich noch viel mehr, Sandra!"

„Bis bald, Thomas!"

Sandras Stimme war verstummt. Langsam ging Thomas zurück zu den anderen. Welch eine gute Nachricht konnte er ihnen bringen!

Die Koffer waren gepackt und alles zur Abreise gerüstet. Wirklich frohgemut schien außer den beiden Söhnen keiner zu sein. William freute sich unbändig auf die Ferien mitten in der Schulzeit und darüber, daß er nun endlich in die Schweiz kam.

Thomas konnte an fast nichts anderes mehr denken als daran, daß er Sandra wiedersehen würde, wenn auch nur für kurze Zeit. Am Dienstag mußte er wieder in der Schule sein. Wie gut, daß einer der beweglichen Ferientage gerade auf den kommenden Montag fiel. So war es immerhin doch ein verlängertes Wochenende.

Die Mädchen jammerten: „Ein Vierteljahr ohne Mutti!"

Und Karin konnte sich von gewissen Wahnvorstellungen nicht frei machen. Sie roch angebrannte Suppen, sah, wie sie die Kartoffeln nicht gar werden ließ und allerlei ungenießbare Gerichte auf den Tisch stellte. Wie sollte sie ohne Anleitung von Frau Kranzbinder einen Haushalt führen können!

Auch Friedemann fiel es nicht leicht, sich vorzustellen, daß er eine so lange Zeit ohne seine Rosmarie — den guten Geist des Hauses — sein sollte. Er tröstete sie zwar und versprach, in den drei Monaten, wenn irgendmöglich, einige Male in die Schweiz zu kommen.

Frau Kranzbinder selbst war hin und her gerissen. Auf der einen Seite konnte sie es kaum fassen, wie die Wogen, die in den letzten Tagen wieder einmal über sie hereingebrochen waren, sich wieder geglättet hatten und sich nun Möglichkeiten ergaben, an die sie nicht zu denken gewagt hätte! Daß sie mit William im Haus Bengeli für so lange Zeit Aufnahme finden konnte, war kaum zu fassen. Doch wie sollte es zu Hause weitergehen? Wer würde für Friedemann da sein, wenn er völlig erschöpft aus der Schule kam? Wie sollte es mit der Wäsche, mit dem Garten, mit dem Eindünsten des Obstes werden, wenn sie nicht da war?

Friedemann spürte das allgemeine Bangen und die Gefahr, nun nicht mehr die wunderbare Führung Gottes, sondern die neuen Probleme zu sehen. Da fiel ihm ein Ausspruch ein, den er vor einigen Tagen auf einem Kalenderblatt gelesen hatte. Er löste bei allen ein befreiendes Lachen aus: „Wir kommen nie aus der Traurigkeit heraus, wenn wir uns ständig den Puls fühlen."

„O Vati, was für ein Vergleich!" sagte Anita.

Friedemann aber wurde ernst. „So, und nun machen wir uns nicht gegenseitig das Herz schwer. Jeder gibt sich Mühe, in der vor uns liegenden Zeit das zu tun, was ihm vor die Hände kommt, also das Nächste und nicht das Übernächste, Mutti und William in der Schweiz und wir hier zu Hause."